社科文库

SANSHAN WUYUAN LISHI WENHUAQU YANJIU

三山五园历史文化区研究

刘仲华　主编

中国社会科学出版社

图书在版编目(CIP)数据

三山五园历史文化区研究/刘仲华主编. —北京:中国社会科学出版社,
2017.11

ISBN 978-7-5203-1055-0

Ⅰ.①三… Ⅱ.①刘… Ⅲ.①古典园林—研究—北京 Ⅳ.①K928.73

中国版本图书馆 CIP 数据核字(2017)第 229760 号

出 版 人	赵剑英
选题策划	刘 艳
责任编辑	刘 艳
责任校对	陈 晨
责任印制	戴 宽

出 版	中国社会科学出版社
社 址	北京鼓楼西大街甲 158 号
邮 编	100720
网 址	http://www.csspw.cn
发 行 部	010 - 84083685
门 市 部	010 - 84029450
经 销	新华书店及其他书店

印 刷	北京明恒达印务有限公司
装 订	廊坊市广阳区广增装订厂
版 次	2017 年 11 月第 1 版
印 次	2017 年 11 月第 1 次印刷

开 本	710×1000 1/16
印 张	20.75
插 页	2
字 数	281 千字
定 价	89.00 元

编者小序

　　"三山五园"作为北京帝都风貌的名片，早已是"北京学"话语圈里的显学，各种题材的成果俯拾皆是。面对不乏精彩力作的"三山五园"之学，本书仅试图从以下几个方面略做探讨：

　　第一，三山五园历史文化区的历史演变过程。在辽金以来京西园林的基础上，清朝开始大规模修建皇家苑囿。康熙中叶，康熙帝在明武清侯李伟清华园旧址上，修筑了清代第一座皇家园林畅春园，作为"避喧听政"之所，并在玉泉山修建了澄心园（后改静明园），在香山修建了行宫（后改静宜园），开创了清代园居理政的先河。此后，历经康、雍、乾三朝，最终形成了"三山五园"。咸丰十年英法联军侵犯京城，将圆明园付之一炬，"三山五园"迅即面目全非，一败涂地！尽管后来慈禧太后又曾改建清漪园为颐和园，但作为清代中央政治运行的御园理政已经终结。清朝灭亡后，昔日封闭的帝王宫苑、寺观坛庙相继开放成为服务大众的现代公园，过去只有皇帝、贵族享用的园林风景，如今变成了市民大众游憩的公共空间。这一历史性的转变，改变了北京传统的空间结构与城市布局，深刻影响了市民的思想观念与社会文化生活，也让游走于其间的游客不免唏嘘短叹，感慨历史与现实的空间穿越。

　　第二，三山五园与清代政治礼制的运作。三山五园是清代与紫禁城并存的政务中心。紫禁城对于清代皇帝而言，只是权力的象征，大多在元旦、冬至和皇帝诞辰日举行大典时驾临宫中，皇帝处理政务的大部分时间都是在三山五园度过的。因此，研究三山五园，对于深入了解清代政治运作方式、礼仪制度、治国经验以及清代兴亡的历史经验教训，都具有重要意义。

第三，三山五园与清代"大一统"的政治策略。京西御园的形成，尽管有清代统治者作为少数民族文化取向的因素，但从御园承载国家政务、军事操演、祭祀典礼、奉养东朝以及召见边疆民族领袖等多重政治礼制功能来看，以圆明园为核心的御园在相当程度上是因应清朝"大一统"政治运行需要的产物。另外，清代的皇家文化集中国封建文化之大成，是中国封建文化的巅峰。这个多元文化的特点充满了清代统治者治理国家方略的特点，其"大中国"的理念充分反映了清代中国多民族、多地域的文化特点。

第四，三山五园对北京城市发展的影响和塑造。三山五园不仅直接影响和塑造了海淀区域的发展，而且见证了北京城市发展变迁的历程，是都城功能新区影响区域发展的典型例证。正如侯仁之先生指出的那样："海淀镇的起源，本是一个农业聚落。其日后的发达，实在是由于附近一带园林的开辟。"[1]

续貂之举，望方家不吝批评指正！

---

① 侯仁之：《北京海淀附近的地形、水道与聚落》，《历史地理学的理论与实践》，上海人民出版社1984年版，第269页。

目　　录

第一章 清以前西郊区域文化的发展

京城西郊地区，有着独特的自然环境，山高林茂，泉流众多，十分适宜人们居住。随着北京城市的不断发展，人们的活动范围不断拓宽，追求田园野趣的愿望越来越强烈，从而来到京西地区的人越来越多。而当人们的活动越来越频繁，逐渐形成了主题日益突出的历史文化区。这个历史文化区的不断发展变化，又对整个北京城市的发展产生了深远影响，并成为整个北京历史文化的一个重要组成部分。

在西郊地区，首先出现的文化区域是宗教文化区，而又以佛教文化的影响最为显著。佛教自从汉代传入中国，发展十分迅速，僧侣人数不断增加，寺庙建造遍及各地。最迟到了晋代，北京地区就已经有了寺庙的建造，而位于京西地区的潭柘寺，就是最早的寺庙之一。此后，随着佛教在北京地区的不断发展，寺庙建造也越来越多，而在京西的群山之中，寺庙建造尤为兴盛，自唐代始历辽金，一直到明清时期，遂形成了一片著名的宗教文化区。

在西郊地区，随着历史的不断发展，又形成了一个主题突出的旅游文化区。京西的山水风光秀丽，独具北方景观特色。人们在登山临水之时，可以感受到大自然的美好，以及远离城市喧嚣的清静。而随着寺庙的陆续建造，使得历代帝王、皇亲权贵、文人墨客等，在闲暇之时除了游山玩水之外，又纷纷拜谒寺庙道观，搜寻断

碑残垣，更增加了游览时的文化情趣。前来游览的人越多，由此而
形成的人文景观也就越多，遂使这里成为京城最著名的旅游文
化区。

在北京成为全国的政治和文化中心之后，西郊又逐渐成为园林
遍布的文化区域。历代帝王因为长期在此居住，开始在京畿地区修
建行宫别馆，而许多行宫皆修建在京西地区景色优美的地方。这些
行宫，逐渐发展成为皇家园林。与此同时，众多皇亲权贵、官僚士
大夫也纷纷在京城内外建造有私家园林，而有些著名的私家园林是
建造在京西地区的。随着朝代的变更，私家园林的命运是与主人联
系在一起的，主人得宠，私家园林花繁草盛；主人失势，私家园林
随之衰败。而有些著名的私家园林，在改朝换代之后则变为皇家
园林。

第一节　宗教文化区的出现

在北京的西郊地区，宗教文化的出现始于唐代至辽金时期，其
代表就是一些著名宗教建筑的出现。据相关文献记载，较早建造的
寺庙有卧佛寺、碧云寺、香山寺等。这些寺庙，有的建于唐代，有
的建于辽金时期，是西郊地区出现宗教文化的最早见证。

如卧佛寺，始建于唐代，历经辽、金、元、明、清五朝，清世宗
曾作有《十方普觉寺碑文》，述其事曰："西山寿安有唐时古刹，以
窣堵波为门，泉石清幽，层岩夹峙，乃入山第一胜境。寺在唐名兜
率，后曰昭孝，曰洪庆，曰永安，实一寺也。中有旃檀香佛像二，
其一相传唐贞观中造，其一则后人范铜为之，皆作偃卧相，横安宝
床，俗称卧佛。见于纪载诗歌者屡矣。"① 该寺到清世宗时赐名十方
普觉寺，卧佛寺为历代俗称。

---

① 于敏中等：《日下旧闻考》卷101《郊坰西十一》。

卧佛寺在唐代称兜率寺，而房山上方寺亦称兜率寺，可见北京地区有两座兜率寺。而永安寺之名始于金代，昭孝寺之名始于元代，正史中皆有记载。唯洪庆寺之名见于明代，时人李东阳曾作诗称："都城西下石桥东，十里川原四面通。僧饭午钟洪庆寺，洞萧凉月静虚宫。邻多鸡犬知村近，祭有田园及岁丰。兼是白头归老地，未论丘首得相同。"① 时人黎民表亦作诗称："亭亭垂翠盖，趺坐一僧来。梁栋非吾事，青黄是木灾。枝连拂衣石，凉荫译经台。樗散拼人弃，摩挲愧汝才。"② 可知寺中设有译经台，而寺中的马尾松亦颇有特点，引人注目。关于洪庆寺的记载，最初见于明宪宗所作《寿安寺如来宝塔铭》碑文，其后又见于《帝京景物略》，皆为明朝文献，而清世宗之文则为转述明人之著述。

又如香山寺，始建于金代大定二十六年（1186）三月，史称："香山寺成，幸其寺，赐名大永安，给田二千亩，栗七千株，钱二万贯。"③ 这应是在西郊地区最早由帝王敕建的寺庙。由此可见，西郊地区的宗教文化有了进一步的发展。

清高宗在乾隆十一年（1746）曾作有《香山寺诗》，诗前小序称："寺建于金世宗大定间，依岩架壑，为殿五层，金碧辉映。自下望之，层级可数。旧名永安，亦曰甘露。予谓香山在洛中龙门，白居易取以自号。山名既同，即以山名寺，奚为不可。"

清人又称：香山寺"本辽中丞阿里吉舍宅为之。殿有二碑，载舍宅始末。光润如玉，白质紫章，寺僧目为鹰爪石。旧云：寺即金章宗之会景楼也，金大定二十六年重建，赐名大永安寺，又名甘露寺。明正统中，太监范宏拓之，门径宽深，乔木交荫，依山宠窿，以为殿宇。本朝康熙十六年重修，圣祖御书'普照乾坤'四字匾额。乾隆八年，复修。皇上御书'圆灵应现'匾。殿左为来青轩，

---

① 李东阳：《怀麓堂集》卷56《复畏吾村旧茔志感十首（之十）》。
② 黎民表：《瑶石山人稿》卷7《洪庆寺马尾松》。
③ 《金史》卷8《世宗纪》。

轩中山半，环合岩椒，俯临涧壑，女墙周匝，林木青苍，极延揽之胜。殿后为藏经阁，山之巅为静室，乾隆十四年建。御书殿外匾曰'游目天表'，内曰'香雾窟井'。御书'西山霁雪'石刻在焉，为燕山八景之一"。①

这段叙香山寺建造始末之事甚详，但是有两点值得注意。第一点，依据寺中石碑称，该寺始建于辽代，为耶律阿里吉舍宅建寺，时间上要早于金世宗建大永安寺。第二点是把金章宗和金世宗的时间关系弄颠倒了。金世宗建大永安寺在前，金章宗修会景楼在后，如果大永安寺和会景楼是在同一地点，那么时间顺序应该是：金世宗建造大永安寺后不久死去，金章宗即位后将大永安寺废掉，并在寺址上新建会景楼。因而，不可能出现"旧云"的情况。

再如碧云寺，其建造年代当与香山寺大致相同。据明人的记载称："碧云寺有小石幢，本当时卖地券也。演作韵语，末云：卖与中丞阿利吉（吉作平声），盖从国语读古人游戏翰墨，书券每作韵语，如王褒童约、石崇奴券，皆然。戴良失父零丁亦用韵语。又见汾州学宫门右有石嵌壁中，乃金郝天挺募建文庙疏，其文伏以之下书绝句一首，即接以谨疏字，此皆辨文体者所未及也。"②

明人又称："西山碧云寺，元之碧云庵也，耶律阿利吉所建。明正德中，内珰于经拓之为寺，而立冢域于后，土人呼为于公寺。"③ 这里所说的"耶律阿利吉"，就是曾经建造香山寺的"阿里吉"，不是元朝人，而是辽朝人。这个阿利吉不仅建有香山寺，而且还建有碧云寺，可见是一位笃信佛教的官员。

到了元代，在西郊建造或是重修的寺庙数量不断增加，其中最著名的当属昭应宫、卢师寺和大承天护圣寺。昭应宫是在至元七年（1270）二月建造的一座道观，位于西郊高梁河畔，系因此前一年

---

① 《清一统志》卷2《京师下》。
② 《日下旧闻考》卷87，引《青鞋踏雪志》。
③ 同上书，引《冬夜笺记》。

有龟蛇显灵异，而受到元世祖的认可而建造的。这座道观在元代十分著名，但是到了明代就废毁无存了。

卢师寺的起源也很早。据传，在隋代有一卢姓僧人从江南来到这里修行，有大小二青龙变成童子来此听经得道，可以钻入深潭中降雨以解除旱灾。其事上达朝廷，遂在此建寺，并赐卢师为感应禅师。这个传说不足为凭，但是在元代泰定年间，曾在寺中建有显宗（泰定帝之父，名甘麻剌）神御殿，并赐寺名为大天源延寿寺。元文宗时，又在寺中建有明宗（元文宗之兄）神御殿。由此可见，这座寺庙在元代占有十分重要的地位。

大承天护圣寺始建于元代，是元文宗在天历二年（1329）五月所建，位于今颐和园一带。在元代，自元世祖开始，每位帝王在即位后都要建造一座寺庙，为死后安置自己的御容（又称御容殿），故而称为神御殿。因为显宗和明宗都没有真正当上皇帝，而只是被泰定帝和元文宗追尊为帝王，故而没有为自己建造寺庙。元文宗建造大承天护圣寺，则是作为神御殿之用。

这三座寺庙及道观建造在西郊地区，为这里成为宗教文化区起到了积极的推动作用。

到了明代，佛教和道教仍然十分盛行，故而在西郊地区的前代宗教场所大多都被重修，同时又建造了一些新的著名寺庙和道观。如真觉寺、显应寺、慈寿寺、元福宫、昌运宫以及西顶碧霞元君庙，等等皆是。这些寺庙和道观的数量和规模，又超过元代，达到一个更高的水准。

如真觉寺，创建于永乐初年，系有西土高僧班迪达进献金刚宝座式佛像，因而建寺，"创治金身宝座，弗克易就"。[①] 到成化九年（1473），才在寺中建造印度式金刚宝座塔，在一高石台上，中间建一塔，另有四塔分布四方，故而又俗称五塔寺。自佛塔建成之

---

① 《日下旧闻考》卷77，引《明宪宗御制真觉寺金刚宝座记略》。

后，即为一方胜迹，岁时皆有游人前来观览。

又如显应寺，初称保明寺，建于明代正统年间。是时明英宗听信太监王振之言，亲征瓦剌，寺中尼姑吕氏苦谏而不听，及被俘放还之后，念及吕尼之言，遂封其为御妹，"乃建寺赐额，人称为皇姑寺"。① 此后嘉靖四年（1525），明世宗又有敕赐碑。可见，该寺在明代地位十分显赫。到了清代，该寺仍然受到重视，清圣祖重修寺宇，并赐寺额为"敕建显应寺"。

再如慈寿寺，为明神宗母后所建，"在阜成门外八里庄，明万历丙子为慈圣皇太后建，赐名'慈寿'。敕大学士张居正撰碑。有塔十三级，又有宁安阁，阁榜慈圣手书。后殿有九莲菩萨像"②。文中所云"万历丙子"为万历四年（1576），用了两年多的时间才建成。寺中佛塔称"永安塔"，极为壮丽，是京城西面标志性建筑，至今尚存。曾为时人岁时登临之处。明神宗之母笃信佛教，被人称为"九莲菩萨"。

在明代的西郊，道教宫观当以元福宫、昌运宫及西顶碧霞元君庙（广仁宫）最为著称。如元福宫，时人称："元福宫建于正德五年，至天启五年重修。中有苍松四株，最奇古。后殿三清六真像，皆范铜为之。配殿文昌与夹侍童子亦铜像，旁铸一骡，铜质光润，绝似宣德鎏金薰炉色。殿前后凡四碑，一仆，二为人磨去，止存中书舍人袁志学一碑，崇祯元年所立也。"③ 这通石碑所述元福宫，位于西郊，以所铸铜像及古松最为著称。

与之同时，又在京城北郊建有一座元福宫。据明武宗所撰《元福宫碑》之文称：该道观始建于弘治十七年（1504），为明孝宗主持建造的，但是没有完工。及明武宗即位后，继续建造，一直到正德十年（1515）五月才竣工，历时长达 12 年。明武宗又称："宫

---

① 《日下旧闻考》卷97，引《耳谭》。
② 《（雍正）畿辅通志》卷51《寺观·顺天府》。
③ 《日下旧闻考》卷97，引《人海记》。

之中为正殿，以奉元武之神。前为左右殿、为龙虎殿、为钟鼓楼、为内外山门。山门之前甃石为二井，南北为方丈，以居道众。缭以垣墙，宫傍及前为营房，为车园店，以居牧马旗军。又给草场地六十顷，以供香火。琳宫贝宇，杰出霄汉，轮奂完美，丹碧辉映，遂为都城之北一伟观云。"① 这座道观在当时的名气也很大。

又如昌运宫，始建于正德六年（1511），到万历四十四年（1616）重修，规模颇为壮观。时人称："正德六年，司礼监太监张永请于朝，敕建。至万历四十四年，重修，增置垣堵二百余丈，门庑百余间。督修者太监林潮也。工竣，更今名。殿宇凡七重，松栝二十三株，栢二十株，大皆合围。夹以杂树，上枝干霄，下阴蔽地。有二碑，筑亭覆之。一为敕建碑；一为大学士李东阳撰文、杨廷和书、英国公张懋篆额，俱正德七年立。"② 由此可见，当时的皇帝和太监都十分尊崇道教。

清初人在叙述昌运宫时，出现了一些失误。如志书中称：昌运宫"在西直门外三虎桥，旧名昭应宫，元至元中建。本朝康熙四十六年重□，赐今额。乾隆二十一年又修，皇上屡经临幸拈香，御书真武殿匾曰坎德尊严"③。文中"□"应为"修"字。清人误认为昌运宫即元代的昭应宫。

而关于这一点，明朝人李东阳已经说得很清楚了，他在正德七年（1512）的碑文中称："国朝之制，道院多以观名，其名宫者，特为隆垂。在都城者，若朝天、灵济、显灵、延福，而郊关之外，惟昭应及此尔。"④ 由此可见，昌运宫与昭应宫皆在西郊。该道观在明武宗时称混元灵应宫，到明世宗重修后，改称天禧昌运宫。

再如西顶碧霞元君庙，位于西郊蓝靛厂，在明代也很著名，始

---

① 《日下旧闻考》卷107，引《明武宗元福宫碑略》。
② 《日下旧闻考》卷99，引《倚晴阁杂抄》。
③ 《清一统志》卷7《顺天府四》。
④ 《日下旧闻考》卷97，引《李东阳混元灵应宫碑略》。

建于万历三十六年（1608）。时人称："万历三十六年，始建西顶娘娘庙于此。其地素洼下，时都中有狂人倡为进土之说，凡男女不论贵贱，筐担车运，或囊盛马驮，络绎如织，以徼福焉。甚而处女美妇藉此机会以恣游观，咸坐二人小轿，怀中抱一土袋、香纸，以往进之。殊可笑也。"① 由此可见当时人们崇拜西顶娘娘庙的盛况。

这种状况一直延续到清代。清初人称："都人最重元君祠，其在麦庄桥北者曰西顶，在草桥者曰中顶，在东直门外者曰东顶，在安定门外者曰北顶。又西直门外高粱桥北亦有祠，每月朔望，士女云集。"② 此外，又有京东丫髻山及京西妙峰山的娘娘庙最为百姓崇奉，岁时祭祀不绝。

在明代，宦官专权的现象十分严重，而宦官建造寺庙的现象也很普遍。清人朱彝尊在回顾这段历史时称："都城自辽金以后至于元，靡岁不建佛寺，明则大珰无人不建佛寺，梵宫之盛，倍于建章万户千门。……王宫保廷相诗云：'西山三百七十寺，正德年中内臣作。'则所建可类推矣。迨万历初孝定皇太后营造愈众。"③ 由于宦官既有钱，又有权，故而把建造寺庙作为一种"功德"，极大推进了西郊宗教文化区的不断发展。

自明正德年间（1506—1521）开始，这种建寺活动就一直没有停滞，后人对此亦曾加以描述："西山岩麓无处非寺，游人登览，类不过十之二三尔。王子衡诗：'西山三百七十寺，正德年中内臣作。'何仲默诗：'先朝四百寺，秋日遍题名。'郑继之诗：'西山五百寺，多傍北邙岑。'其后增建益多，难以更仆数矣。"④ 这种在西郊一带建寺的风气，一直延续到清代。

在清代，上述的西郊著名宗教活动场所大多被重修和扩建，为

---

① 《明宫史》卷2《内府职掌》。
② 孙承泽：《春明梦余录》卷66《寺庙》。
③ 《日下旧闻考》卷60《外城西城二》。
④ 《日下旧闻考》卷106，引《辛斋诗话》。

宗教文化区又增添了新的活力，也为京城士庶百姓前来参加各种活动提供了便利。由此在京西一带出现了更多重要的宗教文化因素，使宗教文化的发展达到巅峰状态。此后，随着清朝的衰败，西郊一带的宗教文化也随之逐渐衰败。

第二节　旅游文化区的形成

在京西地区，自然环境十分优越。山脉起伏，连绵不绝。泉流众多，奔涌山间，给人们带来极大的精神生活享受。因此，自辽金以来，这里逐渐形成为京城最著名的旅游文化区。每当岁时节令，这里更是城里人们出游的最佳场所。文人墨客在游览之时，登临高处，遍览胜境，吟诗赋词，泼墨行文，留下了许多传世佳作，为京西的旅游文化区增色多多。

西山为京西诸山之总称。明人修一统志，对西山描述曰："旧记：太行山首始河内，北至幽州，第八径在燕。强形巨势，争奇拥翠，云从星拱于皇都之右，每大雪初霁，千峰万壑，积素凝华，若图画然。为京师八景之一，名曰'西山霁雪'。"[①] 简明扼要，颇见风景之大观。

明人又称："丫髻山，在县西二百余里。高千余仞，环绕百五十里，乃西山之祖也。灵禽异兽，名花杂木，多产其中。山下东为雁翅，南为王平，西为桑峪，北为青白，四围俱崎岖难登。"[②] 文中的"县西"系指宛平县西，作者把京西众山的脉络又缩小了一些范围，只是从宛平县的角度，或者是从顺天府的角度来概括西山的脉络。

清人修一统志，并没有照抄明人的文章，又称之为"太行山支阜也。巍峨秀拔，为京师右臂。众山连接，山名甚多，总名曰西

---

① 《明一统志》卷1《京师》。
② 沈榜：《宛署杂记》卷4《山川》。

山。金李晏碑：西山苍苍，上干云霄，重冈叠翠，来朝皇阙。《金图经》：西山亦名小清凉。明张鸣凤《西山记》：西山内接太行，外属诸边，磅礴数千里。林麓苍黝，溪涧镂错，神皋奥区也"①。此处所引诸文献今天大多散佚不见了。

因为西山的宗教场所众多，故而往往使人有追求仙人的遐思。如在元代，"白云平章求仙于燕京西山顶，一日适出，滕玉霄访之不值，因戏题于壁曰：'西风裋褐吹黄埃，何不从我游蓬莱。振衣长啸下山去，后夜月明骑鹤来。'竟不留名。白云公疑吕仙过之，朝野辐辏，宠赉山积"②。这个故事一时传为佳话。

不仅人们游览西山可以得到丰富的精神享受，即使在城里远眺西山，也同样可以享受到很多乐趣。所谓的"西山霁雪"之景就是远眺的结果。又如明人谢杰（曾任顺天府府尹）作有《西山望紫气》一诗称："初日映峰峦，灵光若可餐。气分函谷暖，霞散赤城寒。绛雪零丹穴，彤云覆锦官。终南遗老在，应作紫芝看。"③ 这种感受，是大多数在京城居住的人们都能够体会到的。

在京西的众山之中，以香山的名气最大。明人称："金李晏有碑，其略云：西山苍苍，上干云霄，重冈叠翠，来朝皇阙。中有古道场，曰'香山'。上有二大石，状如香炉、虾蟆。有泉出自山腹，下注溪谷，亦号'小清凉'。"④ 读此可知，清人修《一统志》中的"西山"条目，抄录的也是金人李晏的碑文。文中"古道场"就是指寺庙，即香山寺。

而清人在《一统志》的"香山"条目中，既引用了金人李晏的碑文，又引用了明人《帝京景物略》之文称："香山多名迹，有葛稚川丹井、金章宗祭星台、护驾松、感梦泉。又有棋盘、蟾蜍、

① 《清一统志》卷4《顺天府》。
② 叶子奇：《草木子》卷4上《谈薮篇》。
③ 《宛署杂记》卷20《志遗一》。
④ 《明一统志》卷1《京师》。

香炉诸石。"此外又称这里为："涧掩壑重，松栝荟蔚，琳宫梵宇，隐现诸天宝。览胜之奥区，修真之秘府。"① 由此可见，在香山及其附近地区，有着众多寺庙，以供僧人修行之用。

自元代北京地区成为全国首都以来，京城成为士人会集之地。而香山也就成为文人墨客云游之处，留下了许多吟咏的篇章。如元代著名文士张养浩，就曾经作有《游香山》一诗曰："常恐尘纷汩寸心，好山时复一登临。长风将月出沧海，老柏与云藏太阴。宝刹千间穷土木，残碑一片失辽金。丹崖不用题名姓，俯仰人间又古今。"② 当时的一些文人学者对于香山一带的寺庙建造之多，是不满意的，因此表达在诗句之中。

到了明代，前往香山游览的人越来越多，所作诗篇也很多。如著名诗人李东阳即曾作诗曰："野寺林深一径通，讲经台下见生公。心于簪组元无累，兴到山林便不同。坐爱鸣弦清石上，仰看飞锡堕云中。诸峰绝顶香山路，振袂须乘两腋风。"③ 这首诗把文人出游的雅趣，如野寺探幽、山间听泉、乘风攀岩等，表达得淋漓尽致。

到了清代，香山变成皇家园林，帝王日夕生活在其间，亦时有诗作。如清高宗写有《驻跸香山静宜园作》一诗曰："过雨麦苗芃大田，轻舆绿野霭朝烟。以言农景心差慰，只望军邮眼欲穿。散闷聊因驻五宿，惜阴顿已向三年。园成趣固非日涉，却对山光觉憪然。"④ 壬辰岁为乾隆三十七年（1772），这首诗应该是这一年的春天所作。清高宗在忧心国事之时到香山来"散闷"，可见园林景致的功能不仅仅是游玩享乐，而且可以减轻"工作压力"，有助于清高宗更冷静地思考一些国家大事。

在西郊的诸多山脉中，尤以玉泉山因泉水而著称。明人称：玉

---

① 《清一统志》卷4《顺天府》。
② 张养浩：《归田类稿》卷19《七言律诗一》。
③ 李东阳：《怀麓堂集》卷15《西山十首（之六）》。
④ 《清高宗御制诗·四集》卷4《壬辰四》。

泉山"顶有金行宫芙蓉殿故址，相传章宗尝避暑于此。山畔有三石洞，一在山西南，其下水深莫测。一在山之阳，又有石崖，崖上刻'玉泉'二字"①。山上三洞，明人只介绍了两洞。

到了清代，这里被辟为皇家园林，故而介绍尤为详细。"王衡《缑山集》：穿青龙桥，得玉泉山，土纹隐起作苍龙鳞。其下为池，潴泉而亭之，曰'望湖亭'。区怀瑞《游业》：玉泉山麓有寺，所谓'玉泉寺'也，补陀寺在玉泉山半，门内即吕公洞。刘侗《帝京景物略》：玉泉之南，上、下华严寺，毁于嘉靖，存者二洞，华严、七真。纡（迁）西观音庵，洞曰'吕公洞'。又北金山寺，有洞曰'七宝'。径寺登山，山洞（旧）有芙蓉殿，金章宗行宫也。昭化寺，元世祖建也。《长安客话》：上、下华严寺，俱正统中建。"② 查《帝京景物略》，文中所抄多有误略之处，例如"纡西"，原文为"迁西"；"山洞有"，原文为"山旧有"；等等。

通过清人汇集的历史文献可知，在玉泉山有许多历史遗迹，前代修建的寺庙有玉泉寺、补陀寺、金山寺、观音庵、昭化寺及上下华严寺，山洞则有吕公洞、七真洞、七宝洞等，而山顶则有金章宗行宫遗址。山下又有泉水汇集为湖，湖畔建有望湖亭。人文景观与自然风光交相辉映，成为西郊一带最有吸引力的一处旅游胜地。

与玉泉山相似，也有湖水相伴的是瓮山，湖则称西湖。瓮山在明清时期之前的名气还不大，到了明代，知道这里的人已经越来越多。清人曾经把明人的描述加以搜集，称："山在玉泉之东，西湖当其前，金山拱其后。（明倪岳《游瓮山诗序》）西湖方十余里，有山趾其涯，曰'瓮山'，其寺曰'圆静'。左田右湖，近山之境于是始胜。又三里为功德寺，洪波衍其东，幽林出其南，路尽丛薄始达于野。（李东阳《游西山记》）稻畦千亩接于瓮山之麓，上有寺曰'圆静'。绝顶有屋曰'雪洞'。俯面西湖之曲，由中而瞰，

---

① 《明一统志》卷1《京师》。
② 《清一统志》卷4《顺天府》。

如驾远翮凌长空，平田野村绵亘无际。群峰拱乎北，众水宗乎东。荡胸释形，将与廖廓者会（乔宇《游西山记》）。"① 其中，倪岳与李东阳之文皆见传世之文集，而乔宇曾作有《白岩集》，四库全书未见收录。

明人又有掌故称："都人王嘉谟《石瓮记》：燕之西山有瓮山焉，纯卢。土中多杏桴榆柳之属。余尝游其间……渔父曰：……昔吾大父尝闻山中有父老，能缮生，久而去之，俄而来云：'山麓魁然而大凹而秀者，瓮之属也。'因凿之，得石瓮一，倍于常瓮，华虫雕凿不可辨。中有物数十种，父老悉携以去，置瓮山西，因为谶曰：'石瓮徙，贫帝里。'人不之信也。嘉靖初，瓮不知价存。"② 明朝由此财富匮乏。其实瓮山之名所来远矣，绝非明代挖出石瓮而得名。

到了清代，这里被改建为皇家园林，其名声更加显赫。乾隆十五年（1750），清高宗在山上建有大报恩延寿寺，遂更改瓮山之名为万寿山，其名沿用至今，即颐和园之万寿山。山下西湖当时亦更名为昆明湖。这处水源，自元代以来就是京城用水的主要水源之一，甚至关系到政府的漕运工程，故而受到人们的格外重视。

平坡山又称翠微山，也是西郊名山之一。明人李东阳曾游其地，并描述之曰："拟登平坡山，雨不绝，仆隶皆畏，莫敢进。予决策径往，出门而霁。乘舆入云雾，左右顾，涧水深不可测，数折始及寺。寺乃元故刹，宣德间修之，改名'圆通'。斩石为址，凡为殿五层，最上有小殿，极峻险。前俯巨壑，无涯际。僧言：'每日霁，则见都城九门、三殿，皆隐隐可识。'真一方奇观。予昔所未到，盖为群议所尼。为之一快。"③

清人则称："脉自香山，分两支而东。其上平原百里，烟云树

① 《畿辅通志》卷17《山川》。
② 《春明梦余录》卷68《岩麓》。
③ 《怀麓堂集》卷67《山行记》。

石皆称奇胜。明成化中，车驾尝幸此山。"① 清初人曾云："翠微山在城西三十余里，上有圆通寺，盖旧平坡寺也。姚少师尝言：'平坡最幽胜，学佛者所宜居。'山半有平地，故名。洪熙初，始改今名。"② 据此可知，这座山俗称平坡山，到明代洪熙元年（1425）才改称翠微山。山上原有元代寺庙，称平坡寺，明代重修后改躲圆通寺，成为远眺京城的一处胜地，以幽静著称。

京西又有其他诸多名山，如《明一统志》所载卢师山、五华山、韩家山、觉山、双泉山、翠峰山等，《清一统志》所载画眉山、金山、百望山、秘魔崖（当即卢师山）等，皆为京城人士郊游玩乐的重要场所。而与之相关的名篇佳作，则大多传于后世。

如清初著名学者朱彝尊曾游卢师山，写有《西山秘魔崖题名》一文称："秀水朱彝尊锡鬯、嘉兴李良年武曾、吴江潘耒次耕、上海蔡湘竹涛，自翠微山来登。是日疾风扬沙，夕阳在岭，仆马惫甚。相与摩挲故碣，览二龙子遗事，徘徊久之。后日入乃返。时岁在辛亥正月九日也。导予游者退谷僧瞻西。"③ 文中"岁在辛亥"为康熙十年（1671），"正月九日"正是冬春之交，朔风仍劲，草木未生，当是时朱彝尊等名流同游卢师山秘魔崖，别有一番情趣。

清初名士宋荦亦曾出游卢师山，作有《卢师山歌用东坡游径山韵》《秘魔崖晚坐》等诗。其中，《秘魔崖晚坐》一诗称："向夕苍崖访秘魔，孤亭微雨对烟萝。长松自作惊涛响，不见扁舟泊涧阿。"④ 诗中"扁舟"句，以喻唐代高僧卢师至此修行之事。与这两首诗同作的还有《由高梁桥往西山经真觉、万寿诸寺用阮亭祭酒西山道中韵》《玉泉》《自玉泉至卧佛寺宿用东坡次正辅同游白水山韵》《游退谷寻水尽头次阮亭韵》等诗，统称之为《西山倡和诗》。

---

① 《畿辅通志》卷17《山川》。
② 《春明梦余录》卷68《岩麓》。
③ 朱彝尊：《曝书亭集》卷68《题名》。
④ 宋荦：《西陂类稿》卷5《回中集》。

又如五华山，又称寿安山、聚宝山，亦是人们岁时游览之处。明人顾璘曾游五华山，作有《景陵五华山》一诗称："五华山顶炼丹台，方士虚传太皞开。未悟先天真水火，却依炉鼎拨残灰。"诗题注文曰："道士言上有伏羲炼丹台。"① 五华山有五华观，在明代为著名道观。诗中所云道士，当为五华观中的道士。

清初人称："聚宝山在玉泉山西，南行数里，度两石桥，循溪转至卧佛寺，复二里为碧云寺，金碧鲜妍，宛一天界。岩下一泉汩汩，石渠导之，过斋厨，绕长廊，出殿两庑，左右折，复汇于殿前石池。泉傍一柳，有大瘿，人呼'瘿柳'。左堂三楹，万历御题'水天一色'。前临荷沼，沼南修竹成林。岩下一亭，曰'啸云'。"② 卧佛寺在元代又称寿安山寺，即以寿安山而得名。因为卧佛寺与碧云寺的名气太大，五华山、寿安山、聚宝山的名气反而极少有人知晓了。

北京旅游文化之始兴，自金元之时，是时有"燕京八景"之称，沿袭自长安之"关中八景"、杭州之"西湖十景"。及京城西郊一带在明代成为旅游文化区之后，也出现了一些相关的景观组合，如"香山八景""碧云十景""西湖十景"及仰山"五峰八亭"等名号，概括出旅游景区的文化特色。

如在著名的香山景区，明代开始出现"香山八景"之称。最初的八景为：祭星台、护驾松、妙高堂、松顶明珠、丹井、乳峰山、金界香莲寺、仁王佛阁寺。这8处景点，应该是香山景色最好的地方。不久，又有人将这8处景点加以整理，写成4字一组的格式，为：护驾长松、饮仙寒井、香莲金界、松顶明珠、佛阁云梯、祭台星影、乳峰古寺、妙高云堂。这种格式，应该是受到"燕京八景"的直接影响。

在碧云寺所在的西郊一带，则出现了"碧云十景"的说法。这

---

① 顾璘：《顾华玉集·凭几集续编》卷1《杂诗》。
② 《春明梦余录》卷68《岩麓》。

十景为：环峰叠翠、碧云香霭、曲径通幽、危桥跨涧、池泉印月、洞府藏春、修竹欺霜、乔松傲雪、奇桧连阶、楼台潇洒。这十景也是4字一组，比较规整，但是缺点是没有特定的景点特色。修竹、乔松、楼台到处都是，与"香山八景"相比，略显逊色。

当时，又有所谓的"西湖十景"。此处所指"西湖"，就是清代的昆明湖。其十景为：泉液流珠、湖水铺玉、平沙落雁、浅涧立鸥、葭白摇风、莲红坠雨、秋波澄碧、月浪流光、洞积春云、壁翻晓照。湖景与山景相比，短处是景致变化少，一湖水平平无奇，只能借助其他景观以增加特色。就这一点而言，西郊的"西湖十景"与杭州的"西湖十景"相比，其文化内涵就有了较大差距。

仰山与西郊其他名山相比，距京城更远一些，野趣也更浓一些，人们在郊游的过程中，形成"五峰八亭"之说。五峰为：级级峰、锦绣峰、笔架峰、独秀峰、莲花峰。八亭为：接官亭、回宫亭、洗面亭、具服亭、列宿亭、龙王亭、梨园亭、招凉亭。在这"五峰八亭"中，渗入了一些人文因素，与自然景观融为一体。

在明代的西郊地区，出现的这些"八景""十景"，标志着旅游文化区的发展已经从初始阶段进入兴盛阶段。许多文人墨客在游览这些景观之后都会提笔赋诗，因此留下了许多佳作。如在"香山八景"中有一景为"松顶明珠"，明代无名氏作诗曰："长柯偃蹇月婵娟，紫焰红烟满碧天。万斛不从江底出，一丸常向树头悬。云飞合浦光初散，烟暝徂徕影乍圆。几度夜深清不寐，骊龙长抱卧重渊。"由此可知，景观中的"明珠"当为一轮明月。

又如"碧云十景"中有一景为"洞府藏春"，至于"洞府"所指为何，人们很难详知。明代僧人续溥作有《碧云十景诗》一组，其中《洞府藏春》一诗曰："谩说王乔烂斧柯，武陵台岫意如何？碧云仿佛桃源洞，避虏秦人争不多。"[1] 据此可知，这处景观借用

---

① 《宛署杂记》卷20《志遗二·遗文二》。

了烂柯与桃源两个典故。

此后到了清代，不论是皇家还是私家，都把组合景观作为一种时尚的雅事，而这一组组的景观则大多为皇家园林和私家园林中的点缀。最著称于时的即为"圆明园四十景"，并绘成图册，流传后世。从自然景观的组合到园林景观的组合，其差异是很明显的。自然景观的组合，是把人文因素融入自然景观之中；而园林景观的组合，则是把人造景观赋予了自然想象。

第三节　园林文化区的建设

随着西郊一带宗教文化区的出现和旅游文化区的形成，也就陆续出现了一些皇家及私家园林的建设。而随着各种园林的数量不断增多，逐渐发展为一个颇具规模的园林文化区。在北京的四郊，皆曾建造有一些皇家园林和私家园林。但是，与东、南、北三个郊野相比，西郊的园林建设尤为突出，从数量的多少、规模的大小等各方面而言，西郊都远远超过其他地区。

从历史发展脉络而言，西北一带早在金朝就形成一组皇家行宫园林，其典型代表为金章宗的"八大水院"，亦即八大行宫。这八处行宫遍布西北群山之中，与之相配的，则有一些寺庙的建造。而这时，在金中都城北郊和南郊，也建有颇具规模的皇家行宫，只是没有形成组群效应。到了此后的元代，私家园林兴起，大多也都建在西面和南面。

明清以来，不论是皇家园林还是私家园林，都有了极大发展。特别是西郊一带，更是成为皇家园林与私家园林汇集之地。这时建造的各种园林，已经有了更加丰富的文化内涵，不仅有北方文化的粗犷雄武，而且吸收了南方文化的细腻秀美，成为全国园林文化的典型汇集地。而这种园林文化发展的最高峰，则是清代皇家三山五园的建设。

　　在金代海陵王建造中都城之后，金朝帝王的大多数时间都是生活在这里。金海陵王因为决心要统一天下，故而在建造金中都不久就大举南伐，兵败而死。全世宗即位后，长期生活在中都城，于是又在京城北郊建造有北苑行宫（又称太宁宫等，今北海公园一带），作为岁时游玩之处。此外，则是在西郊香山建造了一处行宫，而这处行宫的建造，应该是西郊园林建设的开始。

　　史称：大定二十六年（1186）三月，"香山寺成，幸其寺，赐名大永安，给田二千亩，栗七千株，钱二万贯"①。而寺庙的建造是与行宫的建造同时进行的。是时京官巨构深得金世宗赏识，"大定中，诏与近臣同经营香山行宫及佛舍"。② 文中的"佛舍"即大永安寺。由此可知，巨构在负责建造寺庙时，还建造有香山行宫。这处行宫，应该是西郊地区出现最早的皇家园林。

　　金章宗即位后，虽然又在金中都城南面建造有南苑行宫（又称建春宫），但是对西郊的香山行宫却仍然十分喜爱，岁时前去游玩。仅据《金史·章宗纪》中的相关记载即有：

　　明昌四年（1193）三月，"幸香山永安寺及玉泉山"③。

　　承安三年（1198）七月，"幸香山"。同年八月，"猎于香山"。

　　承安四年（1199）八月，"猎于香山"。

　　承安五年（1200）八月，"幸香山"。

　　泰和元年（1201）六月，"幸香山"④。

　　泰和六年（1206）九月，"幸香山"⑤。

　　金章宗在香山游览过程中，留下了一些历史遗迹和传说。明人称："来青轩之前，两腋皆叠嶂环列，宾轩为祭星台，金章宗祭星处。其西南有护驾道，章宗驾经此，道旁松阴密覆，因呼为护驾

---

① 《金史》卷8《世宗纪》。
② 《金史》卷97《巨构传》。
③ 《金史》卷10《章宗纪》。
④ 《金史》卷11《章宗纪》。
⑤ 《金史》卷12《章宗纪》。

松。元人萨天锡有祭星台诗：'章宗曾为祭星来，凿石诛茅筑此台。野鸟未能随鹤化，山花犹自傍人开。直期荧惑迁三舍，不向人间劝酒杯。梯磴高盘回辇处，马蹄无数印苍苔。'又护驾松诗：'銮舆西幸日重辉，五老欣然拱翠微。风撼碧涛寒落座，鹤翻清露冷沾衣。根柯夭矫蟠金辇，枝叶阴森障绣帏。记得瑶池开宴处，萝花香里驻旌旅。'"① 由此可见，这些遗迹从金代传到元代，又传到明代，大多数随着岁月的磨损，已经废毁了。

金章宗不仅继承了金世宗的香山行宫，在玉泉山也建造有行宫，并且岁时加以巡幸。仅据《金史·章宗纪》中的相关记载即有：

明昌元年（1190）八月，"幸玉泉山，即日还宫"②。

明昌四年（1193）三月，"幸香山永安寺及玉泉山"。

明昌六年（1195）四月，"幸玉泉山"。

承安元年（1196）八月，"幸玉泉山"③。

泰和元年（1201）五月，"幸玉泉山"。

泰和三年（1203）三月，"如玉泉山"④。

泰和八年（1208）五月，"幸玉泉山"⑤。

以上记载的仅是金章宗出游玉泉山行宫的一部分活动，有些活动则没有在"本纪"中体现出来。如泰和二年（1202），"章宗幸玉泉山，诏（卢）玑与致仕宰相俱会食，许策杖给扶"⑥。这次"会食"（即聚餐）的地点，就是在玉泉山行宫。而这次聚餐的人数应当不少，故而可以判定，玉泉山行宫的规模也应当不小。

明人称："玉泉山顶有金行宫芙蓉殿故址，相传章宗尝避暑于

---

① 蒋一葵：《长安客话》卷3《郊坰杂记》。

② 《金史》卷9《章宗纪》。

③ 《金史》卷10《章宗纪》。

④ 《金史》卷11《章宗纪》。

⑤ 《金史》卷12《章宗纪》。

⑥ 《金史》卷75《卢玑传》。

此。兰溪胡应麟游玉泉诗：'飞流望不极，缥缈挂长川。天际银河落，峰头玉井连。波声回太液，云气引甘泉。更上遗宫顶，千林起夕烟。'又'殿隐芙蓉外，亭开薜荔中。山光寒带雨，湖色净连宫。作赋携词客，行歌伴钓翁。夕阳沙浦晚，凫雁起秋风'。"① 到了明代，金章宗玉泉行宫芙蓉殿的遗址尚存，以供游人凭吊。

金章宗是一位十分喜爱游山玩水的帝王，故而在金中都周边建造了多处行宫，在西郊一带，又有仰山行宫。明人称："仰山：在府西七十里。峰峦拱秀，中有平顶如莲花心，旁有五峰，曰独秀、翠微、紫盖、妙高、紫微。中多禅刹，金章宗游幸，有诗刻石，云：'金色界中兜率景，碧莲花里梵王宫。鹤惊清露三更月，虎啸疏林万壑风。'"② 读此诗作，金章宗的文采在金代帝王中也是上乘的。到了明代，金章宗诗石刻尚存，可惜到清乾隆年间已经废毁无存了。

早在金世宗时，就曾经在仰山建造了一座著名寺庙——栖隐寺。此后，金章宗亦曾以环寺之地作为寺产，以供寺中日常之需。章宗还曾到仰山狩猎，或以栖隐寺为行宫亦无不可。到了此后的元代，元朝帝王对该寺也十分重视。元武宗曾施钞万贯造佛像，又施金百两、银五百两、纱六万贯于寺中，并亲幸其寺。元仁宗在即位前也曾三幸其寺。综上所述，在金世宗、金章宗两朝，京郊地区开始出现了一些皇家行宫，这些行宫已经初具园林规模。特别是香山行宫和玉泉山行宫的建造，为京西园林区的建设奠定了基础。

到了元代，皇家园林行宫主要建造在东南一带，如柳林行宫及下马飞放泊（今南苑一带），是因为这里有着大片湿地，适合于春秋候鸟栖息，便于元朝帝王和军队射猎。而西北一带多山，虽然也便于狩猎，却与东南一带的自然环境完全不同。因此，这一时期的西北皇家园林没有得到发展。这种状况一直延续到明代。而私家园

---

① 《长安客话》卷 3 《郊坰杂记》。
② 《明一统志》卷 1 《京师》。

林的崛起和发展，却为西郊一带的园林文化发展增添了新的活力。

在蒙古国时期，西郊一带开始出现了私家园林。其中，又以耶律铸的独醉园最具典型意义。耶律铸在元代初年是大有名气之人，他的父亲耶律楚材历仕元太祖、太宗两朝，官至中书令。耶律铸上承耶律楚材之威望，也受到元世祖重用，官至中书省左丞相（中书令由皇太子担任，右丞相多为蒙古人或色目人），应是汉人中官位最高者。在位时曾参加制定礼乐，纂修《实录》及《辽史》《金史》等重要活动。只是在至元年间两次被免官，又曾官复原职，最后被抄没家产之半，发配关外，郁郁而死，《元史》中竟没有为他立传。

耶律铸的独醉园建在瓮山西湖一带，颇具规模。他曾作有《独醉园三台赋》，对这座私家园林加以描述。据赋文可知，所谓的"三台"，其一为临仙台，其二为射台，其三为读书台。除了三台之外，又有仙居亭、寿域亭、白雪斋、阳春斋、弦歌楼、正己楼、醉经堂等建筑。园中景色也很美，"邻九重之花界，属万雉之金城。翳葱葱之佳气，扇瀺瀺之游风。隐天津于罨画兮，宛绕匹练于花丛。挺卢龙之神秀兮，迥列迭翠之云屏。得风烟之浓淡，陋意匠之丹青"。

耶律铸在园中的生活也十分惬意，"挹清风于元览兮，澹元心以含章（一本作挹清风以述诵兮，纵游心于文场）。振尘缨以射猎兮，奋神气以鹰扬。适高情于冲澹兮，闲弦歌以宫商。采归昌之奇律兮，奏和鸣之锵锵"[1]。但是，人们通过对描述的解读，也可以得出一些文章背后的弦外之音，作者做官的官位已经很高了，为什么还要"独醉"？

在耶律铸所作的相关诗歌中，或者可以听出弦外之音。他曾作有《独醉园寓兴》一诗称："百品消愁药，三生解语花。一时都聚

---

[1]　耶律铸：《双溪醉隐集》卷1。

在，方外酒仙家。"① 诗中直言，他的"独醉"，是为了"消愁"。他的愁又是什么呢？耶律铸又作有《独醉园对酒》一诗曰："独醉园中独醉翁，醒时还与醉时同。只因矫思元如矢，切是修身更似弓。无可奈何依玉友，有何不可任崖公。酒乡纵裂封侯地，且就擒奸莫论功。"② 他的愁是因为朝中有奸臣，而他对奸臣又无可奈何，只得借酒浇愁了。

在北方地区，冬季十分寒冷，故而人们很少能够见到梅花。而在独醉园中却种有梅树，有时可以见到梅花盛开，而面对盛开的梅花，耶律铸会邀请友人，对酒赏梅，赋诗明志。他曾作有《对后园梅花简示诸公》一诗曰："莫讶冰姿浑是雪，若存花态即非梅。灵根岂受寒拘束，直把阳和竟挽回。"借梅花之姿以喻自己不受"寒拘束"的性格。他又作有《早梅》一诗："一径萦纡入草莱，柴门虽设不曾开。东风是泄春消息，吹到梅花树下来。"诗后注文称："燕都地寒，梅信在春。"③ 梅花在燕地的苦寒中，变成了报春花。

在金元之际，人们的活动大多集中在新、旧两城之间，故而这时许多著名的私家园林主要修建在大都城郊及西南一带（今丰台花乡），如廉希宪建造的南园（又称廉园、野园）、张九思建造的西园，此外，如梁斗南的别墅、姜文卿的丽泽堂、王公伊的水木清华亭、韩通甫的远风台等，皆是如此。一直到此后的明清时期，京城西南一带都是私家园林遍布的地方。而西北一带园林文化有较大的发展，则是从明代开始的。

在明代的西郊一带，能够建造私家园林的大多数都是皇亲国戚、王侯将相，而他们建造的园林，建筑规模巨大，艺术水准很高，是人们岁时游览和聚会的主要场所。时人称："都下园亭相望，然多出戚畹勋臣以及中贵，大抵气象轩豁，廊庙多而山要少，且无

---

① 《双溪醉隐集》卷5。
② 《双溪醉隐集》卷3。
③ 《双溪醉隐集》卷5。

寻丈之水可以游泛。惟城西北净业寺侧，有前后两湖，最宜开径。今惟徐定公（文璧）一园，临涯据涘，似已选胜，而堂宇苦无幽致，其大门棹楔，颜曰太师圃，则制作可知矣。以予所见可观者，城外则李宁远圃最敞，主人老耄，不复修饰，闻今已他属。张惠安园独富芍药，至数万本，春杪贵游，分日占赏，或至相竟。又万瞻明都尉园，前凭小水，芍药亦繁，虽高台崇榭，略有回廊曲室，自云出翁主指授。又米仲诏进士园，事事模效江南，几如桓温之于刘琨，无所不似，其地名海淀，颇幽洁。旁有戚畹李武清新构亭馆，大数百亩，穿池叠山，所费已巨万，尚属经始耳。"① 在这些著名的私家园林中，有些就建造在西郊一带，如张惠安园、米仲诏进士园、李戚畹园等。

明太祖在立国之初，有鉴于前代太监专权和外戚干政的弊病，立下两条规矩，一条是禁止太监专权，另一条是皇后选平民之家。第一条在燕王朱棣发动"靖难之役"时因为利用太监的消息而夺得皇权，从而废除了禁止太监专权的规矩，给明朝的政治带来极大弊病。第二条则被遵守下来，明朝皇后多选自平民，没有政治背景，从而避免了外戚干政的弊病。但是，外戚毕竟是皇亲国戚，没有权势却拥有钱财，可以任其随意挥霍。于是，在京城建造私家园林，就成为明代外戚们的一项时尚活动，这一点在西郊地区表现得尤为突出。

明惠安伯的张园，就是其典型代表。张氏封惠安伯始于外戚张昇，是在明英宗正统五年（1440），是时，张昇家境尚不宽裕，故而没有建造私家园林的经济实力。惠安伯经过几代传承，到明神宗时，张元善遂在西郊建造有一座私家园林，时称惠安园或张园。时人称："都城牡丹时，无不往观惠安园者。园在嘉兴观西二里，其堂室一大宅，其后牡丹，数百亩一圃也。余时荡然藁畦耳。花之

---

① 沈德符：《万历野获编》卷24《京师园亭》。

候，晖晖如，目不可极，步不胜也。客多乘竹兜，周行塍间，递而览观，日移晡乃竟。蜂蝶群亦乱相失，有迷归径，暮宿花中者。花名品杂族，有标识之，而色蕊数变。间着芍药一分，以后先之。"①

明代名士袁宏道曾多次游览惠安园，并作有《游牡丹园记》，对园中的牡丹有十分精彩的描述："时牡丹繁盛，约开五千余。平头紫大如盘者甚夥，西瓜瓤、舞青猊之类，遍畦有之。一种为芙蓉三变，尤佳。晓起白如珂雪，已后作嫩黄色，午间红晕一点如腮霞，花之极妖异者。主人自言经营四十余年，精神筋力强半疲于此花。每见人间花实，即采而归之，二年芽始苗，十五年始花，久则变而为异种。"② 文中所云"主人"即指惠安伯张元善。

在张园之中，还种有大量的芍药花，其数量比牡丹还要多。"最后一空亭，甚敞。亭周遭皆芍药，密如韭畦。墙外有地数十亩，种亦如之。约以开时复来，二十六日，偕升伯、长卿及友人李本石、龙君超、邱长儒、陶孝若、胡仲修、十弟寓庸，时小修亦自密云至，遂同往观。红者已开残，唯空亭周遭数十亩如积雪，约十万余本。"③ 芍药花比牡丹花的开花时间稍晚，故而牡丹花期已过，而芍药花正是盛开之时。功夫不负苦心人，在惠安伯张元善的精心培植下，张园的牡丹和芍药遂成为北京春季的著名景观。

有付出才会有收获。后人称："张惠安牡丹园在嘉兴观西，其堂室一大宅，其后植牡丹数百亩。每当开日，主人坐小竹舆行花中，竟日乃遍。"④ 这是形容园林主人张元善赏花之乐。而不在花季时，也有人前来游赏张园，如明代大诗人王世贞即作有《初秋独游张园》诗："小筑谢公墅，东邻习氏池。野夫还一造，秋暑忽何之。过雨添新瀑，悬崖逗晚飔。莓苔任沾湿，长啸坐支颐。"⑤ 又

---

① 《帝京景物略》卷5《西城外》。
② 《春明梦余录》卷65《名迹二》所引。
③ 同上。
④ 《春明梦余录》卷65《名迹二》。
⑤ 王世贞：《弇州四部稿》卷25《诗部》。

如当时诗人宗臣与王世贞等同游张园，亦作诗称："为爱林塘好，频从驷马来。仅成三日别，复作一尊开。桥忆牵衣草，庭思待月梅。昔心还卤莽，此夜重徘徊。"① 园中虽已无花，佳辰美景仍然会使人流连忘返。

惠安伯张园是张元善一手建造起来的，其建造时间应该是在嘉靖后期至隆庆初年。据《明史》称，张元善之父张槛死于嘉靖三十年（1551），这一年张元善袭爵，为惠安伯。而他死于万历三十七年（1609）。从嘉靖三十年到万历三十七年，共计58年，从隆庆元年（1567）到张元善死时共计42年。袁宏道去游览张园时，张元善称已经"经营四十余年"，故而得知惠安伯园的建造者为张元善，建造时间最早应该是在嘉靖后期，最迟也是隆庆初年。

比惠安伯园建造略晚一些的是武清侯的清华园。早在明英宗时，曾封大将石亨为武清侯，石亨被诛，其封亦绝。及万历十年（1582），明神宗得子，加封外戚爵位，李伟以皇太后之父的身份，被封为武清侯。但是李伟在翌年死后，遂由其子李文全袭爵。及李文全死后，则于万历四十五年（1617）由其子李诚铭袭爵。而李诚铭死后，其子李国瑞袭爵，明思宗时因罪除爵。

明人对清华园有过非常精彩的描述，称："方十里，正中抱海堂，堂北亭，置清雅二字，明肃太后手书也。亭一望牡丹，石间之，芍药间之，濒于水则已。飞桥而汀，桥下金鲫，长者五尺，锦片片花影中，惊则火流，饵则霞起。汀而北，一望又荷蕖，望尽而山，剑铓螺蠹，巧诡于山。假山也。维假山，则又自然真山也。山水之际，高楼斯起，楼之上斯台，平看香山，俯看玉泉，两高斯亲，峙若承睫。园中水程十数里，舟莫或不达，屿石百座，槛莫或不周。灵壁、太湖、锦川百计，乔木千计，竹万计，花亿万计，阴莫或不接。"② 据此可知，清华园中有堂，有亭，有楼，有台，又

---

① 宗臣：《宗子相集》卷6《同余德甫、吴明卿、王元美再游张园》。
② 刘侗、于奕正：《帝京景物略》卷5《西城外》。

有山，有水，有鱼，还有桥，有花，有竹，有树。几乎所有中国古代园林建筑的要素，在这座园林中都有所体现。

因为清华园名气太大，故而前来游玩的人也很多。时人又描述曰："海淀清华园，戚畹李侯之别业也。去都门西北十里，湖水自西山流入御沟，人无得而游焉。淀之水滥觞一勺，都人米仲诏浚之，筑为勺园。李乃构园于上流，而工制有加米，颜之曰'清华'。初至，见茅屋数间，入重门，境始大。池中金鳞长至五尺，别院二，邃丽，各极其致。为楼百尺，对山瞰湖。堤柳长二十里。亭曰花聚，芙蕖绕亭，五六月，见花不见叶也。池东百步，置断石，石纹五色，狭者尺许，修者百丈。西折为阁、为飞桥、为山洞。西北为水阁，垒石以激水，其形如帘，其声如瀑。禽鱼花木之盛，南中无以过也。雪后联木为水船，上施轩幕，围炉其中，引觞割炙。以一二十人挽船，走冰上若飞，视雪如银浪，放乎中流，令人襟袂凌越，未知瑶池玉宇又何如尔。"① 作者虽云"人无得而游焉"，其实已经游遍全园矣。

因为武清侯的身份十分尊贵，故而明神宗及皇太后皆有御赐书匾，以示尊宠。时人称："武清侯别业，额曰'清华'。园广十里，园中牡丹多异种，以绿蝴蝶为最，开时足称花海。西北水中起高楼，五楹，楼上复起一台，俯瞰玉泉诸山。御书'青天白日'四字于中。东西书'光华''乾坤'相对，字各长二尺余。"② 时人又称："清华园前后重湖，一望漾渺，在都下为名园第一。若以水论，江淮以北，亦当第一也。"③ 这种极高的评价确实表现出清华园的园林艺术在京城堪称诸园之冠。

至于清华园的建造时间，史无明文。李家第一代武清侯为神宗万历十年（1582）所封皇太后的父亲李伟，封爵仅一年即去世，

---

① 《日下旧闻考》卷79引《雒诠》。
② 《日下旧闻考》卷79引《燕都游览志》。
③ 《日下旧闻考》卷79引《明水轩日记》。

应该不会建造这座园林。袭爵的李文全是在万历十二年至四十五年（1584—1617）之间。他死后，李诚铭袭爵。因此，建造清华园应该是在这两个人袭爵时的事情。

与之相关的，是清华园旁边有米万钟建造的勺园。有些历史文献认为是米万钟建造勺园之后，武清侯才在勺园的上游建造了清华园。如清乾隆年间纂修《日下旧闻考》的文臣们称："淀水滥觞一勺，明时米仲诏浚之，筑为勺园。李戚畹构园于其上流。是勺园应在清华园之东，今其园不可考。海淀之东，有米家坟在焉。"①而米万钟建造勺园的时间应该在万历四十五年（1617）前后。如果按照这种时间关系来推断，清华园应该是由李诚铭建造的。

但是，同是万历年间的著名学者沈德符写有《万历野获编》一书，书中有《京师园亭》一文，称："又米仲诏进士园，事事模效江南，几如桓温之于刘琨，无所不似，其地名海淀，颇幽洁。旁有戚畹李武清新构亭馆，大数百亩，穿池叠山，所费已巨万，尚属经始耳。"文中已经提到了勺园和清华园。《万历野获编》一书写成于万历三十四年（1606）冬，而这时勺园已经建好，清华园也已经初具规模了。据此可知，建造清华园的武清侯应该是李文全，而不是李诚铭。

这座京师第一的园林，到了崇祯年间迅速败落。后人称："神庙至性天孝，朝慈宁宫，月以数四。虽圣体肥得，未尝不膝行而前，忘其委惫。慈宁性岂弟，晚年尤忆外舍李家，恩泽殊厚，皇上体圣母垂念，便增岁禄米四百石以终太皇之世。然李实不贫，园亭甲第，声溢于都下。子孙风流蕴藉，言语文章颇为诸贵之所钦瞩。天之所殖，人不能助焉。及先皇时，李氏门衰，霍家之车辖已无飞凤，而宫禁遥闻，犹疑其有贵戚之富。崇祯戊寅，诏武清助军百万，于是李氏甲第售于人，继以西直门之海淀，铢铢两两，不能满

---

① 《日下旧闻考》卷 79《国朝苑囿》。

其数。至于扇珥佩帨诸小物，悉于庙市日悬价索卖。旧京遗老，追感松楸，沾臆于渭阳之情矣。"① 文中所称"神庙"即明神宗。"崇祯戊寅"为崇祯十一年（1638），这一年，明思宗因为国用不足，向武清侯家借银四十万两，遂致使武清侯倾家荡产，清华园也随之败落。

在西郊一带，明代还有两座皇亲国戚的私家园林享誉当时。一座是郑戚畹的郑公庄，另一座是万驸马的白石庄。郑公庄又称郑戚畹园，也应该是建造于万历年间。时人称："郑公庄，在万寿寺左，度桥而南，有亭在平畴，亭外俱稻田，缘堤莲芡，盖郑戚畹园也。"② 清代前期纂修《畿辅通志》时，也引用了《燕都游览志》这段文字。但是，到了乾隆年间纂修《日下旧闻考》时，人们已经找不到郑戚畹园的遗迹了。

郑戚畹者，为明神宗时郑贵妃之父郑承宪，史称："贵妃有宠，郑氏父子、宗族，并骄恣，帝悉不问。"③ 郑氏骄恣不法，修建一座私家园林也在情理之中。但是，郑贵妃因为太受宠，遂遭到众多大臣的攻击，自然牵连郑承宪、郑国泰父子。及明神宗一死，郑氏一家也就失去权势，郑戚畹园自然也就败落了。

万驸马的白石庄又被称为都尉园。驸马万炜娶的是明神宗的亲妹妹瑞安公主，因此在外戚当中的地位是十分显赫的。由他建造的园林也是十分可观的，时人称："白石桥北，万驸马庄焉，曰白石庄。庄所取韵皆柳，柳色时变，闲者惊之。声亦时变也，静者省之。春，黄浅而芽，绿浅而眉，深而眼。春老，絮而白。夏，丝迢迢以风，阴隆隆以日。秋，叶黄而落，而坠条当当，而霜柯鸣于树。柳溪之中，门临轩，对一松虬。一亭小立柳中，亭后，台三累，竹一湾，曰爽阁，柳环之。台后，池而荷，桥，荷之上，亭，

---

① 史玄：《旧京遗事》。
② 《日下旧闻考》卷98引《燕都游览志》。
③ 《明史》卷300《外戚传》。

桥之西，柳又环之。一往竹篱内，堂三楹。松亦虬。海棠花时，朱丝亦竟丈，老槐虽孤，其齿尊，其势出林表。后堂北，老松五，其与槐引年。松后一往为土山，步芍药牡丹圃，良久，南登郁冈亭，俯翳月池，又柳也。"①

时人又称："驸马都尉万公白石庄，在白石桥稍北。台榭数重，古木多合抱，竹色葱蒨，盛夏不知有暑。附郭园亭，当为第一。"②这处私家园林是以柳树多而著称，确实是京城人们消夏乘凉的好地方。时人曾写有《白石庄万都尉园作》一诗："仙圃宜秋色，相将恋夕曛。松青新濯雨，槐古旧侵云。竹牖池光合，山楼石翠分。凤箫遗韵在，拟向月中闻。"③由此可见，这座私家园林虽然建筑并不多，环境却极为清雅，独具特色。

在西郊一带，除了皇亲国戚建造有私家园林之外，官宦之家建造的园林，首推米万钟的勺园。时人称："北淀有园一区，水曹郎米仲诏万钟新筑也。取海淀一勺之意署之曰勺，又署之曰风烟里。中所市景曰色空天，曰太乙叶，曰松坨，曰翠葆榭，曰林于澨。种种会心，品题不尽。都人士啧啧称米家园，从而游者趾相错。仲诏复念园在郊关，不便日涉：因绘园景为灯，丘壑亭台，纤悉具备。都人士又诧为奇，啧啧称米家灯。"④这座园林的规模并不是很大，但是文化内涵比较丰富。

时人又称："勺园径曰'风烟里'。入径，乱石磊砢，高柳荫之。南有陂，陂上桥曰'缨云'，集苏子瞻书。下桥为屏墙，墙上石曰'雀浜'，勒黄山谷书。折而北为文水陂，跨水有斋，曰'定舫'。舫西高阜，题曰'松风水月'。阜断为桥，曰'逶迤梁'，主人所自书也。逾梁而北，为勺海堂，吴文仲篆。堂前怪石蹲焉，栝

---

① 《帝京景物略》卷5《西城外》。
② 《日下旧闻考》卷147《风俗》，引《燕都游览志》。
③ 《日下旧闻考》卷147《风俗》，引《半舫集》。
④ 《长安客话》卷4《郊坰杂记》。

子松倚之。其右为曲廊，有屋如舫，曰'太乙叶'。周遭皆白莲花也。东南皆竹，有碑曰'林于澄'。有高楼涌竹林中，曰'翠葆楼'，邹迪光书。下楼北行，为'槎枒渡'，亦主人自书。又北为水榭。最后一堂，北窗一拓，则稻畦千顷，不复有缭垣焉。"① 园中诸景，皆有名目，又皆有题字，或为前代名家手笔的集字（如苏轼、黄庭坚），或为当时名人及米万钟自己的手笔。

由于游览勺园的人很多，故而使之名气越来越大。后人引《明诗话》称："先生为水曹郎，筑园海淀之北。中有'色空天''太一叶''松垞''翠葆榭''林于澄'，总名之曰'勺园'。又曰'风烟里'。自念园在郊关，不能日涉，因绘园中景为灯，丘壑亭台，纤悉具备。都人争尚之，号曰'米家灯'。尝于元夜集客赋诗，丽水吕太常邦耀即席口占二首，其一云：'玉绡迭出上元村，双炬悬来景物繁。恍惚重游丘壑里，米家灯是米家园。'其二云：'轻舟寒夜渡无冰，波入银绡讶月升。宛似梦中曾一照，米家园是米家灯。'一时和者数百人，列成一集，可称好事，亦太平佳话也。"② 古人游赏园林而有唱和本是平常事，而游勺园有数百人之唱，则不多见，堪称盛事。

明代西郊园林的建设，为清代皇家三山五园的建设和发展，打下了坚实的基础。有些皇家园林，正是在私家园林的遗迹上建造起来的。西郊优美的风景为人们的活动提供了十分理想的自然场所，自唐代以来诸多寺庙及宫观的建造，又为人们的活动提供了较好的人文场所。而金代至明代皇家行宫和私家园林的建设，则是以宗教文化区和旅游文化区为背景的。到了清代，最终形成了大规模的皇家园林区。

---

① 《日下旧闻考》卷79《国朝苑囿》，引《燕都游览志》。
② 《明诗综》卷63。

第二章　清代康、雍、乾时期 三山五园的建设

清朝定都北京之后，曾经在西郊一带进行大规模的园林建设，被人们统称为"三山五园"。其实西郊的山并不止三座，西郊的园林也并不止五个（仅皇家园林也不止五个）。这种大规模建造园林的活动，使北京历史文化变得更加丰富多彩。一方面，使北京地区的园林文化成为集中国园林文化之大成的典范，另一方面，又加入了若干域外园林文化的因素，堪称世界园林文化的杰出代表。

三山五园的建造，体现了清朝统治者对提高生活质量的追求。当他们生活在紫禁城内时，有着一种制度上的束缚，使他们的生活必须合规守矩，从而失去了活力；又有着一种感观上的束缚，使他们见到的三殿两宫像是一座大牢笼，而自己就像是与世隔绝的笼中鸟。因此，他们要创造一个空间更加开阔的生活区域。承德避暑山庄就是这样一个区域，但是毕竟离紫禁城较远，不可能随时来往。于是，就有了西郊皇家园林的建造，从康熙到乾隆年间，皇家园林越造越多，遂形成三山五园的格局。

在中国古代，都城之所以成为全国的政治中心，是因为历代帝王皆在这里建造有宏伟的宫殿以供其生活，而皇家园林则成为宫殿的附属设施。但是，到清代建造三山五园之后，帝王们的大多数生活就从皇宫迁移到了园林，许多重大政治决策的筹划和议定也是在这里，而且许多重大历史事件也是在这里发生的。因此，三山五园

也就成为与紫禁城并列的一个政治中枢，故而可以说，一部三山五园史，就是半部大清史。

清朝是中国古代最后一个封建王朝，其政治、经济、文化等各方面都发展到了顶峰阶段，而三山五园的建造，正是这种顶峰阶段的产物。对三山五园的建造，展示了清朝雄厚的经济实力和丰富的文化内涵，故而成为整个人类文明的结晶之一。但是，随着清朝由极盛转为逐渐衰败，三山五园也随之由盛转衰。再加上外国侵略势力的破坏，令人惨不忍睹。中华人民共和国成立后，三山五园陆续得到保护和修缮，成为人民大众岁时游览的公园。改革开放以来，颐和园又成为世界物质文化遗产，更加印证了国家强大，文化才能进一步发展繁荣的硬道理。

第一节　畅春园

畅春园是清朝统治者在西郊一带所建造的一座皇家园林。是清圣祖在康熙年间，利用明代著名的私家园林清华园和勺园的基础而加以建造的。清华园是明代皇戚李伟建造的，勺园则是明代官僚米万钟建造的，在当时名气极大，园林建造也达到明代北京园林文化发展的顶峰。由此可见，清圣祖对畅春园的选址确实有独到的眼光。

在建造这座皇家园林之后，清圣祖曾经撰写有《御制畅春园记》，讲述了建造的原因："朕临御以来，日夕万几，罔自暇逸。久积辛勚，渐以滋疾。偶缘暇时于兹游憩，酌泉水而甘，顾而赏焉。清风徐引，烦疴乍除。爰稽前朝戚畹武清侯李伟因兹形胜构为别墅，当时韦曲之壮丽，历历可考。"这是原因之一，为了消除因为疲劳而造成的积疾。

文中又曰："每以春秋佳日，天宇澄鲜之时，或盛夏郁蒸炎景铄金之候，几务少暇，则祗奉颐养游息于兹，足以迓清和而涤烦暑，寄远瞩而康慈颜。扶舆后先承欢爱，日有天伦之乐焉。"① 这是原因之二，为了奉养皇太后，以尽享天伦之乐。

清圣祖又在文中说明了这座皇家园林的命名缘由："既成，而以'畅春'为名，非必其特宜于春日也。夫三统之迭建，以子为天之春，丑为地之春，寅为人之春。而《易》文言称：乾元统天，则四德皆元，四时皆春也。先王体之，以对时育物，使圆顶方趾之众，各得其所；跂行喙息之属，咸若其生。光天之下，熙熙焉、皞皞焉，八风罔或弗宣，六气罔或弗达，此其所以为畅春者也。"（同上引）"畅春"的名称，不仅仅是突出"春"的主题，而是要畅天下万民、万类（即天、地、人）生物之气。

畅春园的宫门正中悬挂有清圣祖御题"畅春园"三字匾额。进宫门正对九经三事殿，也有清圣祖御题匾额及对联，额题"九经三事"四字，联为"皇建有极，敛时敷锡而康而色；乾元下济，亏盈益谦勉始勉终"。这处宫殿因为位置十分重要，又被称为畅春园正殿。许多重要的活动，都是在这里举行的。

如康熙三十三年（1694）正月，"（辛亥）上奉皇太后幸畅春园。壬子，以上元节，赐外藩喀尔喀、科尔沁、乌朱穆秦、阿禄科尔沁、吴喇忒、土默特、郭尔罗斯、扎鲁特、翁牛特敖汉、扎赖特苏尼特、阿霸哈纳、巴林阿霸垓、喀喇沁、克西克腾、鄂尔多斯、杜尔伯特、奈曼蒿齐忒、四子部落等王、贝勒、贝子、公、台吉及内大臣、大学士、上三旗都统、副都统、尚书、侍郎、学士、侍卫等宴。癸丑，上元节，赐外藩王、贝勒、贝子、公、台吉等及内大臣、大学士、上三旗都统、副都统、尚书、侍郎学士、侍卫等宴。乙卯，上诣皇太后宫，问安"。② 辛亥日是正月十三日，清圣祖陪同皇太后来到畅春园。正月十四日，在这里宴请外藩诸部落首领。正月十五日（即元宵节），又在这里举行盛宴，款待诸王、大臣，

---

① 《日下旧闻考》卷70《国朝苑囿·畅春园》。
② 《清圣祖实录》卷162。

以及外藩部落首领等。其赐宴的地点，应该就是作为畅春园正殿的九经三事殿。但是，我们在康熙年间的文献记载中，并没有见到九经三事殿的名称。虽然"九经三事"的匾额是清圣祖所书写，但是被称为殿名应该是后世才拟定的。

在九经三事殿里，曾经发生过一些重要的事情。如清代皇太后上徽号之仪，绝大多数都是在紫禁城内的慈宁宫举行。但是在乾隆三十六年（1771），适逢皇太后八十岁大寿，上徽号的仪式就移到畅春园的九经三事殿举行。"是日早，鸿胪寺豫设黄案一于畅春园九经三事殿内正中，銮仪卫设龙亭华盖御仗于圆明园宫门外，乐部设导迎乐于龙亭前，内阁、礼部堂官率属俱蟒服只俟于圆明园大宫门外。大学士自内阁奉奏书出，陈于龙亭内。校尉舁亭，华盖御仗前导，导迎乐作。内阁礼部官前引，大学士、学士、礼部堂官随行，至畅春园大宫门外，乐止。大学士于龙亭内奉奏书，内阁、学士、礼部堂官前引入畅春园大宫门，至九经三事殿内。大学士恭奉奏书陈于黄案上，礼部堂官转传内监总管，恭奉奏书诣皇太后宫陈设。届时，高宗纯皇帝龙袍衮服诣畅春园请皇太后安。礼成，还圆明园。"①

又如，清圣祖曾经在这里接见过外国使节。康熙五十九年（1720），"西洋国王遣陪臣斐拉里奉表来贡。是日，设表案于畅春园九经三事殿阶下正中，圣祖仁皇帝御殿升座，礼部、鸿胪寺官引贡使奉表，陈案上，退，行三跪九叩礼。仍诣案前奉表。进殿左门，升左陛，膝行至宝座旁，恭进。圣祖仁皇帝受表，转授接表大臣。贡使兴，仍由左陛降，出左门，于阶下复行三跪九叩礼。入殿，赐座、赐茶毕，谢恩退"②。在这次会见中，外国使臣所行为"三跪九叩礼"，也没有引起争端。

从康熙至乾隆年间，皇太后都住在畅春园中。有时死后，也停

---

① 《清会典事例》卷302《礼部·尊崇》。
② 梁廷枏：《海国四说·粤道贡国说》卷4。

放在这里。如雍正九年（1731）九月，"己丑，皇后病笃，移驻畅春园。上亲往看视，逾时回宫。未刻，皇后崩逝，上痛悼不已。又欲亲临含殓，诸王大臣等恳请节哀，并停止亲往，上勉从之"①。"九月二十九日，孝敬宪皇后崩，奉梓宫于畅春园正殿，设几筵，建丹旐于内门外之右。世宗宪皇帝成服缟素，妃嫔皇子福晋咸成服。"② 这时停放在畅春园正殿，即九经三事殿。而停放的原因，是"领侍卫内大臣英诚公丰盛额等奏言，紫禁城宫殿尚未缮完，皇后梓宫请暂停畅春园九经三事殿，然后移往田村芦殿安奉。从之"③。但是，这不是仅有的例外。

乾隆四十二年（1777）正月，皇太后死去，清高宗称："今奄遭大故，遵例于慈宁宫办理丧仪，痛深罔极。因念奉安梓宫于陵寝地宫，诹吉鸠工，尚需时日。稽诸旧典，理宜殡宫移奉，以展哀诚。与其另择暂安奉殿，自不若畅春园为皇太后颐和娱志之地，神御所安，最为妥适。业于九经三事殿，易盖黄瓦，敬设几筵，谨蠲本月二十九日，举行奉移礼。所有应行事宜，各该衙门即速敬谨豫备。"④ 原本应该在慈宁宫举办的丧事，清高宗特命在畅春园的九经三事殿举办。

在九经三事殿的后面，建有春晖堂。这座院落在二宫门内，为两层建筑。第一层为春晖堂，正殿五间，东、西配殿各五间。第二层为寿萱春永，规模要比春晖堂大。正殿五间，东、西配殿各五间，东、西耳殿各三间，后照殿十五间。从这两层殿的名称即可看出，这里是皇太后居住的地方。但是，这两处宫殿的匾额都是清高宗所书，故而可以判断，在清圣祖和清世宗时，这里还没有对应的名称。据《清高宗实录》记载，乾隆三年（1738）正月"甲戌，

---

① 《清世宗实录》卷110。
② 《清会典事例》卷480《礼部》。
③ 同上。
④ 《清高宗实录》卷1215。

上诣畅春园，视恭修春晖堂、寿萱春永工程"。该书又称："丁丑，上诣长春仙馆，问皇太后安。是日，奉皇太后居畅春园之春晖堂。"据此可知，这两处宫殿的名称应该是在这一年确定的。

在此之前，这里往往被称为"皇太后宫"。如康熙四十年（1701）四月，"上幸畅春园，诣皇太后宫问安"①。翌年正月"壬寅，上诣皇太后宫问安"，"辛巳，上回畅春园，诣皇太后宫问安""戊子，上幸畅春园，诣皇太后宫问安"。② 这种"皇太后宫"的记载，随处可见。

自春晖堂往后，陆续建有嘉荫殿、云涯馆、瑞景轩、延爽楼、观莲所、式古斋、绮榭等建筑，是为畅春园的中路主要建筑。这些建筑大多都是在康熙年间建好的，并且已经确定了它们的命名，因为多有清圣祖的题匾。而其中的云涯馆和观莲所二处，则为清高宗题匾。故此表明，这两处建筑应该是乾隆年间新建的。

在畅春园的东路建筑中，以澹宁居的地位最为重要。这里曾经是清圣祖在畅春园中处理政务的地方。时人称："澹宁居前殿，为圣祖御门远政、选馆引见之所。后殿为皇上旧时读书之处，额亦圣祖御书。"③ 文中"皇上"即指清高宗。由此可见，这里是清朝两位最著名的皇帝活动过的地方。

时人称："（康熙年间）万寿节，礼臣请御殿受朝贺。奉旨云：'断不可行。'是日，内阁暨九卿翰詹坊局诸臣赴畅春苑，各进书画祝寿，皆不纳。惟取古名人墨迹入御览毕，仍发出。"又称："七月十三日，汉人九卿卿寺赴畅春苑起居，有旨入见于澹宁居（澹宁居在苑东偏南向，仅三楹，制极朴素）。"④ 而在有些大臣的相关记载中，也出现召见于澹宁居的情况。

---

① 《清圣祖实录》卷204。
② 《清圣祖实录》卷207。
③ 《日下旧闻考》卷70《国朝苑囿·畅春园》。
④ 王士禛：《居易录》卷中。

又有时人称："（畅春）苑在京师西北，上时驻跸。计一岁之中幸热河者半，余驻畅春又三之二。内有澹宁居、渊鉴斋、露华楼，皆临政所。韵松轩，皇子读书处。佩文斋，贮书画地。他如苍然亭、清远亭等处，未能悉详。"① 由此可见，澹宁居在康熙年间的重要地位。

此外，在这里还曾举行过一次科技活动。康熙五十三年（1714）十月，清圣祖命相关大臣重新修订历法，"谕和硕诚亲王允祉等，北极高度、黄赤距度于历法最为紧要，著于澹宁居后每日测量。寻奏：测得畅春园北极高三十九度五十九分三十秒，比京城观象台高四分三十秒，黄赤距度比京城高二十三度二十九分三十秒。报闻"②。而在北京的观测点，除了观象台之外，就是在畅春园的澹宁居后面。

为了修订历法，清朝专门开设有历局，就设置在畅春园中的蒙养斋。而观测的地点，遍及全国各地。据同年十一月的大臣上奏："昔郭守敬修授时历，遣人各省实测日景，故得密合。今修历书，除畅春园及观象台逐日测验外，亦不必各省尽测。惟于里差之尤较著者，如广东、云南、四川、陕西、河南、江南、浙江七省，遣人测量北极高度及日景，则东西南北里差及日天半径，皆有实据。得旨：广东著何国栋去，云南著索柱去，四川著白映棠去，陕西著贡额去，河南著那海去，江南著李英去，浙江著照海去。"③ 这次修订历法的中心，是在畅春园。

在澹宁居的后面，有三处庙宇。一处称府君庙。时人称："府君庙，神像如星君，旁殿奉吕祖像。"④ 对于这处府君庙，相关文献没有更多记载。查阅其他历史文献，在全国各地，建造最多的当

---

① 萧奭：《永宪录》卷1。
② 《清圣祖实录》卷260。
③ 《清圣祖实录》卷261。
④ 《日下旧闻考》卷70引《畅春园册》。

属崔府君庙。南宋初年，崔府君曾助宋高宗泥马过江，故而受到民间普遍奉祀。畅春园中的府君庙，不知是否与此有关。吕祖即吕洞宾，也是民间普遍奉祀的道教俗神。这处府君庙，应该是畅春园中唯一的道教相关活动场所。

另外两处庙宇，皆为佛寺。一处为雍正年间建造的恩佑寺，另一处为乾隆年间建造的恩慕寺。恩佑寺是在雍正三年（1725）四月建造的。这里在康熙年间建造有清溪书屋，书屋前有小溪，故名。这里曾经是清圣祖在畅春园中生活的地方，即"宴寝之所"。及清圣祖死后，清世宗为了纪念父皇，将其改建为寺庙，以供奉清圣祖的御容像。

时人称："恩佑寺，世宗宪皇帝为圣祖仁皇帝荐福，建于畅春园之东垣。正殿内奉三世佛，左奉药师佛，右奉无量寿佛。山门额曰'敬建恩佑寺'。二层山门额曰'龙象庄严'。正殿额曰'心源统贯'。皆世宗御书。殿内龛额曰'宝地昙霏'。联曰：'万有拥祥轮，净因资福；三乘参慧镜，香界超尘。'皆皇上御书。"① 此后，清高宗在乾隆八年（1743）建成安佑宫，遂将清圣祖和清世宗的御容都奉移到安佑宫里。

在恩佑寺旁边，清高宗于乾隆四十二年（1777）又建有恩慕寺，以为故去的皇太后祈福。时人称："乾隆四十二年，皇上圣孝哀思，绍承家法，于恩佑寺之侧，敬构是寺，名曰恩慕寺，为圣母皇太后广资慈福。正殿奉药师佛一尊，左右奉药师佛一百八尊。南配殿奉弥勒像，北配殿奉观音像。左、右立石幢，一刻全部《药师经》，一勒《御制恩慕寺瞻礼诗》。山门额曰'敬建恩慕寺'。二层山门额曰'慈云广荫'。大殿额曰'福应天人'。殿内额曰'慧雨仁风'。联曰：'慈福遍人天，祥开佛日；圣恩留法宝，妙现心灯'。皆御书。"② 从澹宁居到恩佑、恩慕二寺，为畅春园东路。

---

① 《日下旧闻考》卷70《国朝苑囿·畅春园》。
② 同上。

在畅春园西路的建筑中，以玩芳斋、无逸斋、凝春堂及观澜榭、集凤轩较为重要。玩芳斋原来称为"闲邪存诚"，出自《易经·乾卦》，有清圣祖御书题额。雍正二年（1724），清高宗作为皇子，曾在此读书。及乾隆四年（1739），此处不慎毁于火，加以重建，清高宗遂题额为"玩芳斋"。

无逸斋在玩芳斋之后，有垂花门，"门内正殿五楹，西廊内正宇为'对清阴'，廊西为'蕙畹芝原'"①。这里在康熙年间曾是清圣祖赐给废皇太子胤礽的书斋，及胤礽移居西花园之后，则改为年幼皇子皇孙读书的地方。到乾隆年间，清高宗到畅春园活动，这里又成为他办事、安寝和用膳的地方。

凝春堂最初在康熙年间是没有匾额的。时人称："凝春堂旧时无额，因东室'纯约堂'为圣祖御题，即称为纯约堂。乾隆十二年重修，以奉圣母慈豫。皇上御题是额。今纯约堂额尚悬东室旧处，堂内御书额曰'导和颐性'。"② 据此可知，凝春堂正殿的匾额是清高宗御书，是在乾隆十二年（1747）经过修缮后，清高宗奉皇太后居住的地方。

凝春堂旁边，又有蕊珠院，建在湖水之中，也是皇太后居住和活动的地方。清高宗描写这里的景色称："畅春苑湖中杰阁数楹，上摩清颢，下瞰澄波。皇祖题之曰'蕊珠院'。朕奉皇太后驻跸是苑，每问安视膳于此。信乎清都之境，不老之庭也。"③ 清高宗又为蕊珠院御题有"凭虚畅襟"匾额。据此可知，这处建筑的景观十分优美，康熙年间就已建成，并有清圣祖题额。

在湖北岸，为观澜榭。时人称："观澜榭额为圣祖御书。榭内额曰'与物皆春'及'坐烟槎蔚秀涵清'，皆皇上御书。"④ 这里

---

① 《日下旧闻考》卷70，引《畅春园册》。
② 同上书，《国朝苑囿·畅春园》。
③ 同上书，引乾隆十三年《御制蕊珠院诗》前小序。
④ 同上书，《国朝苑囿·畅春园》。

是清朝帝王在畅春园处理政务的地方。与之相近又有集凤轩（又称西厂），则是帝王检阅军队的场所。清圣祖就曾多次在此操练军队，例如：康熙四十五年（1706）十月，"丙戌，上奉皇太后幸畅春园"。"己丑，上御畅春园内西厂，阅试武举骑射技勇。""上御畅春园内西厂，阅试武举骑射技勇。上率诸皇子及善射侍卫射。上发十矢皆中。"①

又如乾隆十三年（1748），清高宗也在此检阅军队，曾曰："即视事于观澜榭，引见于大西门，其地长楼横亘，即皇祖曩时阅射处也。爰亲御弧矢，集近侍诸臣校射。时惟深秋风高，日晶气候。清肃弓手，相调连发，二十矢中一十有九。儒臣侍列与观者援唐臣元武阙观射故事，赋诗进览。"（清高宗诗序）并作诗四首，以和答儒臣。

时人亦称："乾隆十三年九月，上御集凤轩，集侍卫于大西门楼校射。上亲发二十矢，中十九矢。有《集凤轩纪事诗》勒石。"《齐召南大西门观御射恭纪诗》云："瞳昽初日照西山，百尺楼开紫翠间。御苑经寒欣草浅，秋风讲武值农闲。虎熊的画君臣鹄，鸿鹭墀分左右班。何幸此时叨侍从，大弓亲睹至尊弯。侍臣如堵并呼嵩，巧力分明不可同。容节中和天子射，弛张高下圣人弓。曾闻作赋夸双兔，更说题词数六熊。何似我皇能百中，闲临瞾相教群工。"② 生动描述了当时习武操练的情景。自玩芳斋到集凤轩为畅春园西路。

在畅春园的建造中，有一个人值得一提，即叶洮。时人称："叶洮，字金城，青浦人。胸有丘壑，畅春园一树一石，皆其布置。洮告归后，复入都，卒于旅舍，朝廷特给内帑赙之。"③ 由此可见，畅春园的建造虽然有前明清华园和勺园为基础，但是，康熙年间人

---

① 《清圣祖实录》卷227。

② 余金：《熙朝新语》卷13。

③ 陈康祺：《郎潜纪闻·初笔》卷12《叶金城畅春园之布置》。

们的建园艺术也发挥了很大作用。

第二节 静明园

在畅春园建造前后不久，康熙年间又建造（或设置）有静明园。据相关文献记载："（康熙）三十一年奉旨，以澄心园为静明园，又设静明园官。"① 这里虽然提到由澄心园改为静明园，而相关文献却很少提到澄心园。据雍正年间纂修的《畿辅通志》称："玉泉山：宛平县西北二十五里。山前御园，锡名曰'澄心'。"② 由此可知，这座皇家园林建在康熙年间，初称澄心园，为清圣祖赐名，后改称静明园。

又有文献称："静明园在圆明园西，玉泉山麓，康熙十九年建。初名'澄心'，三十一年易名'静明'，我皇上几余临憩，略加修葺。"③ 这段文字，是康熙年间的文臣撰写的，故而称清圣祖为"我皇上"，因为是时还没有尊谥。康熙十九年为 1680 年，由此可见，这座静明园应该是清朝在西郊地区建造最早的园林之一。

这处皇家园林以玉泉山的山和水为依托，也是一处建造园林的极佳场所。早在金代中期，这里曾经建有金章宗的皇家行宫。到了元代，这里也成为众多文人墨客经常赏玩的地方。元朝中后期，这里又成为帝王岁时游玩的行宫。直到明代这里仍然是明朝的皇家行宫，岁时有帝王出游西山，必到此巡幸。

到了康熙年间，清圣祖在此建造行宫，又扩建为皇家园林，与历史发展是一脉相承的。清朝帝王到此巡幸，主要的目的就是游山玩水，遣怀尽兴。很少在此处理政务，也很少在此供奉皇太后。这个特点，与畅春园是有显著不同的地方。因此，这里的景观就有了

---

① 《清会典事例》卷 21《吏部·官制》。
② 《畿辅通志》卷 17《山川》。
③ 《皇朝通志》卷 33《都邑略二》。

"十六景"之称。在中国的北方地区,有山、有湖、有泉的地方并不多见,也就使得这里的景观格外秀美。

静明园正门朝南,一进大门,即是廓然大公殿。"正殿七楹,东西配殿各五楹。……'廓然大公'为十六景之一,后宇额曰'涵万象',皆御题。"① 这里是清朝帝王巡幸时处理政务的场所。如道光八年(1828)五月,清宣宗"幸静明园,诣龙神庙拈香,御廓然大公殿,廷讯逆俘张格尔罪状"②。这是很少见到的清朝帝王在此处理政务的记载。

这处廓然大公殿,又被称为勤政殿。如清仁宗在嘉庆二十一年(1816)六月"癸丑,上幸静明园。甲寅,上御勤政殿听政"③。据此可知,这处勤政殿就是静明园中的廓然大公殿。清朝统治者以少数民族入主中原,为了巩固统治,必须利用汉族大臣治理国家,故而在民族关系上就要摆出"廓然大公"的姿态。清世宗曾言:"……朕以凉德缵承统绪,勤求治理,勉效祖考。虽未能跂及万一,然十载之秉公矢诚,朗如天日。满、汉、蒙古,并无歧视,此心久为臣民所共晓。夫满、汉名色,犹直省之各有籍贯,并非中外之分别也。若昧于君臣之义,不体列圣抚育中外、廓然大公之盛心,犹泥满汉之形迹,于文艺纪载间删改'夷''虏'诸字,以避忌讳,将以此为臣子之尊敬君父乎!不知即此一念,已犯大不敬之罪矣。嗣后临文作字,及刊刻书籍,如仍蹈前辙,将此等字样空白及更换者,照大不敬律治罪。"④ 在这里,清世宗强调的"廓然大公",是不要对少数民族加以歧视。

清高宗亦曾谈及"廓然大公",称:"君臣之间,相接以诚。大臣中或不无满汉之见,而朕心则廓然大公,视同一体。如张廷

---

① 《日下旧闻考》卷85《国朝苑囿》。
② 《清宣宗实录》卷136。
③ 《清仁宗实录》卷319。
④ 《清世宗实录》卷130。

玉、陈大受、汪由敦等，晨夕内直，岂尚不知朕心。倘朕稍有此见，是为薄视伊等，面是心违，在朋友尚不肯出此，况朕为天下主耶！"① 虽然清朝统治者对满、汉大臣的待遇是不一样的，却要说成是一视同仁，以表现出自己的公正。这正是把勤政殿又称为廓然大公殿的原意。

在廓然大公殿的后面，为"芙蓉晴照"，亦为静明园十六景之一。时人称："廓然大公之北临后湖，湖中为芙蓉晴照，西为虚受堂。"② 这处景观的名称，应该源自金章宗玉泉山行宫中的芙蓉殿遗址。据明代蒋一葵所著《长安客话》称："玉泉山顶有金行宫芙蓉殿故址，相传章宗尝避暑于此。"但是，金章宗的芙蓉殿遗址在玉泉山顶，而静明园的"芙蓉晴照"则是移到了山下的后湖之中。

静明园的第三处著名景观为"玉泉趵突"，源自燕京八景之一的"玉泉垂虹"。

这处改动出自清高宗的圣意。时人称："'玉泉趵突'为十六景之一，亦为燕山八景之一，旧称'玉泉垂虹'。第垂虹以拟瀑泉则可，若玉泉则从山根仰出，喷薄如珠，实与'趵突'之义允合。详见《御制玉泉趵突诗》并《御制天下第一泉记》记文，已恭载形胜卷内。泉上碑二：左刊'天下第一泉'五字，右刊《御制玉泉山天下第一泉记》。……石台上复立碣二，左刊'玉泉趵突'四字，右勒上谕一通。"③ 其实，"趵突"与"垂虹"各有千秋，"趵突"描述的是泉水喷涌的状态，比较写实。而"垂虹"描述的则是阳光照射泉水喷雾而形成的彩虹，更加富于诗意。

在"玉泉趵突"的旁边，清朝统治者建有龙王庙一座，庙门上有清高宗御题"永泽皇畿"匾额。这处龙王庙在北京地区十分著称，清朝诸位帝王岁时亲自到此拈香礼拜，以求风调雨顺。乾隆九

---

① 《清高宗实录》卷329。
② 《日下旧闻考》卷85《国朝苑囿》，引《静明园册》。
③ 同上。

年（1744），清高宗降圣旨，"封京都玉泉山龙王之神为惠济慈佑龙神"。乾隆十六年（1751），清高宗又命将这座龙王庙改易绿琉璃瓦，以示尊崇。同时下圣谕曰："京师玉泉，灵源浚发，为德水之枢纽。畿甸众流环汇，皆从此潆注。朕历品名泉，实为天下第一。其泽流润广，惠济者博而远矣。上有龙神祠，已命所司鸠工崇饰。宜列之祀典，其品式一视黑龙潭。该部具议以闻，钦此。"大臣们奉旨"遵旨议定，嗣后列入祀典。俟庙工完竣，遣礼部堂官一人往祭。并御制碑记勒石祠左，以昭神功。春秋二季，祭品仪节，均与祭黑龙潭龙神同"①。

此后，在嘉庆六年（1801），清仁宗因为到此祈雨，十分灵验，故而对这处龙王庙更加尊崇，谕称："玉泉山惠济慈佑龙王庙，每遇祈祷雨泽，屡著灵应，久经载入祀典。近因夏至以后雨泽较少，本月十七日，朕亲诣虔诚默祷，是日即有微雨飘洒。次日大沛甘霖，连宵达曙，尤征灵验。允宜敬加称号，用答神麻。著称为惠济慈佑灵护龙王庙，以昭崇奉。"② 在北京地区，帝王亲自祈雨的龙王庙并不多，玉泉山静明园的龙王庙即为其中之一。

在静明园中，还有一处庙宇十分重要，即仁育宫，建于乾隆二十一年（1756）。时人称："仁育宫门外建三面坊楔，中曰'瞻乔门'，二层曰'岳宗门'。宫内奉东岳天齐大生仁圣帝像。御题额曰'苍灵赐禧'。碑二：左勒《御制（玉泉山）东岳庙碑文》，右勒《御制仁育宫颂》。左曰佑宸殿，右曰朔元殿；又左为昭圣殿，右为孚仁殿。正殿后为玉宸宝殿，奉昊天至尊玉皇大天尊玄穹高上帝像。又后为泰钧楼，左为景灵殿，右为卫真殿。"③ 这组建筑十分壮观，可见清高宗对这处祭祀场所十分重视。

静明园有"十六景"之称，每景四字，与"燕京八景"相同。

---

① 《清会典事例》卷444《礼部·群祀》。
② 同上。
③ 《日下旧闻考》卷85《国朝苑囿》。

清高宗又作有《玉泉山杂咏》十六首诗，每诗一景，亦为"十六景"。这十六景每景三字，另成一种风格。这十六景为：清音斋、华滋馆、冠峰亭、观音洞、赏遇楼、飞云崿、试墨泉、分鉴曲、写琴廊、延绿厅、犁云亭、罗汉洞、如如室、层明宇、迸珠泉、心远阁。这16处景观中，有洞二处，为金元时期存留古迹。有泉二处，表明玉泉山的最胜之处不是山，而是水和泉。其他建筑，有斋，有馆，有楼，有室，有厅，有廊，有亭，有宇，有阁，堪称古代园林建筑之大全。

在静明园十六景中，有一景称"溪田课耕"，这种景观在皇家园林中是不多见的。时人称："'溪田课耕'为十六景之一，园内自垂虹桥以西，濒河皆水田。"① 因水之利，以兴农业，在北方地区较为少见，而玉泉山下的丰富水资源，却为此提供了便利条件。于是，清朝政府在静明园招来佃农，耕垦水稻，遂成为静明园中的一大景观，也由此显示出清朝帝王重视农业生产的国策。

玉泉山的水好，是经过清高宗印证的，并被命名为"天下第一泉"。因此，对这里的泉水，也赋予了特殊的功能。功能之一，是使之成为皇家的宫廷饮用水。"乾隆十七年奏准，尚膳房交送米粮油面等物，用服役人五十名。担水，用服役人三十名。进膳并送各处饭食，用服役人四十名。尚茶房运送牛乳木柴，用服役人二十名。茶膳房等担水，用服役人二十名。清茶房淘洗果品、办造茶汤及担水，用服役人四十名。运送静明园玉泉水，用服役人一百有三名。"② 仅从玉泉山往皇宫里面运送泉水，就役使民役 103 人。

功能之二，是用于制作祭祀所需酒品。"乾隆二十三年奏准，每年坤宁宫春、秋二季做祭酒，往静明园取玉泉水各八日，每日用苏拉六人。今酌定，嗣后每日各用苏拉四人，每季八日，共用苏拉

---

① 《日下旧闻考》卷85《国朝苑囿》。
② 《清会典事例》卷1193《内务府·供具》。

三十二人。"① 因为祭祀用酒身份尊贵，故而要用最好的水，于是也就选定了玉泉山的泉水。

静明园一带的金元古迹较多，但是，在被命名的静明园十六景中，却很少有源自古迹而命名的景观。而这十六景皆为清高宗题解，可知这十六景形成于乾隆年间，而此前的康熙、雍正年间尚无十六景的说法。由此亦可见，三山五园的建设，虽然初始于康熙、雍正年间，但是，发展全盛时期，则是在乾隆年间，而且清高宗的个人作用是十分显著的。

第三节　圆明园

圆明园是清世宗建造的第一座皇家园林。这座园林，曾经是畅春园北面的一部分。清世宗在《御制圆明园记》中称："在昔皇考圣祖仁皇帝听政余暇，游憩于丹棱沜之涘，饮泉水而甘，爰就明戚废墅，节缩其址，筑畅春园。熙春盛暑，时临幸焉。朕以扈跸，拜赐一区。林皋清淑，波淀淳泓，因高就深，傍山依水，相度地宜，构结亭榭，取天然之趣，省工役之烦。槛花堤树，不灌溉而滋荣；巢鸟池鱼，乐飞潜而自集。盖以其地形爽垲，土壤丰嘉，百汇易以蕃昌，宅居于兹安吉也。园既成，仰荷慈恩，锡以园额曰'圆明'。"

此后，清高宗又作有《御制圆明园后记》，亦称："昔我皇考因皇祖之赐园修而葺之，略具朝署之规，以乘时行令、布政、亲贤。而轩墀亭榭凸山凹池之纷列于后者，不尚其华尚其朴，不称其富称其幽。乐蕃植则有灌木丛花，怒生笑迎也；验农桑则有田庐蔬圃，量雨较晴也。松风水月入襟怀，而妙道自生也。细旃广厦时接儒臣，研经史以淑情也。或怡悦于斯，或歌咏于斯，或惕息于斯。

---

① 《清会典事例》卷1184《内务府·祀典》。

我皇考之先忧后乐，一皇祖之先忧后乐，周宇物而圆明也。"

读此二文可知，首先，是清圣祖在建造畅春园时，清世宗因为跟随在身边，故而得到"拜赐一区"，并且赐园额为"圆明"。这个"一区"，就是畅春园中的一部分。而当时为了"省工役之烦"，故而没有大规模建造更多的园林设施。其次，该园的第一次建造是在康熙四十八年（1709），时人称："圆明园为世宗宪皇帝藩邸赐园，康熙四十八年所建。园额今恭悬圆明园殿者，圣祖御书。悬大宫门者，世宗御书。"① 因为亲王的园林与帝王的园林相比，是有很大差异的，故而圆明园在清世宗即位之前，其规模是无法与畅春园相比的。

时人称："圆明园为前明懿戚徐伟别墅旧址，康熙间名畅春园。世宗在潜邸时，圣祖命于园中辟地筑室，以为世宗读书之所，并赐名圆明。雍正后，遂无复畅春之称矣。园距平则门二十里，列圣避暑巡幸，岁驻跸数月以为常。"② 由此可见，最初建造的圆明园，只是清世宗为皇子时的"读书之所"，及雍正年间重修之后，才不再称为畅春园的一部分，而独立为圆明园。

圆明园是在清世宗即位之后才加以重新扩建的。这一点，见于清世宗的文章，称在他即位三年之后，"始命所司酌量修葺，亭台丘壑，悉仍旧观，惟建设轩墀，分列朝署，俾侍直诸臣有视事之所。构殿于园之南，御以听政。晨曦初丽，夏暑方长，召对咨询，频移昼漏，与诸臣相接见之时为多"。据此，圆明园的兴建是在雍正三年（1725）前后。此后，清高宗即位之后，进一步完善圆明园的各项建筑，把清世宗时的"十四景"扩充为"四十景"，遂使之成为中国古代园林文化的巅峰之作。

通过对相关文献的比对，可知在雍正年间的圆明园中，有十四处景观，而在乾隆年间又增加了二十六处景观，合为"四十景"。

---

① 《日下旧闻考》卷 80《国朝苑囿·圆明园一》。
② 《郎潜纪闻·初笔》卷 1《沈侍御谏罢重修圆明园》。

雍正年间建造的景观，占"四十景"中的35%，虽然数量少，却占据着圆明园的主干。而乾隆年间的景观主要是围绕此前建造的景观展开的。

据统计，由清世宗建造的十四处景观为：正大光明、勤政亲贤、九州清宴、镂月开云、天然图画、碧桐书院、慈云普护、上下天光、杏花春馆、万方安和、鱼跃鸢飞、西峰秀色、平湖秋月、接秀山房。这十四处景观，原来大多为三字命名，在乾隆九年（1744），经过修改，一律为四字命名。如"牡丹台"三字，改为"镂月开云"四字。又如"蓬莱洲"改为"蓬岛瑶台"。清高宗说是参照了承德避暑山庄的"三十六景"命名之法，但是，此前早就有的杭州"西湖十景"、北京"燕京八景"，皆是以四字为景观命名的。

自清世宗建造圆明园之后，清朝帝王们有相当多的时间是在这里度过的，少则几天、十几天，多则数月。时人称："清宫相传，有一宫史，饮食有一定笾俎，起居有一定时刻，毫发不苟；若驻三海，驻圆明园，则不拘泥。故从前帝后皆以驻宫为苦，夏令必驻三海，托名避暑也。"① 在这里，点出了清朝帝王大多喜居皇家园林的缘故，是因为在紫禁城中的生活过于严谨，一切事情皆有制度加以限制，"毫发不苟"。而在园林中"则不拘泥"，更加随意。这也点出了从康熙到乾隆年间大事修造西郊皇家园林的一个重要原因。

帝王要长期住在皇家园林中，又要处理军政事务，于是，把皇城里面的办事机构也都搬迁到皇家园林来。时人称："（圆明园）大宫门五楹，门前左右朝房各五楹。其后，东为宗人府、内阁、吏部、礼部、兵部、都察院、理藩院、翰林院、詹事府、国子监、銮仪卫、东四旗各衙门直房。东夹道内为银库，又东北为南书房，东南为档案房。西为户部、刑部、工部、钦天监、内务府、光禄寺、

---

① 《春明梦录》卷上。

通政司、大理寺、鸿胪寺、太常寺、太仆寺、御书处、上驷院、武备院、西四旗各衙门直房。西夹道之西南为造办处，又南为药房。"①

此外，在二宫门（即贤良门）旁边，则设有茶膳房、翻书房、清茶房、军机处等机构。帝王在紫禁城里居住时，各衙门都到皇城里面办公；而帝王在圆明园居住时，各衙门也就都到这里办公。圆明园遂成为紫禁城的外朝，而又使帝王们生活相对随意一些。因为圆明园距城里较远，只是辛苦了众多官员，每天要起大早赶往圆明园。有的官员就在圆明园附近租了房屋，以便到圆明园上朝时可以少跑些路。

进贤良门即为正大光明殿，是圆明园的正殿，"（正殿）七楹，东西配殿各五楹，后为寿山殿，东为洞明堂"②。正殿内有清世宗御书对联为："心天之心，而宵衣旰食；乐民之乐，以和性怡情。"殿中又有清高宗御书对联为："遹求宁观成，无远弗届；以对时育物，有那其居。"殿中还有清高宗书《周书·无逸篇》和绘制的《豳风图》，表现出帝王对治国和农业生产的重视。

正大光明殿的东侧，为勤政殿（静明园也有勤政殿，与此同名），殿额为"勤政亲贤"，后楹额又有"为君难"之匾，皆是清世宗御笔。又有清高宗御笔题写的对联，殿中联曰："至治凛惟艰，修和九叙；大猷怀用乂，董正六官。"后楹联曰："懋勤特喜书无逸；揽胜还思赋有卷。"表达了清世宗和清高宗对治国之道的思考和认识，以及"勤政"的主题。

这里是清朝帝王处理政务的主要场所。时人称："圆明园召见，向在勤政殿。三楹，楹扇洞开，殿中有横楣分前后焉。殿东有套间曰东书房，无前廊。夏日召见在殿中，春秋则在书房。书房门向东，前加牌枨。臣工等由东首台阶上进殿，过横楣，转牌枨，向南

---

① 《日下旧闻考》卷80《国朝苑囿·圆明园一》。
② 同上书，引《圆明园册》。

稍东即南向跪，则面圣矣。此地不大，盖截书房北段为小间。北墙有槅扇门，驾由此出入，是以上面北坐也。丁酉冬，将书房添前廊，南向开门，北安窗，炕倚窗，设御座炕之西头。东南向窗间设大玻璃，以防苑外人窃听。圣人防闲之严如此。臣工由殿外南向之门入见，自戊戌正月始也。"①

在正大光明殿后面有一片湖，湖的北岸有一组建筑，也是圆明园的主体建筑之一。最前面一层为圆明园殿，宽五楹，当是清圣祖赐给清世宗读书处。悬有清圣祖御书"圆明园"匾额。又写有对联曰："每对青山绿水会心处，一丘一壑总自天恩浩荡；常从霁月光风悦目时，一草一木莫非帝德高深。"此外，又写有清世宗即位前在此所拟对联："恤小民之依所其无逸；稽古人之德彰厥有常。"第二层建筑为奉三无私殿，宽七楹，殿中有清高宗所书《圣祖仁皇帝圣训》。最后一层建筑为九州岛清宴殿，宽七楹，为圆明园四十景之一，称"九州清宴"。

在这组建筑中，使用较多的是奉三无私殿。如乾隆四十二年（1777）正月，清高宗奉皇太后及皇子皇孙到圆明园过节，"奉皇太后幸同乐园，侍晚膳。御奉三无私殿，赐皇子皇孙诸王等宴"②。乾隆五十四年（1789）正月，"幸圆明园。御奉三无私殿，赐皇子、皇孙、皇曾孙、皇元孙、诸王等宴"③。乾隆五十七年（1792）正月，"甲申，上御奉三无私殿，赐皇子、皇孙、皇曾孙、皇元孙、亲王等宴"④。翌年正月，"戊申，上御奉三无私殿，赐皇子、皇孙、皇曾孙、皇元孙、亲王等宴"⑤。正月在奉三无私殿赐宴的活动始于乾隆十二年（1747），逐渐形成为一种制度。

时人称："每岁元旦及上元日，钦点皇子皇孙等及近支王、贝

---

① 姚元之：《竹叶亭杂记》卷1。
② 《清高宗实录》卷1024。
③ 《清高宗实录》卷1320。
④ 《清高宗实录》卷1394。
⑤ 《清高宗实录》卷1420。

勒、公曲宴于乾清宫，及奉三无私殿。皆用高椅盛馔，每二人一席，赋诗饮酒，行家人礼焉。"① 又称："每岁上元后一日，钦点大学士九卿中之有勋勋者宴于奉三无私殿，名廷臣宴，其礼一如曲宴宗室礼。蒙古王公皆预是宴，盖以别燕毛行苇之义也。"② 据此可知，每年正月的帝王赐宗亲之宴，如果是在紫禁城里，就在乾清宫赐宴。如果是在圆明园里，就在奉三无私殿赐宴。

在"九州清宴"的西边，有一处建筑称清晖阁。时人称："清晖阁北壁，悬圆明园全图。乾隆二年，命画院郎世宁、唐岱、孙佑、沈源、张万邦、丁观鹏恭绘。御题'大观'二字，并题联曰：'稽古重图书，义存《无逸》三宗训；勤民咨稼穑，事著《豳风》七月篇。'"③ 这幅画，应该是最早表现圆明园全景的绘画作品。是时（指乾隆二年，即1737），许多园中的重要建筑（如西洋楼等）尚未建造，因此具有很珍贵的史料价值。

在勤政殿后，有牡丹台，乾隆九年（1744）改称"镂月开云"，为"圆明园四十景"之一。这处建筑又被称为纪恩堂，匾额为清高宗御书，又作有《御制纪恩堂记》。这篇文章回忆了康熙六十一年（1722），他在这里见到清圣祖的情景，并由此得到赏识，最终登上皇位。转眼已经过去44年，清高宗想起祖父和父皇的恩情，百感交集，全都表达在这篇文章中。也可以说，牡丹台正是清高宗得以登上皇位的起始之地。

清高宗在牡丹台曾作有《御制赋得御兰芬诗》，诗前序文表达了他对园林文化的领悟："'镂月开云'为圆明园四十景之一，即旧所谓'牡丹台'也。其后斋堂名之曰'御兰芬'，盖一轩一室，向背不同，景概顿异，而兴趣因之亦殊。故园内每有一区宅而名十

---

① 昭梿：《啸亭杂录》卷10《曲宴宗室》。
② 《啸亭杂录》卷10《廷臣宴》。
③ 《日下旧闻考》卷80《国朝苑囿·圆明园一》。

数者，率是道也。夫岂以建置之多为夸胜哉。"① 虽在一地，所处位置不同，观赏角度不同，就会给人们带来不同的感受。这正是中国古典园林艺术的最高境界。

　　在圆明园里，还有一处重要的活动场所，称为"山高水长"，也是"四十景"之一。这处建筑十分宏伟，时人称："万方安和西南为山高水长，楼西向，九楹，后拥连冈，前带河流，中央地势平衍，凡数顷。……其地为外藩朝正锡宴及平时侍卫较射之所，每岁灯节，则陈火戏于此。"② 这座楼宇宽九楹，比正大光明殿还要宽敞。如果说在奉三无私殿举行的是"家宴"，那么，在山高水长楼举行的就是"国宴"。

　　每年正月，以元宵节为中心，在此举办大规模的盛宴，以招待各方来宾及臣僚等重要人物。如在乾隆五十七年（1792）正月，"癸未，上御山高水长。赐王公大臣、蒙古王、贝勒、贝子公、额驸、台吉，及回部、番部，并朝鲜、琉球、安南、缅甸国使臣等食。至乙酉，皆如之"③。这次盛宴的规模十分可观，自癸未至乙酉，连续三天。翌年正月，"丁未，上御山高水长。赐王公大臣、蒙古王、贝勒、贝子公、额驸、台吉及霍罕伯克那尔巴图来使、年班回部、朝鲜、安南、暹罗等国使臣，廓尔喀贡使等食。至己酉，皆如之"④。这次盛宴的规模也十分可观，这次是自丁未至己酉，也是连续三天的大宴。

　　这种盛况一直延续到清仁宗时。如嘉庆三年（1798）正月，"丙子，上侍太上皇帝御山高水长。赐王公、大臣、蒙古王、贝勒、贝子、公、额驸、台吉及外藩使臣等食"。五天后，清仁宗又"侍太上皇帝御山高水长。赐王公、大臣、蒙古王、贝勒、贝子、公、

---

① 《日下旧闻考》卷80《国朝苑囿·圆明园一》。
② 同上书，引《圆明园册》。
③ 《清高宗实录》卷1394。
④ 《清高宗实录》卷1420。

额驸、台吉及外藩使臣等食"。又过了五天，"甲申，上侍太上皇帝御山高水长。赐王公、大臣、蒙古王、贝勒、贝子、公、额驸、台吉及外藩使臣等食"①。又如嘉庆七年（1802）正月，"甲申，上御山高水长。赐王公、大臣、蒙古王、贝勒、贝子、公、额驸、台吉及呼图克图、外藩使臣等宴，并赏赉有差。……乙酉，上御山高水长。赐王公、大臣、蒙古王、贝勒、贝子、公、额驸、台吉及呼图克图、外藩使臣等食。至戊子皆如之"。七天以后，"辛卯，上御山高水长。赐王、公、大臣、蒙古王、贝勒、贝子、公、额驸、台吉及呼图克图、外藩使臣等食"②。

　　每年正月在圆明园的盛宴虽然十分热闹，但是最热闹的则是放烟火。在中国古代，自唐朝以来即有元宵节燃放烟火的习俗，一直沿袭到清代。时人称："圆明园宫门内正月十五放和盒，例也。即烟火盒子，大架高悬。一盒三层：第一层'天下太平'四大字；二层鸽雀无数群飞，取放生之意；三层小儿四人击秧歌鼓，唱秧歌，唱'太平天子朝元日，五色云中驾六龙'一首。惟其时余观之朝阳满地，不见灯光矣。后停止。……今圆明园正月十五日，筵宴外藩，放烟火，转龙灯。其制，人持一竿，竿上横一竿，状如丁字，横竿两头系两红灯。按队盘旋，参差高下如龙之宛转。少顷，则中立向上排列'天下太平'四字。当亦前人遗意耶。"③

　　时人又描述其景象曰："上元夕，西厂舞灯、放烟火最盛。清晨先于圆明园宫门列烟火数十架，药线徐引燃，成界画栏杆五色。每架将完，中复烧出宝塔楼阁之类，并有笼鸽及喜鹊数十在盒中乘火飞出者。未、申之交，驾至西厂。先有八旗骗马诸戏：或一足立鞍镫而驰者；或两足立马背而驰者；或扳马鞍步行而并马驰者；或两人对面驰来，各在马上腾身互换者；或甲腾出，乙在马上戴甲于

---

① 《清仁宗实录》卷26。
② 《清仁宗实录》卷93。
③ 《竹叶亭杂记》卷1。

首而驰者，曲尽马上之奇。日既夕，则楼前舞灯者三千人列队焉，口唱太平歌，各执彩灯，循环进止，各依其缀兆，一转旋则三千人排成一‘太’字，再转成‘平’字，以次作‘万’‘岁’字，又以次合成‘太平万岁’字，所谓‘太平万岁字当中’也。舞罢，则烟火大发，其声如雷霆，火光烛半空，但见千万红鱼奋迅跳跃于云海内，极天下之奇观矣。”① 这些庆祝活动的主题，就是天下太平。

在圆明园中，还有一处重要的建筑，即长春仙馆，亦为园中的“四十景”之一。“门三楹，正殿五楹。后殿为绿荫轩。正殿西廊后为丽景轩。”殿额及轩额皆为清高宗御书。正殿内又有御书对联称：“安舆欢洽宜春永，庆节诚依爱日长。”这处建筑是清高宗即位前在圆明园赐居之处，清高宗在一首诗序中称：“长春仙馆，予为皇子时所居也。颜书室曰‘抑斋’，与重华宫西厢同。即位后，凡园亭行馆有可静憩观书者，率以‘抑斋’为额。”

及清高宗即位后，虽然供奉皇太后居住在畅春园，但是，每当皇太后到圆明园来游玩，就被安置在这里居住，故而将其命名为长春仙馆。清高宗亦有诗序称：“循寿山口西入，屋宇深邃，重廊曲槛，逶迤相接。庭径有梧、有石，堪供小憩，予旧时赐居也。今略加修饰，遇佳辰令节，迎奉皇太后为膳寝之所。盖以长春志祝云。”② 正是因为有了长春仙馆的设置，才会有皇家园林长春园的建造。

时人称：“长春园本圆明园东垣外隙地，旧名水磨村。就添殿宇数所，敬依长春仙馆赐号，锡名曰‘长春园’，额悬宫门。”③ 这座园林最初是为皇太后所建，所以在乾隆十四年（1749）四月刚刚建成时，清高宗就曾奉皇太后到此游览。两年以后，“新建长春

---

① 赵翼：《檐曝杂记》卷1《烟火》。
② 二诗之序，皆见《日下旧闻考》卷80《国朝苑囿·圆明园一》。
③ 《日下旧闻考》卷803《国朝苑囿·长春园》。

园告竣，设六品总领一人、七品八品副总领各二人"①。这座皇家园林开始设置了正式的管理机构。

但是，在二十年以后，清高宗年届六十岁，就改变了主意，准备把这里作为他自己"退休"后居住的场所。乾隆三十五年（1770），清高宗作有《御制长春园题句》诗，并在诗中注解道："长春非敢畅春侔（畅春园在圆明园之南，皇祖所建。今奉皇太后居之），即景名园亦有由。赐号当年例仙馆（长春仙馆为圆明园四十景之一，雍正年间赐居也。即以当年赐号名之），倦勤他日拟菟裘（予有夙愿，若至乾隆六十年，寿登八十有五，时亦应归政，故邻圆明园之东豫修此园，为他日优游之地。虽属侈望，然果得如此，亦国家景运之隆，天下臣民之庆也）。培松拱把冀鳞老，留石平心待句酬。廿五春秋仍劼毖（今岁六旬，屈指果得归政，尚当二十五年。然一日临莅，矢不敢少懈，此敬勤之志，必居此园时，然后可息肩娱老耳。）……"②

此后，清高宗又多次重申这个主张。如乾隆四十二年（1777）正月，清高宗称："园内之长春园及宫内之宁寿宫，乃朕葺治，为归政后所居。将来我子孙有绍美前休、耄期归政者，亦可留为憩息之地，均不宜轻事更张。"③ 文中所称"园内之长春园"，是指长春园原来是圆明园的一部分，即园中之园。由此亦可见，这两座皇家园林的关系是十分密切的。

在乾隆年间，清高宗在圆明园中又建有安佑宫，用以安放清圣祖和清世宗的御容。清高宗并作有《御制安佑宫碑文》。时人称：安佑宫的"宫门五楹，南向，为安佑门。门前白玉石桥三座，左、右井亭各一，朝房各五楹。门内重檐正殿九楹，为安佑宫。殿内中龛敬奉圣祖仁皇帝圣容，左龛敬奉世宗宪皇帝圣容。左、右配殿各

---

① 《清会典事例》卷1172《内务府·官制》。
② 《日下旧闻考》卷803引清高宗诗及注文。
③ 《清高宗实录》卷1025。

五楹，碑亭各一，燎亭各一"①。这座建筑也颇为壮观。

在清高宗的《御制安佑宫碑文》中称：他除了在皇城内的寿皇殿供奉了清圣祖和清世宗的御容之外，"念兹圆明园我皇考向日游观，在囿在沼之地也，其何忍恝视。爰择爽垲之地，具殿庑之规，为室九，敬奉皇祖御容于中，奉皇考配东一室"②。这种体制略同于清世宗在畅春园中建庙以安奉清圣祖御容一样。只不过清高宗把清圣祖和清世宗的御容都供奉到了安佑宫中，而不是供奉在寺庙中。

在圆明园中，清高宗又增建有一处重要的藏书阁，称文源阁。"文源阁，乾隆三十九年建，与文华殿后之文渊阁、避暑山庄之文津阁，皆以贮《四库全书》。阁额及阁内'汲古观澜'额皆御书。联曰：'因溯委以会心，是处原泉来活水；即登高而游目，当前奥窔对玲峰'。屏宸联曰：'宁夸池馆消闲暇；雅喜诗书悦性灵。'檐柱联曰：'讨寻宜富，波澜浩矣无涯神智益；披揽直探，星宿挹之不尽古今涵。'亦御书。阁前石为岭峰，刊《御制文源阁诗》。阁东亭内石碣，刊《御制文源阁记》。"③

清高宗指出，这处藏书阁是以浙江著名藏书阁——天一阁为模式建造的。他又指出："文之时义大矣哉！以经世、以载道、以立言、以牖民。自开辟以至于今，所谓天之未丧斯文也。以水喻之，则经者文之源也，史者文之流也，子者文之支也，集者文之派也。派也、支也、流也，皆自源而分。集也、子也、史也，皆自经而出。故吾于贮四库之书，首重者经，而以水喻文，愿溯其源，且数典天一之阁，亦庶几不大相径庭也夫。"④ 由此可见清高宗对中华传统文化的重视程度是非常高的。《四库全书》浩如烟海，得益于

① 《日下旧闻考》卷801《国朝苑囿·圆明园二》。
② 同上书，引文。
③ 同上书，《国朝苑囿·圆明园二》。
④ 同上书，引《御制文源阁记》。

数处藏书阁的建造，方能流传至今。

在圆明园中，还有一处重要建筑称安澜园。这处重要的建筑是仿照浙江海宁陈氏私家园林安澜园而建造的，故而亦名安澜园。这处建筑是京城吸收江南园林的经典之作。"（河）北岸为四宜书屋，五楹，即安澜园之正宇。东南为莳经馆，又南为采芳洲。其后为飞睇亭，东北为绿帷舫。四宜书屋西南为无边风月之阁，又西南为涵秋堂，北为烟月清真楼。楼西稍南为远秀山房，楼北度曲桥为染霞楼。"① 由此可见，这组建筑在圆明园中的众多建筑中是值得注目的。

清高宗谈到这处景观的建造，称："安澜园者，壬午幸海宁所赐陈氏隅园之名也。陈氏之园何以名御园？盖喜其结构致佳，图以归。园既成，爰数典而仍其名也。然则创欤？曰非也。就四宜书屋左右前后略经位置，即与陈园曲折如一无二也。四宜书屋者，圆明园四十景之一。既图既咏，至于今，已历二十年也。土木之工，二十年斯弊，故就修葺之。便稍为更移，费不侈而一举两得也。"② 壬午年为乾隆二十七年（1762），这是始建安澜园的时间。二十年后，即乾隆四十七年（1782），清高宗再加修缮，并作有记文。由此可见，他对这座园中之园是十分喜爱的。

后人对这两座经典的园林加以评论曰："乾隆时，海宁故相陈氏之安澜园，圆明园中，曾仿其景而构造之。迨后圆明园被外兵焚掠，安澜园亦芜废，房廊树石，为其后人拆卖几尽，论者谓园囿之兴废，关家国之盛衰。观于两国之已事，有若铜山西倾，洛钟东应，是亦奇矣。"③ 这个评论是十分中肯的。

在圆明园里，还有一处值得一提的建筑为同乐园。"曲院风荷之北为同乐园，前后楼各五楹，南向。其前为清音阁，北向。东为

---

① 《日下旧闻考》卷 802《国朝苑囿·圆明园三》。
② 同上书，引《御制安澜园记》。
③ 况周颐：《续眉庐丛话》。

永日堂。中有南北长街，街西为抱朴草堂。街北度双桥，为舍卫城。"① 这里最初是清高宗供奉皇太后来圆明园游览的场所。如乾隆九年（1744）正月："壬辰，上奉皇太后幸同乐园侍早晚膳，至壬寅皆如之。"② 又如乾隆二十五年（1760）正月，"庚申，上奉皇太后幸同乐园，侍早、晚膳。至癸酉，皆如之"③。这一次皇太后在同乐园吃住了四天。

此后，到嘉庆年间，同乐园又成为清仁宗过生日的地方。如嘉庆十三年（1808）十月，"丙申，上以万寿节御同乐园，赐皇子及王以下文武大臣、蒙古王公等食。至己亥皆如之"④。连续四天加以庆祝（包括清仁宗的生日在内）。又如嘉庆十七年（1812）十月，"癸卯，上以万寿节，御同乐园，赐王以下文武大臣、蒙古王公及外藩使臣等食。至丙午，皆如之"⑤。这一次的庆祝，也是四天。

同乐园又是一处十分热闹的地方。时人称："圆明园福海之东，有同乐园，每岁赐内廷诸臣听剧于此。高庙时每至新岁，特丁园中设买卖街，凡古玩估衣，以及酒肆茶炉，无所不备，甚至携小筐售瓜子者，亦备焉。开店者俱以内监为之。古玩等器，皆先期由崇文门监督，于外城各店肆中，采择交入，言明价直，具于册，卖去者给直，存留者归其原物。各大臣入园游览，皆竞相购买，或集酒馆饭肆哺啜，与在外等。肆中走堂佣保，皆挑取外城各肆之声音宏亮，口齿伶俐者充之。"⑥ 这里既是听戏的好地方，又是做买卖的好地方，在皇家园林中是较少见的。此后颐和园的买卖街也应该是效仿这里的结果。

---

① 《日下旧闻考》卷802《国朝苑囿·圆明园三》。
② 《清高宗实录》卷208。
③ 《清高宗实录》卷604。
④ 《清仁宗实录》卷202。
⑤ 《清仁宗实录》卷262。
⑥ 李岳瑞：《春冰室野乘》卷上《乾隆宫禁遗事（三则）》。

当然，乾隆年间圆明园的建设在不断增加，如在最著名的"圆明园四十景"中就没有包括西洋楼、海源堂、远瀛观等建筑。时人称："（圆明）园北部有意大利建筑，楼台俱系白石雕刻，系罗马式。上图为'谐奇趣'，《日下旧闻考》仅存其名，楼制系泰西式，俗谓'西洋楼'，其中皆系游戏之所。下图为'万花阵'，阵植短松，分列小道无数，往往对面见人，而行道最易迷惑。阵东有白石建筑之楼，曰'海源堂'，正西向。堂为清帝水戏之所，前有喷水池，其顶可蓄水，楼中则长形，由西而东，如一工字。老人陆纯元谓堂中水戏最多，大概上下可流转也。今犹可见水漕。'远瀛观'在海源堂东，南向，石刻最精致，说者谓意大利人造，但未见记载。观其门窗石柱，方圆之准正，刻镂之精美，中国人不能作也。转马台又在远瀛观之东，陆老人谓系清帝骑马由台上下旋转游戏之所。"①

后人又曾记载有一次游览圆明园的经历："咸丰六年秋七月二十一日，奉旨：本日散朝后，著玉明、肃顺自备鞍马，午初一刻进西南门，在山高水长伺候。有顷，上从内乘船，至山高水长后阁扇下船，出前门，谕玉明、肃顺暨珠勒亨、西拉布、托云、德勒格尔、伊勒东阿等脱去外褂。上乘马，命七臣随行。自山高水长游藻园，至厂地，过汇芳书院，复由紫碧山房至鱼跃鸢飞，少坐。过蕊珠宫门，至黄花磴进茶毕，往西洋楼海宴堂，至转马台，过小角门，至狮子林清淑斋赏饭。左右四卓，命七臣坐，并奉温谕可饱食，非外边筵宴比也。……上进粥，复赏粥毕。随驾起行，由宝相寺、法慧寺、谐奇趣过明春门，至雷峰夕照马头，坐如在天上船，游福海。上命笔砚作诗毕，至渊淳镜澈马头下船。进丽春门骑马，由旧园东墙根过敷春堂，游西大堤汉城关，至含辉楼下马，命七臣散归。"② 而在这次游览中，就记载有西洋楼、海宴堂。这些建筑，

---

① 崇彝：《道咸以来朝野杂记》。
② 方濬师：《蕉轩随录》卷3《御园侍游》。

采用的是西洋建筑艺术风格。

第四节　静宜园（香山）

在西郊的清代皇家园林中，静宜园建造在一处历史悠久的园林胜地。早在金代，就因为这里有景观奇特的香炉峰而出名，金朝帝王已经在此建造有皇家行宫，称香水院。到了元代和明代，人们又在这里建造有众多著名寺庙，成为京城民众岁时前来游览的一处重要景点。

这座清代皇家园林始建于乾隆十年（1745）七月，至翌年三月建成。而作为清朝的皇家行宫，则始于清圣祖康熙年间。清高宗曾撰文称："昔我皇祖于西山名胜古刹无不旷览游观，兴至则吟赏托怀。草木为之含辉，岩谷因而增色。恐仆役侍从之臣或有所劳也，率建行宫数宇于佛殿侧，无丹臒之饰。质明而往，信宿而归。牧圉不烦。如岫云、皇姑、香山者，皆是。而惟香山去圆明园十余里而近。乾隆癸亥，余始往游而乐之。自是之后，或值几暇，辄命驾焉。盖山水之乐不能忘于怀，而左右侍御者之挥雨汗而冒风尘，亦可廑也。于是乎就皇祖之行宫，式葺式营，肯堂肯构，朴俭是崇，志则先也；动静有养，体智仁也。名曰'静宜'，本周子之意，或有合于先天也。"① 清高宗把园林建设与儒家的经典学说结合在一起，表现出十分鲜明的政治倾向。

静宜园入宫门为勤政殿。这处宫殿应该是皇家园林中的第三处勤政殿。清高宗指出："皇祖就西苑瀛台之陂为瀛台，以避暑视事之所，颜曰'勤政'。皇考圆明园视事之殿，亦以'勤政'名之。予既以静宜名是园，复建殿山麓，延见公卿百僚，取其自外来者近而无登陟之劳也。晨披既勤，昼接靡倦，所行之政，即皇祖、皇考

---

① 《日下旧闻考》卷86《国朝苑囿·静宜园一》，引《御制静宜园记》。

之政，因寓意兹名，昭继述之志，用自勖焉。"① 清圣祖在西苑有勤政殿以处理政务；清世宗在圆明园有勤政殿以召见百官；而清高宗则在静宜园再建勤政殿，以处理政务。

这处勤政殿殿宽五楹，南北配殿各五楹，气势颇为壮观。勤政殿为静宜园二十八景之一，这二十八处景观皆以三字命名，大概也是为了与圆明园"四十景"的四字命名相区别。在勤政殿中有清高宗御书匾额为"与和气游"。又有御书对联为："林月映宵衣，寮寀一堂师帝典；松风传昼漏，农桑四野绘豳图。"虽然静宜园中也修建有勤政殿，但清高宗处理政务还是大多在圆明园。

勤政殿后面是丽瞩楼，面西朝东，是在静宜园中观赏日出的最佳场所。在丽瞩楼后西南有绿云舫，二者皆为静宜园二十八景之一。清高宗在所作绿云舫诗前序文中称："园中水皆涓涓细流，不任舟楫。因仿避暑山庄内云帆月舫为斋室，而以舫名之。盖自欧阳氏画舫，而后人多慕效之者。夫舟之用以水居无异陆处为利，而陆处者又以入室如在舟中为适。然则山居水宿，无事强生分别，况载舟覆舟为鉴，又岂独在水哉。"② 由此可见，这处建筑虽为斋室，却做成船舫的样子，是因为静宜园中的河流水量太小，无法划船，才命名为舫。而仿照的模式，则是出自避暑山庄中的云帆月舫。

在丽瞩楼南面建有虚朗斋，也是静宜园二十八景之一。虚朗斋后又有学古堂，在斋、堂之间建有回轩曲廊，廊壁上刻有《御制静宜园二十八景诗》，读诗可知"二十八景"的概况。而在虚朗斋旁边有著名风景璎珞岩，也是静宜园二十八景之一。在璎珞岩上建有厅宇三楹，匾题为"绿筠深入"，为清圣祖的御笔。由此可知，这里在康熙年间应该是清朝皇家行宫的组成部分。

在静宜园的二十八景中，香山寺应该是最著名的景观之一。香山寺位于璎珞岩西边，最早建于金代，称大永安寺，为京西名刹。

---

① 《日下旧闻考》卷86《国朝苑囿·静宜园一》，引清高宗诗序。
② 同上。

明代大宦官范宏又加以拓建，更加宏丽。时人称："本朝康熙十六年重修，圣祖御书'普照乾坤'四字匾额。乾隆八年复修，皇上御书'圆灵应现'匾。殿左为来青轩，轩中山半，环合岩椒，俯临涧壑，女墙周匝，林木青苍，极延揽之胜。殿后为藏经阁，山之巅为静室，乾隆十四年建。御书殿外匾曰'游目天表'。内曰'香雾窟'，并御书。'西山霁雪'石刻在焉，为燕山八景之一。"① 据此可知，香山寺在清代经过两次较大规模的修建，一次是在康熙十六年（1677），另一次是在乾隆十四年（1749）。经过这两次修建，香山寺才成为静宜园中的重要景观之一。

时人又称："香山寺在璎珞岩之西。前建坊楔，山门东向，南北为钟鼓楼。上为戒坛，内正殿七楹。殿后厅宇为眼界宽，又后六方楼三层，又后山巅楼宇，上下各六楹。"② 又有文献称："正殿前石屏一，中刊《金刚经》，左《心经》，右《观音经》。屏后恭镌皇上御笔然灯古佛、观音、普贤诸像，并御制赞语。殿额曰'圆灵应现'。六方楼上层额曰'光明莲界'；中曰'无住法轮'；下曰'薝卜香林'。山巅楼宇，上额曰'鹫峰云涌'；下曰'青霞寄逸'。皆皇上御书。"③ 由此可见，清朝帝王对于佛教的尊崇是十分普遍的。

在香山寺北，建有来青轩，为静宜园二十八景之一。清高宗曾云："由香山寺正殿历级东行，过回廊而东，为来青轩，《帝京景物略》为明神宗所题，今额已不存矣。远眺绝旷，尽揽山川之秀，故为西山最著名处，因仍其名而重为书额。圣祖御题'普照乾坤'四大字，瞻仰之次，想见函盖一切气象。"④ 这时的来青轩有两方御匾，一方为清圣祖所题"普照乾坤"匾，另一方为清高宗所题"来青轩"匾，而明神宗所题"来青轩"匾已经没有了。

---

① 《（乾隆）大清一统志》卷2《京师下》。
② 同上书，引《静宜园册》。
③ 同上书，《国朝苑囿·静宜园一》。
④ 同上书，引清高宗《御制来青轩诗》序文。

在静宜园一带，还有两处著名寺庙，一处称宗镜大昭之庙，简称"昭庙"；另一处为碧云寺。昭庙建于乾隆四十五年（1780），位于静宜园外垣之北，是为藏地活佛六世班禅向清高宗祝寿之后前来北京而专门建造的。这一年的六月，清高宗到承德避暑山庄巡幸，六世班禅的代表穆占巴等带着祝寿礼品来到承德。同年七月二十一日，六世班禅来到承德，被清高宗在淡泊敬诚殿加以召见，又在依清旷殿受赐茶，并随清高宗在避暑山庄各佛堂拈香、行礼。此后不久，清高宗就在万树园为六世班禅摆下盛宴，有许多藏传佛教高僧参与盛宴。

同年八月，六世班禅在承德为清高宗祝寿后，于九月一同回到北京。清高宗又在南苑赐宴，以庆祝昭庙建成。清高宗曾作诗称："昭庙缘何建，神僧来自遐。因教仿西卫（既建须弥福寿之庙于热河，复建昭庙于香山之静宜园，以班禅远来祝厘之诚可嘉，且以示我中华之兴黄教也。是日，自谒陵回跸，至香山落成，班禅适居此庆赞。又：昭庙肖卫地古式为之，卫者番语谓中，俗谓之前藏。班禅所居后藏，乃实名藏藏者，善也），并以示中华。是日当庆落，便途礼脱阇（见《楞严经注》，唐语，谓'法幢'也）。黄衣宣法雨，碧嶂散天花（是日，本晴，甫至经坛，乃微雨，皆以为散天花之喜云）。六度期群度，三车演妙车。雪山和震旦，一例普麻嘉。"① 据此可知，昭庙是按照藏地寺庙的模式建造起来的。

时人称："（静宜园）外垣之北、别垣内佛楼，为宗镜大昭之庙。门东向，建琉璃坊楔。前殿三楹，内为白台，绕东、南、北三面上下，凡四层。西为清净法智殿，又后为红台，四周上下亦四层。"② 时人又称："宗镜大昭之庙，亦称昭庙。额悬'都罡正殿'。乾隆四十五年就鹿园地建琉璃坊，东面额曰'法源演庆'；西面额

---

① 《日下旧闻考》卷87《国朝苑囿·静宜园》，引《乾隆四十五年御制昭庙六韵》诗。

② 同上书，引《静宜园册》。

曰'慧照腾辉'；前殿额曰'众妙之门'。清净法智殿前八方重檐，碑亭内恭勒《御制昭庙诗》。红台上层，东额曰'大圆镜智殿'；西曰'妙观察智殿'；南曰'平等性智殿'；北曰'成所作智殿'。皆皇上御书。"①

　　非常不幸的是，六世班禅万里奔波，没有得到休息，来京后不久，就在十一月初病逝。为了表示对他的哀悼，并专门为他在西黄寺建造了一座清净化城塔。翌年，"送舍利归藏"②。这次六世班禅的进京祝寿，进一步加强了藏地与中央政府之间的联系，也在香山留下了一处胜迹。

　　在香山一带，还有一座著名寺庙，即碧云寺。碧云寺在明代经过大宦官们的重修已经是非常辉煌的一座寺庙，再经过清朝的扩建，显得更加辉煌。时人称："正凝堂迤北为碧云寺，山门东向。度桥为天王殿，复逾桥为正殿，为次层殿，后为三层殿，又后为金刚宝座塔院。院前白石坊座一。"③ 时人又称："碧云寺正殿，额曰'能仁寂照'。殿后六方亭，恭勒《御制碧云寺碑文》。次层殿额曰'静演三车'；后殿檐额曰'普明妙觉'；内额曰'圣业慧因'。塔院坊座上额曰'西方极乐世界''阿弥陀佛赡养道场'。塔座凡三层，上层石洞镌额曰'发阿耨多罗三藐三菩提心'；石龛额曰'灯在菩提'。由石级螺旋而上至顶，建塔凡七，皆镂以佛像。中龛额曰'现舍利光'。院前碑亭，恭勒《御制金刚宝座塔碑文》。"④

　　在此特别值得一提的是乾隆十三年（1748）建造的金刚宝座塔院。据清高宗称：这种形制的金刚宝座塔在中国并不多见，所谓"平台特起，周匝严净，象道场广轮之所极也。五塔岳峙，各具宝相，象佛之遍历四隅而常依止中座也。西域流传，中土希有"。是

---

① 《日下旧闻考》卷87《国朝苑囿·静宜园》。
② 《钦定外藩蒙古回部王公表传》卷91《西藏总传》。
③ 《日下旧闻考》卷87引《静宜园册》。
④ 同上书，《国朝苑囿·静宜园》。

时，有西僧进贡金刚宝座塔一座，"爰命所司就碧云寺如式建造，尺寸引伸，高广具足，势同地涌，望拟天游。贤劫祖庭，实在于是。夫塔庙之设类，以藏舍利齿发为过去崇奉地耳，此座独表法王御世之初威德尊胜"①。这座金刚宝座塔用大理石建造，十分壮观，更胜于五塔寺明代所建之金刚宝座塔。

此外，在碧云寺内又建有罗汉堂。时人称："罗汉堂内，奉五百罗汉，仿杭州净慈寺像。额曰'海会应真'。前宇额曰'鹫光合印'。皆皇上御书。"② 杭州净慈寺的五百罗汉像举世闻名，据称始建于宋代，"杭州城内外，梵宇以百数，惟西湖之净慈、灵隐两寺，有五百罗汉堂，金姿宝相，奕奕欲生，环楹回旋，状如田字，故俗亦呼为'田字殿'。闻其像皆出一僧手塑，而殊容异态，无一雷同。"③ 清高宗遂将这些罗汉塑像复制到碧云寺，成为一处珍贵的佛教遗存。

在静宜园的二十八景之中，有一处称"香雾窟"。时人称："芙蓉坪西南为香雾窟。东、南、北小坊座各一，东面大坊座一。正宇七楹，后为竹炉精舍，其北岩间有'西山晴雪'石幢，又北为洁素履。"④ 清高宗对这处景观十分欣赏，称："历玉华岫而上，西南行，陟山巅，是园中最高处。就回峰之侧，为丽谯，睥睨如严关。由石磴拾级而上，则山外复有群山，屏障其外，境之不易穷如此。人以足所至为高，目所际为远，至此可自悟矣。"⑤ 据此可知，这里是香山静宜园的最高处，不仅建有静室、精舍，而且还竖有"西山晴雪"石碑。"西山晴雪"（古人又作"西山霁雪"）为著名的"燕京八景"之一，西山原为泛指，清高宗竖碑于此，可见他对这里的景色是极为推崇的。

---

① 《日下旧闻考》卷87引《御制金刚宝座塔碑文》。
② 同上书，《国朝苑囿·静宜园》。
③ 《浪迹续谈》卷1《五百罗汉堂》。
④ 《日下旧闻考》卷87，引《静宜园册》。
⑤ 同上书，引《乾隆十一年御制香雾窟诗》序文。

第五节　清漪园（颐和园）

在西郊的三山五园中，建造最晚的是清漪园，建于乾隆十五年（1750）。这座皇家园林的建造，是清高宗为了庆祝母后寿辰而建。因为清朝帝王已经在西郊一带建造了四座大规模的皇家园林，再造这座清漪园，确实有劳民伤财的弊病，清高宗为了逃避后世的病诉，于是提出了两条尚可遮羞的理由：第一条，是兴修水利。以开垦昆明湖为例，称："今之为闸、为坝、为涵洞，非所以待泛涨乎？非所以济沟塍乎？非所以启闭以时，使东南顺轨以浮漕而利涉乎？昔之城河，水不盈尺，今则三尺矣。昔之海甸无水田，今则水田日辟矣。顾予不以此矜其能而滋以惧，盖天下事必待一人积思劳虑，亲细务有弗辞，致众议有弗恤，而为之，以侥幸有成焉。则其所得者必少，而所失者亦多矣。此予所重慨夫集事之难也。湖既成，因赐名万寿山、昆明湖。景仰放勋之迹，兼寓习武之意。"① 经过改造后的昆明湖，确实对京城水系的利用起到了积极作用。

清高宗的第二条理由，是为皇太后祝寿。为此，他在万寿山的上下及周边建造了大量的宏大建筑，构成了一座壮丽的皇家园林。他作诗前称："岁辛未，喜值皇太后六旬初度大庆，敬祝南山之寿，兼资西竺之慈，因就瓮山建延寿寺，而易今名，并志以诗。"② 清高宗还特别强调他建造清漪园是十分简朴的，"既具湖山之胜概，能无亭台之点缀？事有相因，文缘质起。而出内帑，给雇直，敦朴素，祛藻饰，一如圆明园旧制，无敢或逾焉。虽然圆明园后记有云，不肯舍此重费民力，建园圊矣。今之清漪园非重建乎？非食言乎？……园虽成，过辰而往，逮午而返，未尝度宵，犹初志也。或

---

① 《日下旧闻考》卷84引《御制万寿山昆明湖记》。
② 同上书，引《乾隆十六年御制万寿山诗》。

亦有以谅予矣。"① 这真是欲盖弥彰。

清漪园是清高宗打着为母后六十岁大寿庆祝的名义而建造的，到了光绪年间，清德宗又打着为母后休养的名义，再修这座皇家园林。后人称："光绪十四年，修清漪园，改名颐和园，殿宇一切亦加葺治，以备慈禧游憩。十七年，工成。"② 经过修缮的颐和园，大致恢复了清漪园的旧貌。今天，颐和园已经被联合国认定为世界物质文化遗产。

清德宗曾称："万寿山大报恩延寿寺，为高宗纯皇帝侍奉孝圣宪皇后三次祝嘏之所。敬踵前规，尤征祥洽。其清漪园旧名，谨拟改为颐和园。殿宇一切亦量加葺治，以备慈舆临幸。恭逢大庆之年，朕躬率群臣同申祝悃，稍尽区区尊养微忱。吁恳再三，幸邀慈允。"清德宗的建议得到慈禧太后的应允，"自垂帘听政以后夙夜祗惧如临渊谷，今虽寰宇粗安，不遑暇逸之心，无时少弛，第念列圣勤几听政，问民疾苦。凡苑囿之设、搜狩之举，原非若前代之肆意游畋，此举为皇帝孝养所关，深宫未忍过拂。况工用所需悉出节省羡余，未动司农正款，亦属无伤国计"③。经过修缮后的清漪园即改名为颐和园，成为慈禧太后经常游玩的地方。

清漪园的正门向东，入园即为勤政殿。这是皇家园囿中的第四处勤政殿，由此亦可见，自康熙、雍正至乾隆年间，清朝帝王都是把"勤政"放在极为重要的地位。这处勤政殿的规模与其他三处大致相同，皆为七楹，除此之外，只有承德避暑山庄还有勤政殿一处。京城的四处勤政殿中悬挂的匾额和楹联有所不同。西苑的勤政殿为清圣祖题额，圆明园的勤政殿为清世宗题额，而香山静宜园、万寿山清漪园（包括承德避暑山庄）的勤政殿，则皆为清高宗题额。

---

① 《日下旧闻考》卷84引《御制万寿山清漪园记》。
② 章乃炜：《清宫述闻·四述外朝（三）》。
③ 《清德宗实录》卷252。

时人称："勤政殿内额曰'海涵春育'。联曰：'念切者丰年为瑞，贤臣为宝；心游乎道德之渊，仁义之林。'又联曰：'义制事，礼制心，检身若不及；德懋官，功懋赏，立政惟其人。'中刊《御制座右铭》，皆皇上御书。"①

进清漪园后，最受瞩目的即是万寿山与昆明湖。在万寿山上，最受瞩目的则是大报恩延寿寺。时人称："慈福楼西为大报恩延寿寺，前为天王殿，为钟、鼓楼，内为大雄宝殿，后为多宝殿，为佛香阁，又后为智慧海。"② 时人又称："大报恩延寿寺，内额曰：'度世慈缘。'曰：'作大吉祥。'曰：'真如。'曰：'妙觉。'曰：'华海慈云。'皆御书。殿前碑亭勒《御制大报恩延寿寺记》。殿后碑亭，东勒《金刚经》，西勒《华严经》。"③

时人又曾称："大报恩延寿寺在瓮山下，明圆静寺旧址。本朝乾隆十五年于其地复建，门殿凡五层，皆御书额，并御制碑，又御制诗勒碑阴。西为罗汉堂，仿杭州净慈寺田字式建，内分甲乙十道，塑阿罗汉五百尊，皆御书额。"④ 据此可知，自寺门至内殿，共有五处匾额，皆是清高宗御笔所书。

清高宗在《御制大报恩延寿寺记》中称："粤乾隆辛未之岁，恭遇圣母六袠诞辰，朕躬率天下臣民举行大庆礼，奉万年觞，敬效天保南山之义，以瓮山居昆明湖之阳，加号曰'万寿'。创建梵宫，命之曰大报恩延寿寺。殿宇千楹，浮图九级，堂庑翼如，金碧辉映。燃香灯，函贝叶，以为礼忏祝嘏地。朕为人子之于亲恩罔极，则思报之心与为罔极，而报恩之分，恒不能称其思报之愿。凡所谓祝厘颂嘏，修香光之业，开法喜之筵，于申报曷能以毫发数，亦随时随地致其爱慕诚悃云尔。"⑤

---

① 《日下旧闻考》卷84《国朝园囿·清漪园》。
② 同上书，引《清漪园册》。
③ 同上书，《国朝园囿·清漪园》。
④ 吴长元：《宸垣识略》卷14《郊坰三》。
⑤ 《日下旧闻考》卷84《国朝园囿·清漪园》。

　　在这座皇家寺庙中，最宏伟的建筑为佛香阁。高阁耸立在山巅，在万寿山的衬托下，显得更加宏伟。后人作有《清宫词》以述其景，称："千步廊前竦碧岑，佛香阁畔恣登临。长衣窣地盘旋上，亲挽篋舆有福金（孝钦皇后在颐和园，每日必登佛香阁游览。阁在万寿山之巅，俯临排云殿，矗立云表，松槐夹时。千步廊由玉澜堂、乐寿堂迤逦而西，达殿门外，为光绪间所新创，非当日园中之旧。废端王之福晋，日侍左右，亲为扶舆。废大阿哥溥儁之入嗣也，福晋之力为多。福金即福晋）。"① 文中的"孝钦"即指慈禧太后，而佛香阁则为光绪年间新建造的。

　　在大报恩延寿寺西面的罗汉堂，也是一处十分精美的佛教艺术珍品。时人称："罗汉堂为门三：南曰华严真谛，东曰生欢喜心，西曰法界清微。堂内分甲乙十道，塑阿罗汉五百尊。东门内曰祇树园，曰狮子窟，曰须夜摩洞。转而南为阿迦桥。稍南曰阿楼那崖，曰徙多桥。桥上曰弥楼，曰摩偷地，曰砥柱，曰摩诃窝。上曰兜率陀崖，曰功德池，曰旃檀林。再上曰须弥顶，曰善现城，曰金田，曰陀罗峰，曰鸡园，曰鹿苑。中为室罗筏雷音殿，北曰耆阇崛。旁曰舍利塔，曰蜂台，曰毗诃罗桥。南曰露山，曰香岩。西曰信度桥。诸额皆御书。堂之东有亭，卧碣上勒《御制五百罗汉记》文。"② 这些景致的命名，皆与佛教有关，可见清高宗对佛学的研究是很深入的。

　　关于罗汉堂的建造，清高宗专门作有《御制万寿山五百罗汉堂记》，称："辛未南巡至浙，若云林，若净慈，无不有五百罗汉之堂，乃知五百之名始自钱塘，其来久矣。归而万寿山之大报恩延寿寺适成，寺之西有隙地，因命筑堂，以肖钱塘。"③ 由此可见，这处五百罗汉堂与碧云寺的五百罗汉堂一样，都是源自浙江杭州的云

---

① 《清宫词》载钱塘九钟主人《清宫词八十四首》。
② 《日下旧闻考》卷84《国朝园囿·清漪园》。
③ 《御制文集·初集》卷6《记》。

林寺和净慈寺。

在清漪园中，也有一处园中来自江南，被清高宗命名为惠山园。时人称："惠山园规制仿寄畅园，建万寿山之东麓。门西向，门内池数亩。园有八景，曰：载石堂、墨妙轩、就云楼、澹碧斋、水乐亭、知鱼桥、寻诗径、涵光洞。高宗纯皇帝《御制惠山园八景诗》序：江南诸名墅，惟惠山秦园最古，皇祖赐题曰寄畅。辛未春南巡，喜其幽致，携图以归，肖其意于万寿山之东麓，名曰惠山园。一亭一径，足谐奇趣。得景凡八，各系以诗。"① 辛未年为乾隆十六年（1751），正是建造清漪园之时，故而清高宗将这座江南的名园仿造到了京师。此后，嘉庆年间重修，改称谐趣园。

清高宗十分喜爱中国古代的书法名帖，曾收集历代著名书法家的墨迹和碑刻，汇为《三希堂帖》，是历代书法精华的结晶。时人称："乾隆间《三希堂帖》三十二卷八函，以大内所藏晋、魏至元明名人真迹，钩勒入石，嵌置琼华岛西麓之阅古楼壁间。续刻者，在惠山园之墨妙轩，自唐褚遂良始。"② 由此可见，清高宗不仅十分喜爱历代墨宝，也十分喜爱清漪园中的这座惠山园。

时人又曾云："内府所刻帖《三希堂帖》，嵌于阅古楼；《墨妙轩帖》嵌于万寿山惠山园中。乾隆癸巳，重刻《淳化阁帖》成。适长春园中新构文轩落成，右、左廊各十二楹，每楹分嵌六石，即以淳化名轩。尝拓四百部，分赐群臣。内府拓帖，多用乌金拓，独此仿蝉翼拓，犹存古意。"③ 此又一种说法，认为在皇家园林中分嵌有三部法帖。

在清漪园的北门有一组重要的佛教建筑，即须弥灵境等庙宇。时人称："北楼门在万寿山之北门外、东西朝房内，为直房。其南为长桥，桥南佛寺。三面立坊楔，内为须弥灵境，后为香严宗印之

---

① 《日下尊闻录》卷1《惠山园》。
② 吴振棫：《养吉斋丛录》卷17。
③ 赵慎畛：《榆巢杂识》下卷《淳化阁帖》。

阁，阁东为善现寺，西为云会寺。"① 时人又称："须弥灵境坊额，中曰：'慈福'；曰：'慧因'。东曰：'旃林'；曰：'莲界'。西曰：'梵天'；曰：'宝地'。"② 这组庙宇是用的藏传佛教的建筑模式建造的，堪与香山静宜园的宗镜大昭之庙相比。

　　清漪园的园门，曾有人说不是朝东，而是朝北的。"当年清漪园门北向，即后来颐和园所称后门者。入门为一大佛刹，即佛香阁。山下正殿转轮藏，及铜殿等皆属之。山背临昆明湖，沿湖无围墙，皆光绪中修筑者。园后皆旷野，一望无际。至排云殿、长廊，皆光绪中增修者。东至谐趣园，西至石舫，尚是当年建筑。中有一楼，正对昆明湖，额题'山色湖光共一楼'。咸丰元年辛亥科乡试，以此命题，得庠字，五言八韵。士子多不知出处，考官亦鲜知者。先祖告知同人，始了然。以是知后山今为前山。诸座落，半属当年之旧制。"③ 这种说法聊备一家之言。

---

① 《日下旧闻考》卷84引《清漪园册》。
② 同上书，《国朝园囿·清漪园》。
③ 崇彝：《道咸以来朝野杂记》。

第三章　晚清三山五园的损毁与重建

　　盛世兴园，国衰园毁，三山五园史不但是一部清代皇家园林的兴盛与衰毁史，亦是一部浓缩的中国近代史。

　　清代嘉庆时期，王朝国势日益衰落，国家财政逐渐困难，京西皇家园林虽然保持着乾隆年间的基本面貌，但已不复昔日的繁盛气势，由于无力进行全面经营与维护，部分建筑坍塌，部分园林被闲置。进入道光时期，国势衰微，政府对整个京西皇家园林的投入进一步缩减，道光皇帝停止游赏清漪园、静明园、静宜园，裁减了三山的部分服役人员，除圆明园以外，很大一部分西郊园林被闲置，一些园林出现自然损毁也无力及时修葺。咸丰十年（1860），英法联军入侵北京，占据、抢劫并焚毁了海淀镇和圆明园，三山五园和京西皇家赐园、私家园林大多被掠劫、焚烧，成为座座废墟。那些劫后未完全毁掉的王公朝臣赐园和私家园林，也被长久地闲置起来并且处于自然损毁状态。昔日绵延数十里亭台楼榭、柳绿花红、车马喧闹的园林集群，变成了荒凉的、无人问津的废园。后来又经过近百年的风风雨雨，西郊皇家诸园除万寿山在光绪朝重修并更名为颐和园、香山仍存留部分景物之外，其余多已难觅旧观。

第一节　畅春园

　　康熙在世时，畅春园处于全盛时期。雍正即位后，并未继续沿用畅春园作为园居之地，而是倾力拓建自己作为皇子时的赐园——圆明园。此举抽掉了畅春园最核心的功能，使其不再是清帝居园听政的中心，在西郊皇家园林中的地位也逐渐被圆明园取代。同时，由于雍正帝生母在其即位五个月后便去世，畅春园"奉养东朝"功能也被闲置。不过，康熙去世后雍正帝在其寝宫附近兴建恩佑寺，并时常前往行礼祭拜，恩佑寺也成了维系雍正皇帝与畅春园关系的一根重要纽带。

乾隆朝，畅春园成为皇太后在西郊的居所，皇帝常赴园向皇太后请安，并随时在园中处理政务。乾隆四十二年（1777），孝圣宪皇后去世。弘历颁发谕旨，仍将畅春园定为"皇太后园"，并将畅春园定为皇太后御园，专供后世的皇太后居住。但是，自乾隆朝后期至嘉庆朝的 40 多年内，清朝一直没有皇太后，故畅春园奉养皇太后的功能因此被闲置。与此同时，服务于畅春园的工作人员及护卫规模亦在逐年萎缩。至嘉庆七年，畅春园护军营官兵全部撤裁，改由巡捕营看守。两者待遇、地位和职责大不相同，前者是皇帝的禁军，后者则是京师维持治安的部队，由此可见畅春园地位的明显衰落。嘉庆十二年，畅春园内"殿宇房间拆去多座"。

道光即位后，清朝又有了皇太后，但畅春园经多年闲置之后已经破旧不堪，早已不复昔日"弥望涟漪，水势加胜"的容颜。此外，畅春园不时遭到人为损坏，拆用木料、盗毁石料，时有发生。道光元年（1821）的一份上谕中说："畅春园自丁酉年扃护以后，迄今又阅数十年。殿宇墙垣，多就倾欹，池沼亦皆湮塞。此时重加修葺，地界恢阔，断非一二年所能竣工。"① 道光三年，畅春园内衣澹宁居、疏峰、观澜榭、大西门等建筑"并已拆去"。道光皇帝没有遵从先帝乾隆皇帝的意旨，而是"变更祖制"，将孝和睿皇太后移往绮春园奉养。

① 中国第一历史档案馆藏。

随着畅春园的损毁和衰落，负责管理的官员和服务人员进一步削减。道光二年（1822）八月一份《总管内务府奏畅春园郎中一员调补绮春园折》记载了当时畅春园官员和园户的数目："畅春园现设郎中一员、六品苑丞一员、七品苑丞一员、八品苑副四员、笔帖式二员、食钱粮署苑副八名，园户头目、园户等一百五十五名。"而道光三年皇太后将要长住绮春园。绮春园差务较繁，官员和园户不多，"于稽察照料一切差务，恐难周备。畅春园殿座无多，差务甚简，所设官员尽可酌核调拨。拟请将畅春园郎中一员调补绮春园，协理该园一切事务，并管理南园，仍请由畅春园食钱粮署苑副八名内酌拨四名，归于绮春园当差。其畅春园事务，即责令该园六品苑承办理，无须另行派遣官员"①。道光二十三年，畅春园官员均拨归圆明园，此后，畅春园一切事务归圆明园管理。至道光末年，畅春园作为一个独立的单位已经不复存在。

乾隆皇帝的曾孙奕绘，曾在道光十四年进园凭吊，曾留诗歌一首——《中秋畅春园疏峰怀旧》：

> 高高春晖堂，苍苔生画橡。寂寂渊鉴斋，秋花上金砖。先人读书处，回首五十年。彼时我未生，但闻老母传。偶随樵采辈，径行入前园。高轩面秋水，疏峰列西山。斜阳照坏壁，寒藻荡清涟。凄凄风木哀，团团月规圆。吊古增怅望，抚时悟流迁。何当谢人世，终世住幽禅。②

到了咸丰年间，畅春园已成废园，基本淡出了"宫廷苑囿"范围。咸丰帝为其弟修葺赐园，也从畅春园拆卸木料。位于畅春园北

---

① 中国第一历史档案馆编：《清代档案史料·圆明园》（上），上海古籍出版社1991年版，第485—486页。

② 顾太清、奕绘原著，张璋编校：《顾太清奕绘诗词合集》，上海古籍出版社1998年版，第565页。

邻的定郡王载铨的含芳园，于咸丰四年（1854）收归内务府重修。此时，畅春园一带盗贼群起，案件频发，"逃兵匪徒，聚集多人，在彼掠抢"①，"屡有骑马盗匪数十人持械经过，更夫瞥见鸣锣，转被该匪威吓"②。到咸丰六年，畅春园作为一座御苑，已被内务府基本废弃了。咸丰帝拆掉康熙帝寝殿清溪书屋的木料，将含芳园修葺一新，赐予他的七弟奕谭，并御赐园名题额"蔚秀园"。

咸丰十年（1860），英法联军入侵北京，进入海淀，"扰踞园庭"，"直犯圆明园，肆行焚抢"。③ 同时，万寿山清漪园、玉泉山静明园、香山静宜园及其他园林也难逃其劫。业已衰落的畅春园亦未能幸免，园内遗存恩慕寺、恩佑寺、清溪书屋等园林建筑，被英法联军焚毁。

光绪初年，园内已是"零础断阶，蓬蒿瓦砾"，沦为荒野废墟，部分地段辟为农田。醇亲王奕谭曾偶来西郊，走进他的蔚秀园，那残垣断壁和劫后余灰引起他无限的伤感和愤慨："庭院无人柿叶红，河边芦荻舞西风。一腔慷慨悲秋意，付与苍茫落照中。满径蓬蒿叶作堆，竭来重问劫余灰。平泉木石寻常事，岂效区区儿女哀。犹记当年景物新，亭前花鸟趁芳春。繁华销尽红羊劫，却望青松是故人。欲觅巢痕已惘然，残山剩水剧堪怜。伤心岂为园林感，一带苍生尽倒悬。"④ 宗室诗人宝廷来到海淀，写了一首《废园》："残荷败芰满溪湾，醉坐松根泪欲潸。寄语诗人休感慨，墙头回首见三山。"

慈禧太后在修整清漪园的过程中，已经废弃的畅春园成了建筑材料的主要来源地，光绪朝有一题为《奏为畅春园势难兴复，铜狮、石笋请移至万寿山安设等事》的奏折。由于管理长期松懈废

---

① 《清文宗实录》卷329。
② 《清文宗实录》卷76。
③ 《清文宗实录》卷329。
④ 《蔚秀园小憩感旧四首》，引自苏勇、樊克《燕园史话》，工人出版社1985年版，第134页。

弛，园内糟朽严重，池沼淤塞、树木花草尽失，空地亦被民众垦种。同时，周围农户及仕宦对于畅春园的破坏也从未停止，不时从园中掠取可用之物。

宣统年间，畅春园已不复存在，其部分旧址及偏西的西花园、马厂一带被清廷编练的禁卫军改造为士兵营房和练兵的"西苑操场"。此地作为军队驻地一直延续到民国时期，冯玉祥国民军、东北军万福麟五十三军、宋哲元二十九军等都曾在此驻防。畅春园遗址已成荒野，仅残存恩佑寺及恩慕寺两座琉璃山门，周边空地逐渐被当地农户耕种。

畅春园的衰败与清帝国的衰败步调基本一致，畅春园在被英法联军烧掠之前，已呈败象，烧掠对它而言只是雪上加霜，其逐渐远离皇家生活中心，各种功能逐渐被新兴宫苑取代。

第二节　圆明园

自雍正、乾隆以至咸丰时期，圆明园一直是清帝在北京的主要居住地，亦是紫禁城之外的另一处政治中枢。

1856 年至 1860 年，英法联军发动第二次鸦片战争。咸丰八年（1858）《天津条约》签订后，侵略者并未满足，于是乘机北上。咸丰十年，英法两国又纠集兵力卷土重来，于 9 月底兵临北京城下。22 日清晨，咸丰皇帝带领后妃、皇子载淳及一批亲信大臣仓皇逃往承德避暑山庄，授命恭亲王奕䜣为钦差大臣，负责与英法联军谈判事宜。清人笔记记载了咸丰出逃的狼狈情景：銮舆不备，扈从无多……车马寥寥，宫眷后至，洶迫不及待也。是日，上仅咽鸡子二枚。次日上与诸宫眷食小米粥数碗，泣数行下。① 京城内外惊恐，城门紧闭，店铺歇业，商贾外逃，土匪四起，人心惶惶。六部

① 《庚申英夷入寇大变记略》，见中国史学会编《第二次鸦片战争》（二），上海人民出版社 1978 年版，第 49 页。

九卿无法办公，政府机构已陷于瘫痪状态。

10 月 6 日，英法联军从德胜门、安定门侵入北京城，清军守部纷纷溃退，北京城东、北、西三面为联军控制。当时的一个京官记述说：西人自入安定门后，"立时恃悍登城，猱升望杆，悬起彼国五色旗帜，尽逐我城上防兵，将我大小炮位，掀落城下，纳诸沟中"，另设夷炮四十六尊，炮口皆指南向。"北面城垣，东西长十里，尽被占踞，支搭帐房数百座，城门听其启闭，反禁止中国人不得出入，唯巴（夏礼）酉号令是听而已。"①

至当日午后时分，联军逼近圆明园地区，占据园庭，火焚宫门延及同乐堂、慎德堂等 18 处。圆明园技勇太监任亮带领数十名太监与联军战斗，殉难，总管内务府大臣兼圆明园管园大臣文丰投福海自尽。守园的八旗兵丁绝大部分溃败，几近"逃散一空"，拥有"数百年之精华，亿万金之积贮"的圆明园陷入厄运。当日晚，法军先到，7 日英军紧随而来，统帅额尔金、格兰特立即与葛罗、蒙托邦在正大光明殿召开会议，决定瓜分园内宝物，并选择名贵物品，献于英法君主；部分物件，将用作两国军队的奖品；其余可归虏获者据为私有。蒙托邦指示法国委员先取在"艺术及考古上最有价值之物品"，并以"法国极为罕见之物"由外交大臣"奉献给拿破仑三世而藏之法国博物馆"。格兰特"派英军竭力收集应属于英人之物件"。"他们不再能抵抗物品的诱惑力，军官和士卒们似乎暂时疯狂了一般，身心都沉浸在一件事业里，即是抢劫掳掠"。②一场震惊世界的"文明人"大抢劫开始了。

抢劫持续了三天，园里珍宝荡然无存，无数的金银、宝石、珍珠、玉器、瓷器、珐琅制品，大批珍贵的图书字画及丝织物成了英

① 赘漫野叟：《庚申夷氛记略》，见中国史学会编《第二次鸦片战争》（二），第13 页。

② 欧阳采薇译：《西书中关于焚毁圆明园纪事》，原载《北平图书馆馆刊》，1933年第七卷，第3/4 期合刊，引自中国史学会编《第二次鸦片战争》（二），第13 页。

法联军的囊中之物。这期间，圆明园建筑也有数座被焚，大宫门外朝房及海淀附近的居民铺户亦被焚毁大半，圆明园福缘门外的澄怀园也被焚烧。内务府大臣明善的奏折明确记载九州清晏、长春仙馆、上下天光、山高水长、同乐园、大东门均于 6 日被焚烧。

冬天即将来临，联军为了避免补给困难以及在寒冷的冬季作战，必须尽快撤离北京。为此，只有给中国政府更大的打击，才能逼使清廷屈服。圆明园作为清帝的重要统治中枢，其重要性并不亚于城内的紫禁城。如英国公使额尔金所言："只有焚毁圆明园足以使中国及其皇帝产生极大的震动……圆明园乃清帝所最宠爱的行宫，是他燕居之所，如焚毁足以稍戢其骄佚。"他叫嚣"圆明园者，英法侨民所受痛心疾首惨刑而死之地也。势必毁为平地，此条固无须恭王之承认，敝军统帅所已决定，亟将执行者也"。① 法国军医吕西认为此举"是打击清朝官员，特别是宫廷思想精神的唯一办法……皇帝才是我们直接打击的对象，我们只让一个人难受。我们给后人留下我们复仇的永久回忆，留给那些可以确保我国未来安宁的大人物一种恐怖的感情。如果再过几天（大概是 25 日）我们能够签订和约，这在大部分上是多亏了这一强有力的行动，这一行动的打击力度要比让小人物受到最严厉的惩罚的力度还要大"。② 经过仔细考虑，联军决定焚毁圆明园，对清廷实施最严厉的精神打击。他们认为，这是加速和约缔结进程的重要方式。③

10 月 18 日，英法联军再次出动，在正大光明殿设立临时指挥部，开始了有计划地掠夺和野蛮焚园的罪恶行径，世称"庚申劫

① 中国史学会编：《第二次鸦片战争》（二），第 450 页。
② 张恩荫、杨来运：《西方人眼中的圆明园》，对外经济贸易大学出版社 2000 年版，第 79 页。
③ 关于英法联军焚毁圆明园的原因，可参见王开玺《英军焚毁圆明园原因辨析》，《北京师范大学学报》2003 年第 3 期；《英法被俘者圆明园受虐致死说考谬》，《北京师范大学学报》2010 年第 4 期；裴广强：《再论第二次鸦片战争中圆明园被焚毁之因——基于宏观视角的考察》，《北京社会科学》2015 年第 8 期。

难"。本日，格兰特派米歇尔骑兵团 3500 人，在圆明园及周边地区四处点燃起罪恶的大火，圆明园化成一片火海，延续到 19 日一整天，"仿佛大雾似的浓烟，顺着风势吹去，很像一个很宽大的黑色幔子罩在全北京城上"。①

英国随军牧师麦卡吉记述："重重的烟雾，由树木中曲折地升腾起来。这些树木中掩映着一座年代古旧的靠近此园中心的宏大宫殿，屋顶上镶着黄色的瓦，日光之下光芒闪耀。鳞鳞的屋瓦，构成奇妙的形状，只有中国人的想象力，才能构思出来。顷刻工夫，几十处地方，都冒出一缕缕的浓烟迷雾来……不久，这一缕缕的烟，聚成一团一团的烟，又集合为弥天乌黑的一大团。万万千千的火焰向外迸发出来，烟青云黑，云蔽天日，所有庙宇、宫殿、举国仰为神圣庄严之物和其中历代收藏，都付之一炬化为劫灰了。""火焰和冒着烟的火场随处皆是，使得走什么道路都困难。不幸的是，紧接的许多农舍也被波及，瞬刻化为灰烬。……飘荡的火焰卷曲成奇怪的彩结和花环，并最后捻成一股环绕在大门上。从屋顶早已经覆没的大殿中直升天空的一股黑烟与嘶嘶嘘嘘、噼噼啪啪发声正燃烧的红色火焰，为这幅现实的图画提供了强烈的背景，好像为这场遍布周围的毁坏歌功颂德。"②

麦卡吉还具体描述了最后放火的情况："新焚毁的区域宽阔而遥远，现在所仅存的只有那座正大光明殿，以迄大宫门中间所有的建筑尚屹立存在，未付焚毁。因为里面住着军队，故迟迟有待。时已三点，我们必须整队开回北京，乃发布命令一并焚毁。刹那间，找到了燃烧的材料，有几个手脚伶俐的来复枪手立刻动手放火，遂将这座正大光明殿熊熊燃烧起来。庄严华贵之区，且曾为高贵朝观之殿，经此吞灭一切的火焰，都化为云烟了。屋顶在火焰中燃烧一些时候，不久即要倒塌。一百码处就可以感到那种炎热的气息。随

---

① 中国史学会编：《第二次鸦片战争》（二），第 402 页。
② 中国史学会编：《第二次鸦片战争》（六），第 352 页。

后巨声一响，屋顶倒塌……这座算作世界上最宏伟美丽宫殿的圆明园，绝不留一点痕迹。"他声称："当你目睹此种情况，一腔荡气回肠的情感，自不胜悲从中来，不能自已。从今往后，数千百年为人所爱慕的崇构杰制，不复能触到人类的眼帘了。这些建筑，都足以表彰往日的技术和风格，唯一无二，世上没有什么东西可和它们比拟。你们曾经看过一次，就永远不能重睹……它们消灭无形，人类不能重新建造。"①

联军司令戈登在日记中谈到此次暴行："在那里先尽量抢掠，然后才把整个花园烧掉。我们就这样以最野蛮的方式摧毁了世界上最宝贵的财富。这财富即使花费四百万镑也难恢复。……军中每个人都发狂地抢掠，……离开圆明园时，军中每个人都获得值四五十镑以上的掠夺品。"②

格兰特的翻译郇和记下了现场情况："浓烟直冒，渐渐冲向天空，表明这件工作已经开始。当白天慢慢过去，烟雾逐渐加大，并且越来越浓密，飘飘荡荡，仿佛一片大的云彩罩盖北京，并且又像一个可怕的大风雨将要来临。当我们走进行宫的时候，火声噼噼啪啪，很是使人震惊。殷红的光焰映在从事放火的军队们的面庞上，使他们看起来仿佛恶魔一样。虽是毁坏他们所不能恢复的东西，却洋洋自得地觉得很是光荣。这天夜晚陡觉温暖，当一个个的屋顶倾塌下来的时候，四面墙垣的烈火，也渐渐闷塞下来，喷出大大的一卷卷的浓烟。我们想，对于一个老大帝国的命运，这是表示一种愁惨的预兆。"

英军另一位翻译官斯温霍写道："这个地方任凭人随意蹂躏践踏。出现的是一种恐怖的毁坏场面！不久前，这些整齐地摆设着古

---

① 欧阳采薇译：《西书中关于焚毁圆明园纪事》，载《北平图书馆馆刊》，1933 年第七卷，第 3/4 期合刊。

② 贺翼柯：《戈登在中国及苏丹》，见王崇武等编译《太平天国史料译丛》（第一辑），神州国光社 1954 年版，第 148 页。

玩珍品的房屋中所呈现的那种寂静气氛，被完全搅乱。军官和士兵，英国人和法国人，以一种不体面的举止横冲直闯，每一个人都渴望抢到点值钱的东西。多数法国人都拿着巨大的棍棒为武器，遇到不能挪动的东西，就捣个粉碎。在一间屋子里，你可以看到好几个各种等级的军官和士兵钻到一个箱柜里，头碰头，手撞手，在搜寻和强夺里面的物品。另一间屋里，大群人正争先恐后地仔细检查一堆华美的龙袍。有的人在对着大镜子玩弄掷钱的游戏，另外的则对着枝形吊灯搞掷棒打靶来取乐。尊重身份的事情已经完全看不到，占优势的是彻头彻尾的混乱状态。"①

蒙托邦的秘书对英法联军的疯狂洗劫情形描述："这个各种肤色、各种类型的人群，这堆扑向金山银山的各色人等，他们用世界上的各种语言欢呼着，他们疾步如飞，连敲带打，脚底被绊，摔倒在地，重新爬起，发誓咒骂，欢呼惊叫，各取所需。他们仿佛是一群蚂蚁，在路人的脚下惊慌失措地四散逃窜，上颚扛着一颗谷粒，一只幼虫，一颗虫卵，一根麦秆。有些士兵正把头埋在皇后的红漆箱子里，有些士兵正把半个身子藏在了成堆的绫罗绸缎中间，还有些士兵正把红宝石、蓝宝石、珍珠、大水晶装进口袋里、衬衫里、军帽里，正在往胸口里装大珍珠项链；有些士兵正往外走，怀里抱着摆钟和挂钟；有些工程兵带来了斧头，把家具劈开，取出镶嵌在上面的宝石。""在到达海淀的时候，法国军队只有一辆车子，是将军坐的，车子上放着将军的帐篷和行李箱。在军队出发的时候，我不知道他们从哪里找到了一大批车子，上面载满了东西，这个车队的通过就要持续好长的时间。至于英国人的行李队伍，长得让人难以置信。这支漂亮的队伍足足有八公里长。"②

10 月 9 日的《纽约时报》即刊登劫掠的现场报道：最近这两天发生在那里的景象却是任何笔杆子都无法恰当描述的。不分青红

---

① 中国史学会主编：《第二次鸦片战争》（六），第 349 页。
② ［法］埃利松：《翻译官手记》，中西书局 2011 年版，第 243 页。

皂白的抢掠被认可。贵宾接待厅、国宾客房和私人卧室、招待室、女人化妆室，以及其他庭园的每个房间都被洗劫一空。清国制或外国制的艺术品有的被带走，有的体制太大无法搬走就把它们砸毁掉。还有装饰用的墙格、屏风、玉饰、瓷器、钟表和家具，没有哪件东西能逃过劫难……如果当初大清国的皇帝陛下能把圆明园中的一切完美无缺地移交过来的话，那它将会卖出一个天价，可惜有3/4以上的东西被法国人毁坏或掠走了。①

格兰特的翻译官记述："每一个被许离开营房的人都到圆明园去，因为将军现在不反对劫掠。绿库被打开了，他们整批地冲进去，踏过成捆的珍贵的绿绸和绣花衣服。这些东西堆积如山，被成批地拿出去。……虽然劫掠者用车子运走，余下的还散布满地。当这些强盗扩大搜索时，继续不断地发现新房间，其中装满了古铜器、时钟、珐琅瓶，以及无数的翡翠珍宝，他们赶忙冲进去，因东西太多了，运输工具就显得少了。"

英军中校吴十礼记述道："连续两个整天，浓烟形成的黑云一直飘浮在昔日繁华富丽之乡的上空。西北方向吹来的清风，将这浓密的黑云刮到我们的营地上空，继而推进到整个北京城。尽管都城与圆明园相距甚远，但浓烟带来大量炽热的余烬，一浪接一浪地涌来，落在大街小巷，无声地述说和揭露皇家宫苑所遭受的毁灭与惩罚。在这两天里，营地和圆明园之间，日光被天空的浓云所笼罩，仿佛一场持久的日食一般。周围的地区也是一片黑暗。"②

法军少尉布瓦西厄说："当我到达的时候，人们已经拿走了最漂亮的物件：这些最稀有的物件装满了7辆巨大的车子，这些东西应该迅速送往法国建立一个中国博物馆。我们可以装满200辆车，

---

① 郑曦原编：《帝国的回忆：〈纽约时报〉晚清观察记》，生活·读书·新知三联书店2001年版，第191—193页。

② ［法］伯纳·布立赛：《1860：圆明园大劫难》，高发明、丽泉、李鸿飞译，浙江古籍出版社2005年版，第273页。

如果我们有这么多车的话。……圆明园现在只是一个回忆，数天以前，它是一个可能比凡尔赛宫和卢浮宫加在一起还要富丽堂皇的皇宫。它足以供整个地球上的学者和艺术家们研究好几年……我们可能是第一个，并且无疑是最后一个看见所有这些奇迹的欧洲人……我们从这些被毁坏、搜索、掠夺的宫殿出来，内心充满了悲伤：突然的毁坏那么快且那么突然地代替了财宝和华丽，是多么令人伤心的事情！"①

额尔金在致家人的信中也曾说："它确实是一项精致的文物，象一个英国公园一样——数不尽具有漂亮的房间的建筑，充满了中国的古董珍品以及漂亮的时钟、铜器等等。……在我所看的房间中，一半东西不是被拿走便是捣得粉碎。我竭力设法将我们的一个团派遣来保卫这地方，然后把东西进行拍卖。但在这种情况下，要凭组织能力来作事情是困难的。被留下的一些军官就曾装了两三车准备进行出售的珍贵物品。……对一个地方这样的抢劫和蹂躏是够坏的了，而更加糟糕的是无谓的糟蹋和损害。在那些价值一千万镑财产中，我敢说五万镑却变卖不到。法国士兵正以各式各样的方法在毁坏极美的绸缎，捣毁玉石装饰品和瓷器等。"②

19 日，联军又出动马队掠烧万寿山的大报恩延寿寺、田字殿、五百罗汉堂及后山苏州街；又烧玉泉山静明园 16 景、香山静宜园 28 景、昭庙 81 间殿房，同时畅春园及海淀镇也一并遭劫被焚。"王大臣园寓及宫门外东首各衙门朝房及海淀居民铺户大半焚烧"。

关于第二次鸦片战争期间圆明园被劫掠与焚毁的史实，可参见蔡申之《圆明园罹劫日录》。③ 如其所言，庚申年圆明园罹劫之史实，在野有李慈铭之《越缦堂日记》，在朝有《翁文恭日记》，若

---

① ［法］布瓦西厄：《陆军少尉的战争记忆》，中西书局 2011 年版，第 228 页。

② ［英］沃尔龙德：《额尔金爵士书信日记选辑》，选自舒牧、申伟等编《圆明园资料集》，书目文献出版社 1984 年版，第 133 页。

③ 原载《中和月刊》第一卷第四期、第五期，本文引自舒牧、申伟等编《圆明园资料集》，第 122—165 页。

夏燮之《中西纪事》，又据公牍及京朝函件而编，虽详略不同，要不失为纪实之作，与穿凿附会之言不同。至当时大臣折奏，暨双方照会，其载于《史料旬刊》《文献丛编》之件，亦可资管窥。又英法人之从军日记等，对于当时情事，皆身历目睹，所有记载，更较我国方面为确切，一话一言，无异自具供招，堪为佐证。译本载在《北平图书馆馆刊》及《汪穰卿笔记》，尤为珍贵之品。爰就其前因后果，参汇诸书，逐日编述如下，则当日京郊之扰乱，人民之恐慌，敌军之凶暴，园庭之惨毁，与夫清廷之忍辱求和，均可明其真相矣。

八月初七日　西历九月二十一日

内阁奉上谕，和硕恭亲王奕䜣，著授为钦差全权大臣，办两国换约和好事宜，便宜行事。

是日，胜光禄与夷人战于通州，大败，八旗兵多死，光禄负重创，舆入国门。都人大骇，各戏园方演戏，忽欢呼尽散，市肆汹汹，官民仓皇奔避。守城丞闭内外城，惟留宣武门，南西门，彰义门，通出入。

八月初八日　西历九月二十二日

銮舆起行，总管内务府大臣文丰、明善，遵照料圆明园。

皇上君銮后，人心惶惑，铺商歇业，甚或匪徒乘间抢劫财物。臣等恐滋事端，当即出示晓谕，如有匪徒抢劫财物等，准该铺户格杀无论。倘有军民抢劫者，准该铺户扭禀送官，立即斩首示众。自出示后，人心始行稍定。

车驾东出，官眷俱仓皇行，人心大震。宣武门亦闭。闻僧王退驻皇木厂，离城十里矣。

恭王仍留守海淀。是日，都门俱闭，内外城隔绝，六部九卿，无能入署办事者。

八月初九日　西历九月二十三日

是日前三门（正阳、崇文、宣武）均闭，信息不通。

八月十九日　西历十月三日

彰义门开其一，人马喧塞。

法将柯林诺，以四千兵来援，至北京。

彰义门亦半开。自初八日闭城后，城外米蔬不得入城，百物顿倍价。城中迁移者，十之七八，城门拥不得出。车价顿长数倍，远行大车，有需银百两者，近者亦需数十两，大小车城市一空，银每两或值二十余千，若欲以钱易银，则并无有也。钱票取钱，六七折不等。

八月二十一日　西历十月五日

夷匪逼近京城，九门戒严。

夕，联军抵北京之东，约五公里之距离。

八月二十二日　西历十月六日

淀园火。

酉刻，夷匪闯入圆明园，园内殿座焚烧数处，常嫔因惊溘逝，总管内务府大臣文丰投入福海殉难。

该夷突于二十二日，直犯圆明园，焚烧街市。

二十二日早，因该夷已抄至德胜、安定门。……至午间，该夷已抄至德胜门土城外，暗袭僧格林沁、瑞麟之后，我军不成而溃败，纷纷退至圆明园，夷匪亦衔尾而来……该夷已由东北两面窜至，占踞园庭，焚烧附近街市，令人发指。

夷人烧圆明园，夜火光达旦烛天。

是夕，城中见火光，大恐。贵官多易服，率其家室，四处求窜，达旦不止。号哭之声，闻于远近。

夷人至海淀，即招集畿辅亡赖，纵之大掠，遂至挂甲屯诸处，园闭，夷以巨炮击坏之而入，尽取其金宝以去。内大臣吏部侍郎文丰投水死。

二十二日……贼匪即于是日，直扑海淀，绝无一卒一骑出而御之。遂于酉刻，焚御园大宫门，延及同乐堂、慎德堂等十八处，市肆间如娘娘庙、老虎洞各大街、王公大臣之平凉、绿野各名园，尽付劫灰。……御园内陈设珍宝书籍字画，御用服物，尽被搜括全空，人拉车载，送往天津夷船。

敌人占踞海淀之后，自张湾起一带村庄市镇多被烧毁、扰害，百姓不堪其苦。海淀大街及宫门亦被焚烧。

夷人自朝阳门绕过德胜门，薄暮，经过海淀，恭亲王避走。是日德胜门外火光烛天，海淀被焚。

八月二十三日　西历十月七日

夷人二百余名，并土匪不计其数，闯入清漪园东宫门，将各殿陈设抢掠，大件多有损伤，小件尽行抢去，并本处印信，一并遗失。清漪园员外郎全家自焚殉难。

二十三日出门，见街上人三五一堆，俱作耳语，街道慌乱之至。至午后，忽西北火光烛天而起，哄传夷人已扑海淀圆明园一带矣。

十月七日星期天，由于将军现在不反对掠夺了，任何人都可以得到允许离开军营，涌向圆明园去。

英国人和法国人，以一种不体面的举止横冲直闯，每一人都渴望抢到点值钱的东西。……摆满了古铜制品钟表，珐琅瓶瓮以及数不尽的玉石古玩，这些都是抢劫者所蜂拥夺取的。

两军之入圆明也，均分宝物，于是两军统帅公议，各派三员，法所派为参将得雨明，游击顾尔斯，都司希尔雪。其宝物别为二类，一贵重宝物（如金银珠玉等），一美术宝物（如名人书画雕绣等）。并议定各军所获宝物，择至宝贵者，各献于其君主，余悉计值均分，议定均无异言。

夷人陆续闯入静明园宫门，将各殿陈设抢掠，大件损伤，小件多经掠去。其静宜园夷人并未前往。

连日都人纷纷奔避，朝官多尽室行，今日出城者犹众，车马络绎，坊市为空。

其自海淀逃入城者，扶老襁幼，系路不绝，贵官有先避居海淀者，前夜忽闻夷人至，多弃家属资装而逃，都御史沈兆霖宵行迷路，奔窜百余里，始狼狈入城。

军民被焚之家，焦烂四窜，哭声震郊。

八月二十五日　西历十月九日

二十五日夷匪由园退回。

有持园中断烂物进城者，铜龙半爪，金兽一环，俱相传视玩弄。

夷人营安定门外。

夷人毁圆明园，尽掠御用器物，移军安定门外。

八月二十七日　西历十月十一日

接大学士瑞麟札文，转传圆明园八旗健锐营外火器营营兵弁，即赴圆明园三山一带，严密防守，搜拿土匪。

内城各处帐房，全行撤去，唯东江米巷尚留一二处，炮车尽撤矣。前门一带，铺户闭门者，十之四五。

海淀尚有夷兵。澄怀抢掠一空。大宫门但余瓦砾。勤政殿角亦望不见，唯东偏尚完整。

二十七日，闻圆明园被夷人劫掠后，奸民乘之，攘夺全物，至挽车以运，上方珍秘，散无孑遗。前日夷人退守，兵稍敢出御，擒获数人，诛之。城中又搜得三人，一怀翡翠碗一枚，上饰以宝石，一挟玉如意一枋，上有字一行，为子臣永瑆恭进，其一至挟成皇帝御容一轴。

对于海淀一带的大火，翁同龢在日记中记载："京城西北，黑烟弥天，竟日不绝。"恭亲王奕䜣"登高瞭望"，眼看"西北一带烟焰忽炽"，"痛心惨目所不忍言"，只能"痛哭无地自容"。晚清重臣陈宝箴"遥见圆明园火，锤案大号，尽惊其座人"。当时在京的朝鲜使臣对于英法联军疯狂的掠夺行为也有近距离观察："（八月）二十三日，诸匪至圆明园、万寿山、西山等，宫殿私室都为烧烬，掠夺御库及民财，亦不知几千万两"，由于战争的影响，"耕织土产一无到京，则旧已罄、新未及，廛市自然空虚，闾里猝难繁华矣"。① 当和议未成之际，"群丑罔知顾忌，性且畏寒，城上不耐栖止，擅入人家住宿"，城北居人，因受辱而纷纷南迁，街市累见扶老携幼，背负袱被，仓惶逃难之群。而王公大臣汉官富户之未及迁徙者则多"门首摘去科第匾额，官衙门封"，以自晦匿。……夜敲夷鼓，通宵达旦，枕上闻声，魂梦为之不安。……海国作乱，自古未闻，明时有倭寇之警，亦未尝连衡诸海国，直犯神州赤县也。② 李慈铭在日记中记："近日夷人遍于城内外遨游宫禁，窜乱坊市，横刀跃马，动辄伤毁，遇妇人则群拥之，污辱备至。"③ 历史学家向达评论："自有中西交通以来，西洋的劫掠之为祸于中国，当以此役为最先而最巨矣。"④ 吴相湘认为："英人竟将满清五世经营百余年之积蓄付诸无情之火，致使世界最大园庭顿成瓦砾场，不仅中国朝野引为奇耻大辱，即全球人士亦为之叹惜焉。"⑤

咸丰十年成为圆明园历史上最具标志意义的时间点，从此之后，整个王朝的命运与被焚毁的园林一样，走向了无可挽回的衰亡命运。同治八年（1869），来到北京的朝鲜使臣成仁浩对于眼前的圆明园有感而发："白玉高桥十里河，葱葱佳气百年多。迷花野色和烟雾，窈窕山光被绮罗。丹臒犹惊余殿阁，繁华缅忆古笙歌。无端一炬灰强半，盛极又衰天道何。"⑥

---

① 《日省录》，哲宗十一年十二月初九日戊辰。
② 《庚申夷氛记略》，《中国近代史资料丛刊·第二次鸦片战争》（二），第13—25页。
③ 李慈铭：《越缦堂日记》卷9，第74、75页。
④ 向达：《圆明园罹劫七十年纪念述闻》，见王道成主编《圆明园历史现状论争》，北京出版社1999年版，第417页。
⑤ 吴相湘：《晚清宫廷实记》，中国大百科全书出版社2011年版，第162页。
⑥ 成仁浩：《游燕录》，见《燕行录全集》第78册，第81页。

对于圆明园的命运，远在法国的文豪雨果在给巴特勒上尉的一封信中感叹：

有一次，两个强盗撞入了夏宫，一个动手抢劫，一个把它付诸一炬。原来胜利就是进行一场掠夺。胜利者盗窃了夏宫的全部财富，然后彼此分赃。这一切所作所为，均出自额尔金之名。这不禁使人油然想起帕德嫩神殿的事。他们把对待帕德嫩神殿的手法搬来对待夏宫，但是这一次作得更是干脆，更是彻底，一扫而光，不留一物。即使把我国所有圣母院的全部宝物加在一起，也不能同这个规模宏大而又富丽堂皇的东方博物馆媲美。收藏在这个东方博物馆里的不仅有杰出的艺术品，而且还保存有琳琅满目的金银制品。这真是一桩了不起的汗马功劳和一笔十分得意的外快！有一个胜利者把一个个的口袋都塞得满满的，至于那另外的一个，也如法炮制，装满了好几口箱子。之后，他们双双才手拉着手荣归欧洲。这就是这两个强盗的一段经历。

我们，欧洲人，总认为自己是文明人，在我们眼里，中国人，——是野蛮人。然而，文明却竟是这样对待野蛮的。

在将来交付历史审判的时候，有一个强盗就会被人们叫作法兰西，另一个，叫作英吉利。不过，我要在这里提出这样的抗议，而且我还要感谢您使我有机会提出我的抗议。绝对不能把统治者犯下的罪行跟受他们统治的人们的过错混为一谈。作强盗勾当的总是政府，至于各国的人民——则从来没有做过强盗。

法兰西帝国侵吞了一半宝物，现在，她居然无耻到这样的地步，还以所有者的身份把夏宫的这些美轮美奂的古代文物拿出来公开展览。我相信，总有这样的一天——这一天，解放了的而且把身上的污浊洗刷干净了的法兰西，将会把自己的赃物交还给被劫夺的中国。

我暂且就这样证明：这次抢劫就是这两个掠夺者干的。①

蒙托邦也承认："我欣赏过其精美做工的所有漂亮的宝塔，现在都被付之一炬。这是与一个文明民族不相宜的报复行为，因为它破坏了在数世纪期间受到尊重的那些令人欣赏的建筑。"

圆明园被英法联军洗劫之后，推动了欧洲文物拍卖市场的繁荣。此后，来自圆明园的珍宝不断出现在伦敦与巴黎的文物拍卖现场，直到今天并未完全消失。

在洗劫圆明园的同时，英法联军还闯入清漪园和静明园、静宜园等皇家园林进行抢掠。联军退出后，几乎处于无人守卫的状态，土匪和附近民众乘机捞取遗散物品。当时，鲍源深入值圆明园，协助奕䜣办理和谈。他在《补竹轩文集》中记述："八月二十四日，闻夷人已退，乘车回园寓一顾，则寓中窗槅已去，什物皆空，书籍字帖抛弃满地。至福园门，则门半开，书籍亦狼藉散于路旁。至大宫门，则闲人出入无禁，附近村民携取珍玩文绮，纷纷出入不定，路旁书籍字画破碎抛弃者甚多，不忍寓目。……九月初，夷人焚五园三山，圆明园内外胜景，悉成煨烬矣。"②

李慈铭《越缦堂日记》八月二十七日（公历 10 月 10 日）载："圆明园为夷人劫掠后，奸民乘之，攘夺余物，至挽车以运之。上方珍秘，散无孑遗。"③ 奕䜣也在奏折中说："夷兵退出，旋有匪徒乘势聚众抢掠，似此情形，令人切齿痛恨！"④ 清廷接管圆明园后，圆明园八旗健锐营、外火四营随即赴圆明园、三山一带严密防守，搜拿土匪。

---

① ［法］维克多·雨果：《雨果谈中国的一封信》（1861 年 11 月 25 日），引自舒牧、申伟等编《圆明园资料集》，第 302—305 页。

② 中国史学会主编：《第二次鸦片战争》（六），第 113 页。

③ 中国史学会主编：《第二次鸦片战争》（二），第 126 页。

④ 《圆明园罹难日录》，见舒牧、申伟等编《圆明园资料集》，第 139 页。

对于圆明园而言，"庚申劫难"造成园内绝大部分建筑物被焚毁，无数珍宝被掠夺，情状可谓十分惨烈。但作为园林地貌基础的山形水系仍保留完好，山水花木景观依旧，植被虽被破坏严重，却依稀可见之前面目。残存少量建筑，如廓然大公、蓬岛瑶台、廉溪乐处、海岳开襟、绮春园宫门、正觉寺等，此外还有部分亭台楼阁以及三个园林风景群。长春园西洋楼建筑群虽被焚烧，但主体结构尚存。此时的圆明园仍是皇家禁园，依旧设有总管等官员，清廷对其仍实施有效管理，并未放弃经营圆明园。同治十二年（1873）春，穆宗载淳亲政，大婚之礼告成，第二年适值慈禧四十岁大寿，清廷以颐养两宫皇太后为名，决定重修圆明园，重点是正大光明殿、勤政殿，皇家祖祠安佑宫，慈禧、慈安两太后的寝宫，并将绮春园改名"万春园"。

同治十二年（1873），重修圆明园工程正式开工。但重修工程存在两大难题：一是经费难以筹措；二是缺少建筑材料。工程经费敕令王公以下大小官员报效捐修，但效果不佳。缺乏砖石木料，于是决定将静宜园、静明园、清漪园以及近春园等处的石料、木料拆来抵用，并拆除了部分幸存的建筑，如安澜园的藏舟坞等，但仍有很大缺口，便又敕令中南各省各采办大件木料三千件。整个工程举步维艰，进展缓慢，而各级官吏请求缓修、停修的奏折不断送到朝廷。同治十三年七月，恭亲王奕訢、大学士文祥等十余名亲信重臣，联名上奏，请求停修。同治皇帝被迫停止。这次重修圆明园工程历时一年，圆明园大宫门、勤政殿、圆明园殿、同慎堂基本完工。天地一家春、清夏堂、承恩堂等较大规模建筑因木石材料缺乏，只完成了基础或修好台基。①

光绪时期，清廷曾陆续对圆明园双鹤斋、课农轩等景观进行过局部重修，但仍难掩圆明园荒烟蔓草，断壁残垣，满目凄凉。1871

---

① 刘敦桢：《同治重修圆明园史料》，《刘敦桢文集》（一），中国建筑工业出版社1982年版，第303页。

年，学者兼诗人王闿运凭吊圆明园，有感而发，作《圆明园词》①：

　　宜春苑中萤火飞，建章长乐柳十围。离宫从来奉游豫，皇居那复在郊圻。旧池澄绿流燕蓟，洗马高粱游牧地。北藩本镇故元都，西山自拥兴王气。九衢尘起暗连天，宸极星移北斗边。沟洫填淤成斥卤，宫廷映带觅泉原。淳泓稍见丹棱沜，陂陀先起畅春园。畅春风光秀南苑，霓旌凤盖长游宴。地灵不惜瓮山湖，天题更创圆明殿。圆明拜赐本潜龙，因回邸第作郊宫。十八篱门随曲涧，七楹正殿倚乔松。斋堂四十皆依水，山石参差尽亚风。甘泉避暑因留跸，长杨扈从已弢弓。纯皇缵业当全盛，江海无波待游幸。行所留连赏四园，画师写仿开双境。谁道江南风景佳，移天缩地在君怀。当时只拟成灵囿，小费何曾数露台。殷勤无逸箴骄念，岂意元皇失恭俭。秋称俄闻罢木兰，妖氛暗已传离坎。吏治陵迟民困痛，长鲸跋浪海波枯。始闻计吏忧财赋，欲卖行宫作转输。沉吟五十年前事，厝火薪边然已至。揭竿敢欲犯阿房，探丸早见诛文吏。此时先帝见忧危，诏选三臣出视师。宣室无人侍前席，郊坛有恨哭遗黎。年年辇路看春草，处处伤心对花鸟。玉女投壶强笑歌，金杯掷酒连昏晓。四时景物爱郊居，玄冬入内望春初。袅袅四春随凤辇，沉沉五夜递铜鱼。内装颇学崔家髻，讽谏频除姜后珥。玉路旋悲车毂鸣，金銮莫问残灯事。鼎湖弓剑恨空还，郊垒风烟一炬间。玉泉悲咽昆明塞，惟有铜犀守荆棘。青芝岫里狐夜啼，绣漪桥下鱼空泣。何人老监福园门，曾缀朝班奉至尊。昔日喧阗厌朝贵，于今寂寞喜游人。游人朝贵殊喧寂，偶来无复金闺客。贤良门闭有残砖，光明殿毁寻颓壁。文宗新构清辉堂，为近前湖纳晓光。妖梦林神辞二品，佛城舍卫散诸

------

　　① 原载《湘绮楼自书圆明园词》，1921 年影印本，引自《第二次鸦片战争》（二）。

方。湖中蒲稗依依长，阶前蒿艾萧萧响。枯树重抽盗作薪，游鳞暂跃惊逢网。别有开云镂月台，太平三圣昔同来。宁知乱竹侵苔落，不见春风泣露开。平湖西去轩亭在，题壁银钩连倒薤。金梯步步度莲花，绿窗处处留嬴黛。当时仓卒动铃驼，守宫上直余嫔娥。芦笳短吹随秋月，豆粥长饥望热河。上东门开胡雏过，正有王公班道左。敌兵未熟雍门荻，牧童已见骊山火。应怜蓬岛一孤臣，欲持高洁比灵均。丞相避兵生取节，徒人拒寇死当门。即今福海冤如海，谁信神州尚有神！百年成毁何匆促，四海荒残如在目。丹城紫禁犹可归，岂闻江燕巢林木？废宇倾基君好看，艰危始识中兴难。已惩御史言修复，休遣中官织锦纨。锦纨枉竭江南赋，鸳文龙爪新还故。总饶结彩大官门，何如旧日西湖路！西湖地薄比邬瑕，武清暂住已倾家。惟应鱼稻资民利，莫教莺柳斗宫花。词臣讵解论都赋，挽辂难移幸雒车。相如徒有上林颂，不遇良时空自嗟！

　　康有为曾在 1895 年游历圆明园遗址，此时的圆明园，"虽蔓草断砾，荒凉满目，而寿山福海，尚有无数亭殿，有白头宫监守之，竟日仅能游其一角。有白石楼一座三层，玲珑门户，刻画花卉，并是欧式，盖圣祖所创。当时南怀仁、汤若望之流所日侍处也"。康有为并有诗曰："宫苑深深老柳卧，荷花开尽无人过。……寿山春日饶物华，辇路繁花好颜色。……素衣敝尽豆粥无，归来歌舞又重作。"①

　　庚子之役，北京再次陷落，侵略军烧杀掳掠，京畿内外完全失序，圆明园附近的八旗兵丁、土匪地痞以及普通民众蜂拥而起，涌向圆明园，乘机劫掠园内陈设，拆卖殿座亭榭，砍伐古树名木。同光两朝屡经修缮之少数劫余建筑悉数被毁，除了绮春园宫门、朝

---

　　① 《在法国两博物院见圆明园宝物令人伤心》，见中国圆明园学会编《圆明园》（二），中国建筑工业出版社 2007 年版，第 158—159 页。

房、福园门门楼及正觉寺等个别建筑物之外，圆明园再次被拆抢一空。经过这次破坏，圆明园只余断垣残壁、巨石杂草与荒山剩水，昔日景观遭到彻底毁灭。至宣统时，圆明园已然是麦垄相望，如同田野。圆明园内的稻田、苇塘租给园户们植种，每年由皇室收取一定的租金。园中残存的一些建材，辛亥革命后也被陆续移往他处，遭到进一步破坏。

民国初年，李大钊凭吊圆明园遗址，通过诗歌寄托感伤："圆明两度昆明劫，鹤化千年未忍归。一曲悲笳吹不尽，残灰犹共晚烟飞。玉阙琼楼委碧埃，兽蹄鸟迹走荒台。残碑没尽宫人老，空向蒿莱拨劫灰。"

第三节　静明园与静宜园

康熙十九年（1680），在对"三藩之乱"取得决定性胜利的前夕，康熙帝便首先将被瓦剌军烧毁的前朝玉泉山故园改建行宫，赐名"澄心园"，后又改名"静明园"。乾隆十年（1745）七月，增建香山行宫，次年三月建成，将香山改名"静宜园"。静明园以天然山景为主、小型水景为辅。静宜园则依托西山的层峦叠翠，与玉泉山及玉峰塔形成远近两个层次的景深。

乾隆时期是京西园林建设的重要时期，此后随着晚清国势日益衰微，国家财政逐渐困难，清廷对皇家园林的投入亦不断减少。京西诸园虽仍能保持乾隆年间的基本面貌，但已不复往日的繁盛气势。政府对整个京西皇家园林的投入进一步缩减，相关服役人员也被裁并。由于无力进行全面经营与维护，部分建筑坍塌，部分园林被闲置。道光时期，皇帝已经基本停止游赏静明园、静宜园，除圆明园以外，大部分园林被闲置，一些园林出现自然损毁也无力及时修葺。

咸丰十年八月庚申之役，京西诸园遭到英法侵略军焚掠，两园亦未幸免于难，多处建筑被毁。联军随军牧师麦卡吉记述："有一两师军队，布散在乡间放火，焚烧四个皇家花园中的一切宫殿。从圆明园开始，其次转向西边的万寿山，静明园，最后到香山。"①圆明园主管宝鋆在九月初三日的奏折中提及："二十三日，夷人二百余名，并土匪不计其数，闯入清漪园东宫门，将各殿陈设抢掠，大件多有损伤，小件尽行抢去，并本处印信，一并遗失。二十四日，夷人陆续闯入静明园宫门，将各殿陈设抢掠，大件损伤，小件多经抢去。"②步兵统领瑞常在奏折中汇报："八月二十二日之后，该队日日前往海淀一带驻扎，自九月初五日夷人复以大队窜扰园亭，将圆明园、清漪园、静明园、静宜园等各处烧毁。"

同治时期，圆明园、清漪园、静明园、静宜园相关管理人员的任命还在继续，圆明园惠济祠与河神庙、清漪园龙神祠、静明园龙神祠等处，由王公大臣代行的祭祀与拈香活动也依旧在进行。同治六年（1867），慈禧太后组织发起了静明园遗址的水利工程，由样式雷家族雷思起、雷廷昌父子负责主持，工程内容包括整修从香山到静明园的饮水石渠，在静明园开挖河道、清淤等。同治十二年（1873），重修圆明园工程正式开工。但重修工程存在两大难题：一是经费难以筹措；二是缺少建筑材料。工程经费敕令王公以下大小官员报效捐修，但效果不佳。缺乏砖石木料，就决定将静宜园、静明园、清漪园以及近春园等处的石料、木料拆来抵用。光绪时期，在慈禧太后的主持下，曾对静明园部分重要景点加以修复，如翠云嘉荫、玉泉趵突、云外钟声、峡雪琴音等，此外还有一些零星工程，工程进行约五年。

庚子年间，静明园与静宜园再度遭受侵略者的破坏，不仅园内的文物、珍宝被洗劫一空，就连建筑也难逃厄运，杂草丛生、瓦砾

---

① 舒牧等编：《圆明园资料集》，第158页。
② 单士元：《最先报告英法联军毁劫圆明园的文献——记清内务府大臣宝鋆的二份奏折》，见舒牧、申伟等编《圆明园资料集》，第118页。

遍地。此后直至清末，两园基本处于半荒废状态。

光绪三十三年（1907）出版的由日本人编写的《北京志》对当时的玉泉山有如下记载：

> 玉泉山在瓮山之北，青龙桥西，自金章宗始建行宫，经元、明至清朝，经常以此为（帝王）游幸之地。清圣祖赐名静明园。现在虽稍荒废，但山水风光依然如旧。玉泉之名，因清泉出自石罅而得，其水清冽，被赏名为天下第一泉。水在山下汇集成一湖，最后流入万寿山之西湖。湖畔有龙王庙，由此循石径可入竹垆山房，其后有观音洞，山顶上有玉峰塔，庙堂廊阁虽多，但已多半荒废，而未修葺完缮，最令人惋惜。登山远眺，可望万寿山景色，眺望绝佳，不禁令人生疑，黄尘万丈之地，竟有如此灵地。①

第四节 从清漪园到颐和园

乾隆十四年（1749）冬，曾对北京西北郊的水系进行了一次大规模整治。第二年，为其母孝圣皇太后六十万寿，在圆静寺旧址上兴建大报恩延寿寺，将"瓮山"改名"万寿山"，"金海"改称"昆明湖"，并在万寿山南麓相继建造多处厅堂亭榭廊桥等。乾隆十六年，以万寿山行宫为"清漪园"。

咸丰十年（1860）十月，英法联军对于北京西郊皇家园林进行了大面积破坏，"九月初七日，万寿山始焚"，清漪园内遍遭焚掠，而以前山中段、后山中段和东段、宫廷区、南湖岛最为严重。同治十年（1871）四月初十日，著名诗人王闿运和他的朋友徐树钧、张雨珊"约访故宫"，在驻守参将赵承恩的带领下，"命仆马，过

---

① 吕永和、张宗平译：《清末北京志资料》，北京燕山出版社1994年版，第25页。

绣漪桥寻清漪园遗迹"，但见"颓垣断瓦，零乱榛芜，宫树苍苍，水呜呜咽"①。这一时期，清廷在重修圆明园的过程中曾拆卸清漪园中残存的部分建筑物，利用其旧木材及石料。

同治帝年仅20岁即去世，慈禧太后再次"垂帘"。她选择重建几乎成为废墟的清漪园作为自己的主要居所。此时，清漪园虽经破坏，山水格局基本完整，而且其在三山五园区域内的核心景观地位及其空间纽结作用无法替代，但此并非易事。此时清廷财政困难，边境局势动荡，不管是部分内部人士，还是民间人士，对此都有质疑。面对此种局面，清廷官方最初并不是以公开的形式开启重修工程，而是以在耕织图、水村居址筹建昆明湖水操内学堂为名义。整个工程规模浩大，由海军衙门"承修"，所需经费亦由海军衙门"筹划"，李鸿章等多方筹措经费。实际上，从光绪十二年（1886）起，工程就已经开始。光绪十三年（1887）冬，设水师学堂于昆明湖。

至光绪十四年（1888）三月，光绪帝上谕内阁，正式宣布了清漪园重修工程："万寿山大报恩延寿寺，为高宗纯皇帝侍奉孝圣宪皇后三次祝嘏之所，敬踵前规，尤征祥洽。其清漪园旧名，谨拟改为颐和园，殿宇一切亦量加葺治，以备慈舆临幸。"此后，重修一直在持续，直至光绪二十年（1894），中国在甲午海战中惨败日本，面对沸腾民怨，官方于第二年在裁撤海军衙门的同时停止了重修。近十年间，主要修复了原清漪园的精华部分，基本恢复了前山、前湖和谐趣园等处的原貌，个别地方有所更改，整体风格基本保留。由于清漪园的使用功能发生了由行宫到御园的转变，因此增加了上朝听政和与宫廷生活有关的建筑设施。如将大报恩延寿寺改建为慈禧太后接受万寿节贺寿的排云殿建筑群，将勤政殿改建成垂帘听政的仁寿殿，乐寿堂原是一座两层佛阁，是孝圣宪皇后去延寿

---

① 徐树钧：《圆明园词序》，见《中国近代史资料丛刊·第二次鸦片战争》（二），第514页。

寺进香时休憩的地方，此时改建成单层殿堂，作为慈禧太后的寝宫，原罗汉堂、慈福楼两座佛殿改建为两座庭院式建筑——清华轩和介寿堂，将怡春堂新建成有四进院落的德和园大戏楼。据《梦蕉亭杂记》书载："我朝恭遇万寿，王公大臣入座听戏，载于会典，诚重之也。"①大宫门内外修建了很多朝房，以供官员们办公、居住，加筑了昆明湖东西南三面的围墙，在东宫门外修建了几十处各部衙署办公之所，还修建了如意馆、太医院等服务配套设施。同时还利用昆明湖下游广源闸附近的万寿寺兴建行宫，以便于沿河行船至昆明湖，又维修了乾隆时代从万寿寺北上，经南海淀至畅春园的道路。但由于经费限制，原清漪园中的须弥灵境宗教建筑群，后山的花承阁、景明楼以及西南部的治镜阁、藻鉴堂、畅观堂等均未能重建。

颐和园建成之后，实际上承担了问政和居住的多重功能，至此，彻底替代了圆明园在西郊园林体系中的地位而成为新的核心，完成了圆明园与颐和园历史功能的转换，颐和园也成了清末除紫禁城之外的另一处名副其实的政治中心。自光绪十七年起，慈禧太后就以颐和园为长居地，将其作为她生活、理政、接见外宾的主要地点，每年初春二月来到颐和园，一直住到十二月中旬，王公大臣开始纷纷在颐和园周围或重修原来宅邸，或另建新园，西郊三山五园地区再次繁荣，不过排场与气势不能与往日相比。

清代末年，清廷将内务府管理的皇家赐园，全部赏赐给王公大臣作为私产。承泽园赏给庆亲王奕劻，蔚秀园赏给摄政王载沣，朗润园赏给载涛，集贤院赏给贝子溥伦，澄怀园赏给内务府大臣绍英。与此同时，清华园、近春园改建为清华学堂，鸣鹤园、镜春园被徐世昌以租赁的名义强行占有。从此，"皇家赐园"便永远消失了。

---

① 陈夔龙：《梦蕉亭杂记》，中华书局 2007 年版，第 101 页。

光绪二十六年（1900）庚子之役，颐和园又遭八国联军的破坏。此后，清廷又再次修复前山部分，并新建了知春亭、自在庄等。其中部分木料与史料是从残存的畅春园、圆明园中拆卸移来，如含新殿前的剑石、排云殿前的排衙石等。

20 世纪初期，日本人编写的《北京志》对万寿山颐和园有如下记载：

> 万寿山园囿原称清漪园，在西直门外约十六华里。近年来改修一条如磨面之大道，直达山下，南苑、圆明园诸园多已荒废，当年极为繁盛之景象已无从知晓。而现在，唯独清漪园反而得以扩建，被推为行宫之首。在夏季，皇太后和皇帝在此居住。

> 万寿山原名瓮山，屹立于园内，上有万佛楼等，可以远眺。乾隆十六年赐名为万寿山。西湖当其前，金山拥其后。西湖又称昆明湖，潴汇玉泉、龙泉诸水。其水清冽，最后流入北京宫城之内，为南海。西湖中有数艘小轮船，供（皇太后、皇帝）政余间游。临湖沿山建行宫。宫门东向，入门有勤政殿，殿北有怡养堂。殿西有玉兰堂，堂北有宜春馆，馆西是乐寿堂。由此往西皆临湖，朱栏映水，兰桡碎山影之晨，香风入衣袂之夕，可放画舫于湖上而游乐，风光非想象所能及。明有王直、马汝骥等西湖诗，然江南风景与之相比，尚不足夸，这未必全属溢美之词。①

---

① 吕永和、张宗平译：《清末北京志资料》，北京燕山出版社 1994 年版，第 24—25 页。

第四章　民国时期三山五园的变迁

　　北京作为几朝故都，皇家园林、坛庙众多，民国初期多是将这些场所改建成为面向大众开放的公共园林。在官方与地方士绅的共同推动下，昔日封闭的帝王宫苑、寺观坛庙相继开放成为服务大众的现代公园，过去只有皇帝、贵族享用的园林风景，如今变成了市民大众游憩的公共空间，曾经的皇家禁地，平民百姓亦得观览。《旧都文物略》记载："自帝制倾覆，废皇徙居，旧日之三海、颐和诸园，均已次第开放。而社稷坛，自民初即经政府整理，点缀风景，改为公园，为旧都士民唯一走集之所。春花秋月，佳兴与同，甚盛事也。兹述苑园圃，首中山公园，次中南海，次北海，次景山，次颐和园，次玉泉山静明园，次南苑。凡昔日帝后游幸场所，今咸为市民宴乐之地。"[①] 这一历史性的转变，改变了北京传统的空间结构与城市布局，深刻影响了市民的思想观念与社会文化生活，是民国北京城市发展进程中的重要标志性事件。

第一节　静明园与颐和园：从皇家园林到公共园林的身份转换

　　辛亥革命之后，清帝逊位，民国政府对清室的优待条件规定：

---

　　① 汤用彬等编著：《旧都文物略》，书目文献出版社1986年版，第55—56页。

"大清皇帝辞位之后，暂居宫禁，日后移居颐和园。"颐和园成为退位皇帝的私产。但是，当时社会上要求将皇家园林辟为公园对公众开放的呼声甚为迫切。时任内务部总长的朱启钤建议，开放京畿名胜，将北海、颐和园、静明园等辟为公园，以求达到"与民同乐"的目的："古代建筑及时宜与保存，胜迹留遗因物可以观感，是以文教之邦与国内各区必交相崇饰，侈为国光，熙皞同游，兼资考镜……我国建邦最古，名迹尤多，山川胜概，每存圣哲之遗踪。宫阙巨观，实号神明之宅，望古遥集，先民是程。与其严樵苏之禁，何如纵台沼之观，与民同乐。所有京畿名胜，如天坛、雍和宫、北海、景山、颐和园、玉泉山等处，或极工程之雄丽，或矜器艺之流传，或以致其钦崇，或以明其信仰，凡外之觇团来游，与大都人士之响风怀慕者，罔不及其闲暇，冀行览观故名。"①

1913 年，步军统领衙门制定了《瞻仰颐和园简章》，其中规定：开放时间"每月以三次为限，以阴历逢六日为参观之期，其余日期概不发照"。"各政党及军学界人等欲入园参观者，政党由本党部长，军界由本管统制，学界由教育部，前三日将姓名，年岁函至步军统领衙门，以便填发执照。仍先期知照内务府，以便放行。每次参观，各界以十人为限，概不多发，女界一概不发执照。"从这些规定看出，参观颐和园的条件比较苛刻，程序烦琐，还不是真正意义的对外开放。不过，后来这一规定做了相应调整。1914 年，为解决清室财政困难，清皇室内务府与步军统领衙门开始对外售票开放颐和园，收入主要用于补贴王室支出。

1924 年 5 月，溥仪的家庭教师英国人庄士敦被授任管理颐和园、静明园事务。当年 10 月，冯玉祥发动"北京政变"，溥仪被逐出紫禁城，清室优待条件也被修改，不再有移居颐和园的内容。冯玉祥国民军进入颐和园，国民政府的清室善后清查委员会，会同清

---

① 《朱总长请开放京畿名胜》，《申报》1914 年 6 月 2 日。

室办事处，将各殿宇陈设接收查封，但并未接收园林管理机构，园林依旧售票开放，"仅派员提款，不问园事，园内员役概仍其旧"。一直至1928年之前，颐和园一直属逊清皇室私产，1926年清室派溥仪的内弟贝勒润祺管理颐和园，并成立了"清室办事处经理颐和园事务所"，兼管静明园。园内照常售票开放，迎接社会各界人士参观游览。

1928年北伐战争结束之后，南京国民政府接收北京。同年7月，颐和园与静明园正式被政府内务部收归。8月15日，交北平特别市政府进行管理。北平市政府成立了颐和园所，颐和园和静明园继续向社会开放。从1928年至1948年，颐和园公园（含静明园）一直在北平市政府颐和园所的管理之下，即使在八年日伪统治时期，机构名称也未曾改变。颐和园与静明园由皇帝独享的皇家园囿，改变成广大公众自由游览的公园，但其遗址面貌仍然是颓垣断壁，处处废墟，被英法联军和八国联军焚掠的残迹历历在目。

颐和园所在所长以下设有事务主任、文牍主任（后改园艺主任）、总务股、稽核股、保管股，后又有调整。颐和园公园全园按地区被划分为六段，颐和园内有五段，静明园为第六段。各段的任务包括清洁卫生、防火防盗、保护建筑设施及文物花木等。各段设有稽查员和勤务若干人，日夜值勤。

1930年6月，管理颐和园事务所所长王廷燮向市政府呈上关于修缮静明园建筑及围墙的报告："窃查玉泉山各项建筑，原为点缀风景，润色湖山。惟因年久失修，前观尽改，房屋残破特甚，墙垣倾倒亦多，景象倍极荒凉，湖山因之减色。职等员有保管之责，自应设法整理。若全部建筑同时兴修，所费既属不赀，存款亦不敷用。今拟择其较重要各地（原为较为整齐者），酌加修理，而免淹没。"这次静明园整修工程持续了一个月。玉泉山宫门内外附近房屋及山上古华严寺三士殿等处共计一百余间修理齐整；其第一泉西岸之四方亭、裂帛湖西岸之六方亭各一座，也都重新修建；山路和围墙也重新修建。

　　静明园建成公园以后，后来又成立了旅游公司、汽水厂、疗养院。客运和货运以及公共交通的开辟，都需要有一条质量较高的公路，而西直门到颐和园的道路还是康熙、乾隆年间修筑的石板御路，因年久失修石板磨损，坑洼不平，行车不便。1929 年年底，北平市政府决定将从西直门起经海淀镇到玉泉山的公路，修建成一条四五米宽的石渣路。石渣来源为附近圆明园围墙石块砸碎。

　　民国初年，北京城的河湖水利长期未曾治理，以致护城河和三海等处干旱缺水。进入京城的主要河道——长河，堤岸失修，水道淤塞。北平市政府在 1929 年提出："玉泉山各泉，为市城郊各河水源，关系重要。近以各泉口多有泥土破石淤积，泄水量日渐减少，亟应疏浚挖掘以畅水流，并开掘新泉以增水量。"遂指示市工务局拟订了《整理玉泉水流大纲计划》，并召集颐和园所长和河道管理处处长会同办理。改造工程在当年五月开工。开浚玉泉泉流的第一期工程主要是"整理闸口"。东园墙的五孔闸，闸口淤塞，将泥土挖掘清理。南园墙水城关以南涵洞，在洞口加添石柱，修砌洞上石墙，使出关泉水流畅，同年完工。

　　玉泉山定光塔不仅是静明园的标志性建筑，还是三山五园中最有特色的著名景观，是清漪、圆明、畅春三园的借景。西方侵略者两次焚毁劫掠，也只是盗走铜佛、砸毁砖瓦和联语，它仍然屹立在山顶。但是到民国年间，塔身内外已经颓败不堪了。1932 年与1937 年分别进行了两次修缮，古塔得以保存至今。

　　1927 年 4 月，卢梦颜向清室办事处经理颐和园事务所租用静明园内的甄心斋和开锦斋地基暨玉泉山泉水，开设玉泉山汽水啤酒股份有限公司。1937 年 3 月，玉泉山汽水公司从静明园迁出。1947—1948 年，北平市公立玉泉山疗养院开业，占用了原翠云嘉荫一景的殿堂、房屋和庭院。为修建病房和办公、集会地点，曾报请一个规模较大的建设施工计划，得到北平市政府的批准。但在施工过程中，颐和园所、北平文物整理委员会的专家及工作人员，还是尽力对园林景观、建筑和文物予以保护和妥善保管。

民国期间，北平地方政府没有足够的经费进行适当的维修和妥善的保护，只靠售票收入和出租房屋余地来勉强维持。园内很多地方成为官员私宅，已然失去其皇家行宫的风貌。

关于民国时期颐和园以及静明园的历史沿革，《北京市志稿》有详细记述：

> 颐和园在前清时代原为上林禁苑，隶属于清廷总管内务府，其静明园及圆明园均附属于颐和园，由清廷总管内务府大臣世续等管理。迨清帝逊位，国体变更，颐和园及静明、圆明两园仍由清室总管内务府管理。于民国三年，将颐和园及静明园一并开放售票供众游览。其圆明园内各处建筑久已无存，地皆租与佃户耕种。嗣于民国十三年逊帝出宫后，经清室善后委员会及军警机关共同将颐和园内存放物品、各殿宇房屋全行加封，并经驻扎西苑之前国民军第一军第十一师就近保管，嗣改由京畿警卫司令部保管，复改由京师警察厅保管，于民国十五年复交还清室。经清室办事处设经理颐和园事务所，于颐和园内乐寿堂东院。派耿鸿斌为所长，办理颐和、静明、圆明等园一切事务。
>
> 迨至民国十七年统一告成，经国民政府内政部将颐和园及静明、圆明两园一并收管，改设国民政府内政部北平颐和园管理事务所，派安宅仁为所长。是年八月，归北平特别市市政府管理，改为北平特别市管理颐和园事务所，派许德懋为所长，李品芗、李瑸为副所长，并订《北平特别市管理颐和园事务所暂行章程》。本所设所长一人，副所长二人，设文书、会计、庶务三股，股设股长，分掌一切事务。颐和园内地面看守并扫除事宜，仍照清室管理办法分为五段，静明园为第六段，每段均派稽查员率领勤务驻守。颐和、静明两园，均继续售票，圆

明园内地亩亦照清室管理办法继续收租。

是年十月，所长许德懋离职，所有事务由李品芗、李瑸两副所长负责办理，旋派赵国源继任所长。十一月，经市政府组织清查委员会清查原存物品，另造簿册同样两份，由市政府及本所分存备查。是月，本所副所长李瑸奉令专办清理圆明园园产事务所事务，以徐观补充副所长缺。十八年三月，本所自行试办颐和园渔业。四月，缩减经费，修正章程，计设所长一人，副所人一人，设总务、调查、保管三股，股设股长，分掌一切事务。是月，清理圆明园园产事务所归并本园办理，因副所长李品芗离职日久，以李瑸接充。五月，副所长李瑸任调查股股长，并裁去副所长一缺，以节经费；同月，副所长徐观辞职，由调查股股长李瑸接充。六月，所长赵国源、副所长李瑸奉令停职，派章上达为所长，将副所长一差裁撤。七月，由市政府订定覆查物品办法，本所所长为当然委员，并派齐儒堂、王尊素、马惟骏为委员，共同覆查。经覆查，本园物品委员另制补遗清册同样两本，呈送市政府，一本存府，一本存本所。八月，奉令添设事务主任一员，派张庆昌充任。九月，修葺颐和、静明两园倒塌园墙，又修理颐和园内苻桥、双亭、钓鱼台、石舫等处工程，将本所自办之颐和园渔业归商承办。十月，修理仁寿殿东木板房，又将旧存安澜福大船略加修饰，酌定票价，以备乘客游湖之用。十一月，所长章上达辞职，由事务主任张庆昌负责接收，旋奉派崔麟台为所长。同月，将本所经管海淀冰窖公开招商投标招租。十二月，所长崔麟台呈准园务不再另办接收。

十九年一月，组织颐和园陈列馆图书馆筹办委员会，经市政府遴派贺培新、王尊素、马惟骏、齐儒堂等四人并指定本所事务主任暨各股长等同为该会委员，添设请愿警察，筹备陈列馆图书馆委员，并兼清查物品事宜。二月，所长崔麟台去职，王廷燮继任，呈请收武备院全部及升平署残破较甚之一半房屋绕行拆除，即以拆出砖瓦木料将升平署所余稍为完整之一半房屋及颐和园档房原址各院落房屋一律修理坚固，由所附办民众学校，呈准批卖圆明园砖石。三月，呈准试办出租颐和园内房屋，并呈准在南湖筹设天然疗养院。五月，奉令整理五泉水源，并呈准续修街凤御船，又呈准安设电话小交换机。七月十日，颐和园陈列馆、图书馆开幕。九月，雇工购料修饰石舫东桥及石舫楼上顶板，又呈请修理佛香阁甬路花墙、平垫官门内外两旁土地。同月，准南湖天然疗养院按照原合同条文增加涵灵堂拓充院址，并指定玉泉山三士殿等房屋作为分院。十月，奉令委张允恺为所长，并准事务主任张赛昌辞职。十二月，呈准购置消防器具并遵拟消防办法。

二十年二月，取消星期半价票，将普通入门票价减为一圆，另以八成计算之统票及优待军人之统票。三月，招标重修耶律楚材墓庐，并因该墓与园内喜轿库北小墙相连之原有值班房一间，改修官门一座，凡来园游览者如欲赴该墓参观，得由此门经过，俾获便利。四日，招标油饰园内长廊及分界亭等处工程。是月，所长张允恺停职，赵彝继任。七月，赵所长彝在津寓病故，奉令委陈继青充任。八月，呈准添购划船只。同月，呈准修理颐和、静明两园经雨坍塌围墙。九月，呈准设玉泉山游猎围场。同月，取消天然疗养院前请增拨南湖及玉泉山等处房屋原案。十月，呈准修理南湖涵灵堂东西两旁假山。同月，因海涵渔业公司商人孙富臣用鱼鹰在昆明湖捕鱼，经将该商驱逐出园。十二月，玉泉山游猎场成立。

二十一年二月，奉令节缩经费。四月，遵令将高水、养水两湖拨交工务局接管。同月，呈准修理镜春舻等已漏各船。五月，奉令将所存《图书集成》拨交整理中南海公园临时委员会一部。六月，奉令于每四、十两月第一日为本园开放日期。是月，呈准酌择园内出租甲等房屋安装卫生器具，又请准修理园内寿茶房等处残破房屋。八月，呈准于无尽意轩及宜兰馆两处设置卫生器具应用之铁水火炉及压力铁水罐并新式洋井各一份。九月，呈准修理花洞。十二月，以原订各券烦琐异常，请准重行改订，并自二十二年一月一日实行。

二十二年三月，呈准改订园房租价表，并呈准修理颐和园内昆明湖游船各码头，又呈准用大柱两根捂撑景福阁前抱厦势渐下沉之承重柁，并加油饰。同月，奉令将陈列馆之宋元明瓷器及古铜器会同逐日来所监视之地方各团体代表分别装箱南运，计第一批装瓷器二十三箱，共一百零九件，铜器五十一箱，共二百五十二件。四月，复奉令南运第二批古物，计共装陈列馆及库房铜器、瓷器及古玩、字画等二百二十三箱，又夹板一件，又油布卷一件，计列二百二十五号。五月，复奉令南运第三批古物，共计三百五十一号。六日，所长陈继青辞职，许保之继任。十月，呈准每年一月一日至十日、春节、植树节、四月一日、夏节、秋节、十月一日、十月九日至十一日等日为颐和园及玉泉山各种游览票价减收半价日期。十一月，呈准重修颐和园昆明湖西堤板桥及桥上小八方亭工程。十二月，呈准拆闭颐和园破敝之北角门，游人改东宫门，并于该处装饰售票守卫等室及安铁栅门，又排云殿亦安设铁栅门。

二十三年一月，呈报本园陈列馆暨图书馆拟于本年二月十四日开放，以供游览，并呈准颐和园试装电灯。二月，奉令将圆明园遗址拨归清华大学，并呈准改订颐和园内房屋租金价目表。四月，呈准仿照杭州西湖小游船式样添置小游船四只。七月，呈准酌修仁寿门牌楼斜仓并门扇、排云门外牌楼及石舫乐寿堂前临湖高灯架、大门匾额等工程。九月，修正本所《章程》暨《办事细则》，并绘制编订《颐和园图说》。

二十四年二月，呈准照颐和园办法，在玉泉山静明园大门内随该处地平安装铁栅栏门一段。二月，奉令将本所所存之

《图书集成》完整者拨交北海公园委员会，并准该会专函申谢。五月，呈准将颐和园男女厕所择要改做刷新，南湖天然疗养院租房合同期满，将房收回，不予续租，呈准酌修颐和园原有御船，添置西湖式小游船四只，并添置船帐铺垫等件。十一月，市政府函聘门靖原管理颐和园事宜。二十五年十月，呈准油饰园内景福阁。

二十六年一月，雇觅小器作工匠择要修理硬木器具。二十六年一月，奉冀察政务委员会令，派秦市长德纯兼任所长。四月，玉泉山汽水啤酒有限公司迁出华瓷馆翠云堂，所有器具房屋一律收回。五月，呈准静明园内水旱田地由佃户万德春加租继续耕种，暂勿收回，呈准利用圆明园废砖修补颐和园内玉澜堂至文昌阁一段灰路。七月，呈准抄《图书集成》，修置书柜，呈准酌修颐和园内寄澜堂木桥及玉泉山静明园内华瓷馆等工程。八月四日，奉令委齐为本所所长。九日，奉令在齐所长未到任以前派王兰暂代所长职务。

二十七年一月，奉令销去王所长代理字样，颐和、静明两园同时开始售票，并订临时售票办法，游览券仍照向章办理，圆明园田地仍归本所管理，呈准收回颐和园内南湖房屋，由所自办招待所。三月，本所附设之颐和民众学校重新开学。四月，奉令前订颐和园优待学校、团体、军队游园办法应予废止，嗣后各学校、团体游览颐和园，其人数在五十人以上，无论何时每人应即改为收费二角，奉令嗣后学生、团体游览玉泉山，如人数在五十人以上，无论何时每人应即按照一角收费。奉所保管各物照册另行点查，并由市署派员监视，以资信守。改修颐和园大门内外石阶工程完竣。六月，本所附设颐和民众学校，于本月十三日将"民众"二字改为"新民"二字，本所自办之南湖招待所改为万寿山饭店；整理颐和园门前广场，并由工务局铺柏油地面。建设总署接办旧都文整处第二期未竣之玉泉山玉峰塔等修缮工程，复工香山慈幼院退租前武备学堂房屋。八月，重新编印《颐和园图说》。九月，拆卸颐和园外旧电灯厂烟筒，以壮观瞻，设办昆明湖渔场，修理颐和园内文昌阁工程，工务局接办旧都文整处，油饰东宫门及仁寿殿工程复工。十一月，接收建设总署修理完竣之玉峰塔。十二月，营市局拆卖虎城，仍归本所管理。

二十八年一月，工务局油饰东宫门及仁寿殿工程完，又添置冰船六只，更换颐和园内电灯线。二月，呈报虎城拆卸状况。是月，添置划船四只，呈报颐和园内南湖沿岸原有石栏杆歪斜走错情形。五月，颐和园内出租房屋增加租价二成，在景福阁西边建盖西式厕所一处，呈准将本园各屋内张贴之字画抄写成册，并裱糊完整，又续添置游船十只。

管理现状

颐和园为吾国名胜之地，久为世界所仰瞻，园中景物山明水秀，建设雄伟，天然人工均达上乘，任何时节均足感人游兴，故各国仕女来此游览者踵见接也。近二年来，努力从事整顿改进，藉增游兴。虑园内地方辽阔，办识难周，除印有《图说》《园图》而外，另印制日文简略说明，赠送游人，藉便游览。念游人来游未有印件标明，不足以纪永久，为之刻置纪念章多种，以备印用。本园大门，即东宫门。内外台阶向系斜坡式，游人行走不便，现经用条石改建较平宽之阶级，并由圆明园移来云路石安置大门外台阶之中部，围以铜栏杆，颇觉美观，游人至此，咸称便利。又，园内各处建筑皆脱油落色，除景福阁早已油饰外，现复将东宫门暨仁寿殿各处重行油饰，金碧辉煌，焕然一新，其余各处亦正在计划进行中。仁寿殿中并铺有草皮，添置花木，更由圆明园移来太湖石六块，并铜麒麟等分配安置，以示恩齐而资点缀。

东宫门外空闲地方，现为之改建柏油广场，添置花池，并铺设草皮，遍栽花木，俾资观览，园内向无野餐场之设，游人不便，现将后山桃园整理为第一野餐场，乐农轩前面为第二野餐场，该两场地势幽静，花木繁盛，就其荫下花前因势设座，以为游人需用，而饶山林之乐。园内南湖一处在水中央，素为人所注视，惟便道失修，行人不便，刻经修理平坦，以利游行。园内昆明湖东堤沿岸向无柳树成行，近复加意培养添植，时值春夏，柳缘天成，俨然一幅图画，昆明湖西堤一带原仿苏堤六桥修建，风景绝佳，惟因地甚低湿，游人不能通行，几经加工修垫，并将道两旁掘成水沟，往来行人莫不称便。园内原设供游人使用之男女厕所多处，类皆旧式房间，因陋就简，颇不适用，且历年既久，腐旧污秽，常予游人不快之感，现经计划规定，逐一改建新式厕所，以保清洁而重卫生。

园内设有大小船只，以备乘坐游湖之需，但原有划船不敷应用，经前后呈准添置十四只，无使缺乏，以应需要，又经添置大小冰船六只，以为冬季游人乘用，可与划冰之举同感兴奋而增乐趣。园内原有引导，导游人。为领导游人所需，惟不谙现情，时形隔阂，均经加以训练，并授日语，引导时甚觉便利。来园游人甚多，常有乐而忘返者。每值天晓寄宿无方，且天气阴晴无定，当大雨时行，而休止寄居同感无法，为便利游人计，于南湖创设万寿山饭店一处，内分旅馆、食堂、浴室、茶点、湖滨游泳、湖滨钓鱼等部，临时栖止，诸多方便。南湖、桃园、乐农轩等三处，植有樱花数百株，均系友邦所赠与者。每当开放，鲜艳异常，游人观之，无不赞美。各种花木具有四时之性，随时随节各贡其芬芳，使人赏心悦目，故园中花木为备游览中之重要品物，经已聘有专家指示领导，整理栽培，花木之盛，较前大有进步。①

---

① 吴廷燮：《北京市志稿·前事志、建置志》，北京燕山出版社 1998 年版，第 625—635 页。

第二节 民国时期的圆明园遗址

1912年，末代皇帝溥仪逊位，根据民国政府给予清室的优待条件，圆明园仍属皇室私产，溥仪小朝廷内务府负责管护圆明园遗址。1914年7月，溥仪裁减内务府官员，圆明园初次并入颐和园管理，但圆明园总管太监及天地一家春、福园门、课农轩、紫碧山房、长春园、绮春园等处首领太监，依旧带领园户看守。但此时已无守园护军，只能依靠北洋政府步军统领衙门和中营副将的庇护。这期间，管理人员不断向溥仪内务府奏报园内遗物被攫取的事件，溥仪内务府也曾多次致函步军统领衙门等部门，请求予以制止，然而，这丝毫阻挡不了残存遗物遭到巧取豪夺或有组织的损毁，且长达数年之久。

京畿卫戍总司令王怀庆从1919年起拆毁圆明园内外围墙和石材，并令中营副将鲍维翰亲自督办，历时三载，在圆明园福园门外修建成私人花园——达园。此后，北洋政府大小衙门有权势者、驻军、洋人等都蜂拥而至，盗运园内遗物的车辆络绎不绝。1922年，时任北京地方长官"京兆尹"的刘梦庚着人致函溥仪内务府，声称"借用"圆明园"少许"废弃山石，内务府立即报告醇亲王载沣，载沣以"该园太湖石应加意保护，碍难拨借"为由，未予同意，但刘梦庚仍派人强行运走大量石料，溥仪内务府无奈之下求助于王怀庆，亦于事无补，刘梦庚最终从圆明园强夺太湖石623车、云片石104车。驻守海淀西苑的陆军十三师、十六师和边防军炮兵营，在1919年至1922年，多次派人强行拆毁圆明园西大墙、北大墙和舍卫城的城砖及园内山石，拉运砖石出售，管理人员劝阻反遭辱骂殴打，经溥仪内务府致函步军统领衙门查禁仍然如故。

1925年3月，美国教会学校燕京大学修建校舍，起运圆明园安佑宫巨型华表和石麒麟等石构件，经北郊警察分署署长现场劝阻也无济于事。一些公共机构如颐和园、中山公园、文津街北平图书馆等，也纷纷从圆明园运走大批石刻、太湖石和云片石等。在这场旷日持久、巧取豪夺的石劫之中，除西洋楼遗址外，其余圆明三园遗址上残存的碑碣、石坊、石雕、石刻以及其他石料几乎被抢运殆尽。当时的破坏虽只能集中于仅存的石雕、石刻、太湖石、石料、砖瓦等，但也有拆毁个别残存建筑的情况，如香山慈幼院 1927 年拟在成府街东建香山中学，低价购得绮春园新宫门一组幸存建筑，拆运木料砖石，砍伐古树，该宫门区被夷为平地。1928 年，北洋政府垮台，同年 8 月，北平特别市政府成立颐和园事务所，圆明园遗址归其代管，10 月，成立了清理圆明园园产事务所，次年 4 月，圆明园事务所被裁撤，重新归并颐和园事务所管理。这期间，圆明园遗址又遭到了更加有组织的损毁。为了修筑高梁桥经海淀至玉泉山的公路，北平特别市政府先后下令拆毁了圆明三园 4800 米南墙和长春园东侧的全部虎皮石墙，砸成碎石以作石碴之用。当时还组建了"清理圆明园园产事务所"，政府当局同意将园内所谓"废旧砖石"变价批卖，大宫门外的影壁被招商投标卖掉；西洋楼部分石构件被卖给商人修建绥远省阵亡将士碑。当局还明文规定：圆明园内所有虎皮石均可出售；西洋楼故址之大理石、青条石，凡"雕花粗镂"者亦可出售。1934 年 2 月，国民政府行政院指令将圆明园遗址拨给清华大学办"农事试验场"，后因卢沟桥事变，而未大规模实施。日伪时期，伪市公署专门设置了砖石收集处，附近贫民因饥寒所迫，时往圆明园窃取砖石，此举给遗址带来了更为严重的挖掘和盗取。

1930 年，《大公报》发表向达的《圆明园罹劫七十周年纪念述闻》，通过史实考证和梳理，声讨了英法联军毁灭人类文明的罪行。1931 年 3 月，由梁思成组织的中国营造学社与北平图书馆在中山公园联合举办"圆明园遗物文献展览"，试图以圆明园的现状唤起民众对于国家罹难的记忆。1932 年中国营造学社与北平市政府共同组成"圆明园遗址保管委员会",制定遗址保管办法,勘定三园遗址,并测绘成 1:2000 的《遗址形势实测图》。

民国时期,圆明园的石料主要流散在北京地区,如颐和园、中山公园、燕京大学、北京图书馆等。京外地方,如保定、苏州等也散落有不少圆明园石料。这一时期,遗址上的居民除原有的八旗园户外,自 1917 年前后开始陆续有汉民入园居住,对遗址而言,这也是一个相当严重的破坏因素。①

第三节 超越园林属性的静宜园

1916 年夏,周肇祥②偕友至香山静宜园游赏,留下其所见所感:

农历六月七日,周肇祥与友森玉、龙樵、啸莫一同出城,驴行过金山麓,一路上凉风吹衣,净绿洗眼,不觉神往。

香山之胜,曰泉,曰树。其间精蓝梵宇,创自辽明,乾隆增拓崇饰,约山为垣,遂为游幸地。庚子乱,八国戎马蹂躏焚掠,全部劫灰。

旗人英敛之谋于此立女学,所用仅占千分之一二,所修葺者亦然。

昭庙,门上为殿,三面朱垣,横列佛龛。殿瓦昔衣黄金,尽撤毁,今为不中不西之阁,野狐禅而登狮子座,不称也。后为大殿式,若城堡,已半毁。其前甓方池,白杨古松生其间。有八方重檐碑亭,中置乾隆庚寅御制昭庙六韵诗四体书刻石,

---

① 参见张超《家国天下:圆明园的景观、政治与文化》,中西书局 2012 年版,第 344—346 页。

② 周肇祥(1880—1954),字蒿灵,号养庵,别号退翁,浙江绍兴人。清末举人,民国成立后,曾任临时参政院参政,一度任湖南省长,旋辞归北京,任清史馆提调,北京古物陈列所所长,为我国近代著名书画家、鉴赏收藏家。

如新发硎。

玉华之岫，皋涂之舍，惟基略存。石洞列其下，不见泉，惟寺左右缝有泉沄沄。寺前五白杨，大者数围，干支日而叶鼓风。娑罗一株生殿脚，影亭，亭不动摇，法像入劫，留此以表威德欤？

洪光寺，今寺全废，圆殿基址，青石一堆而已。长侍自为文自书碑，不知何年毁。旧有钟，闻为洋兵击碎，无片存，后石坊仅余其础，莹洁若玉。古栝丛生，自为一界。

梯山云馆在山肩，外国人居之，一赁三年。

香山寺，规模最宏伟，今亦废尽。从旁径入，有星君像立风露中。大铁炉有"正德庚午敕建，大护国保安寺用"字。在明时曾更名，志乘失载。后殿山石，堆叠如列笏，佛座露天，野树生座下。寺居山之窝，占一园之胜，旧多古迹，金明碑无一存，惟乾隆御制娑罗树歌立石殿外。古松奇特，如幢如盖如羽葆，如端人之正绅，勇士之拔剑，不知何者为护驾松？泉泄殿下，坎石渟之，未出山，清洌可酌。

璎珞岩，循石道下行经璎珞岩，岩出人工，太著相。

1935年秋，现代作家李慎言偕友漫游西山，留下《燕都名山游记》：

香山园内景物虽多，但在清末经庚申、庚子两次兵火，大半倾圮，树木也多被盗伐。到民国二年，马相伯、英敛之诸君于此创办静宜女校。民国九年，熊秉三更于此设立慈幼院，由是建筑日增，名胜日著，游人渐多。然因有钱有势者租购山林，改建别墅，旧时胜迹既少存在，庐山真面已不易辨认了。

香山寺，现在寺已不存，改建房屋开设香山饭店，原名甘露旅馆。店内中西餐俱备，并卖清茶。饭菜甚清洁，价格亦公道；惟房租较贵，普通游客大多不敢问津。

半山亭，由无量殿前面经过一过街门楼，门上有座茅亭，叫半山亭，匾是万松野人写的。由亭下望山沟深约数丈，杂树由石隙生出，干屈像蛟，叶复像伞，很有奇趣。亭基四周藏园老人的题字，大多凿毁不易辨认。

森玉笏，迎面矗立着一块苍黑色的大石壁，直上直下非常险峻。下面有所房子，从前可以随便出入，但现在挂上"游人止步"的牌子，大约是改作私人别墅了。

梯云山馆，这馆原是张謇的别墅，现在改为协和医院大夫的住宅。

玉华山庄原是玉华寺的旧址，现在改作上海刘氏的别墅。门额横写："万物静观皆自得"。

见心斋，现在也租于协和医院。因为是看护班女生的住所，游人已不能随便入览。院内有一水池，大约半亩，水色澄清，可以见底。泉水从碧云寺引来，流入池内，终年不息。西面临池的高阁，有"见心斋"三字横额。

双清别墅是熊秉三先生的住宅。原是任人游览的，现在不知何故除西南面留一隙地可通外，其余各处布满铁栏，禁止入内。偶见栏间木门边悬一木牌，上面是"因预传染病而禁止入内"云云的告示。对此不满的游人，在木牌上留下字迹：慕香山双清泉之名，不远四百里而来，乃为铁丝栏所阻，感极赋此曰：

香山泉水人知名，云树行迴荇藻横。
惆怅金闺腾霸气，铁丝栏外望双清。

完成于20世纪30年代中期的《北平旅行指南》对当时的静宜园有如此描述：

　　静宜园风景秀丽，点缀颇佳。每当大学初齐，积素凝华，妙景无尽。西山晴雪为燕京八景之一，石碣仍然屹立山左。香山全部为禁地，清末派英敛之管理，曾拨一部分开办女校及设慈幼院。……东宫门内有紫色牌坊，题曰"万山钟秀"。半山有亭，匾为英敛之书，下署万松老人。……最高峰曰鬼见愁，极为惊险。见心斋为嘉庆年所建，斋临鱼池，池大半亩许，水色澄清，俯视见底。昔日池内畜金鱼数百尾，钜者如尺许，后无专人饲养，遂绝踪。斋北临得月轩，临池筑亭，曰知鱼亭。斋四周绕以廊榭，后为正凝堂。堂后山石嶙峋，山木蔽天，为香山最雅之风景。山岭北有峰石屹立，上勒高宗御题曰"森玉笏"，亦为二十八景之一。西北山坳处有一轩宇曰晞阳阿，初名朝阳洞，因有巨石而立，中虚若广，可容四五人，乾隆即磨崖书"朝阳洞"三字于洞口。近园中如松云别墅，栖月崖、雨香馆、同光寺、洪光寺、无量殿等，均已改作住宅。①

　　由于静宜园位置绝佳，原有山水景观体系基本保留，许多社会名流、绅商大贾以及外国人纷纷在此修建私人居所，如眼镜湖北院（汪精卫）、双清别墅（熊希龄）、碧云寺水泉院（国民党元老李石曾）、香山寺下院（张宗昌）、碧云寺南院（顾孟余）、雨香馆（中央银行总裁冯幼伟）、松林餐厅（北洋政府财政部长周学熙）、见心斋（英敛之）、洪光寺（袁克定）、玉华山庄（二十九军军长肖振瀛）、重翠庵（庄乐峰）、梯云山馆（张謇）、栖月崖（德国医生狄伯尔）、松云别墅（美商中华平安公司洋员的避暑之所）、芙蓉馆（周作民）等。一些饭店、学校等也在此开设。此时的静宜园已经超越了单一的皇家园林的范畴。

---

　　①　吴廷燮：《北京市志稿·宗教志、名迹志》，第498—499页。

静宜女学，英敛之创办于 1912 年。英敛之（1866—1926），名华，字敛之，自号"万松野人"，北京西郊蓝靛厂火器营正红旗人。1912 年，他辞去《大公报》的一切职务，回到北京，隐居香山静宜园。为给女子创造受学机会，英敛之夫妇在香山静宜园创办一所女校。据英敛之撰跋的《静宜园全图》记载："由喀拉沁王福晋及英淑仲女士（英敛之夫人）等向皇室请领香山静宜园保存，借以兴办女学女工，蒙前隆裕太后慨然付界，众乃推英华经理其事。"学员大多来自附近京师外八旗营的满族子女，几年后毕业女学生达数百人。

辅仁社，据《英敛之先生年谱》记载，退居香山静宜园的英敛之，于 1913 年在此创立一所名为"辅仁社"的小型学校，专门招收各省教内青年以教之。次年，又将见心斋、梯云山馆、韵琴斋三处陆续修葺，以供办学之用。"辅仁"乃取《论语·颜渊》中曾子所言："君子以文会友，以友辅仁"，期望通过"讲学以会友，则道德益明；取善以辅仁，则道德日进"。肄业期定为两年，学生可以随时入学随时离开。当时的辅仁社，主要讲授中文、历史、书法学，收有学员数十人。学员"相与研诗经史古文字外，兼及六艺"，英敛之坚持每日亲自为学生授课。社中"备有古今书籍万卷，名人法帖亦百十种，用资诸生之探讨"。此外，学员必须定期撰文，称为"社课"。1925 年由美国本笃会定名"北京公教大学"。1927 年北洋政府准予试办，是为"私立北京辅仁大学"。1929 年呈请国民政府教育部正式立案，改名"私立北平辅仁大学"。英敛之既是辅仁大学最重要的发起人，也是奠基人。他厘定了既要吸收西方最新科学，又能发扬中华固有的优秀文化的办学宗旨和信教自由的办学理念。辅仁大学史学、国文、物理、化学、心理、教育、生物等学科荟萃了一批学有专长的中外学术名家，他们在各自的研究领域做出了非凡的成就。虽仅存 27 年，但辅仁大学以精英人才为培养目标，在学术研究上强调"动国际而垂久远"，在中国现代高等教育史上写下了浓墨重彩的一笔。1949 年中华人民共和国成立后收归公有，是为"辅仁大学"。1952 年因院系调整并入北京师范大学。

香山慈幼院，前身是 1917 年 9 月设立的北京慈幼局。1917 年，顺直地发生大水灾。当时熊希龄奉命督办水灾善后事宜，见到各地方的灾民，因为乏食的缘故，有的甚至将儿女遗弃或标卖，所以在北京设立了两所慈幼局，一所专收男孩，一所专收女孩，前后收养近千人。水灾平息以后，这些儿童先后被他们的父母领回。可是到了后来还有 200 多名儿童没有人认领。因此水灾督办处决议设一个永久性儿童教养机构。1918 年 9 月，熊希龄上呈大总统徐世昌，请其出面与前清皇室内务府交涉，"拟择京西香山静宜园建设男女慈幼院两所，以资移养慈幼局无法遣散之儿童"。内务府准予借用。1919 年 2 月，香山慈幼院建院工程正式开始，至年底男女两校舍竣工。1920 年 10 月，香山慈幼院正式开院。初建时的香山慈幼院分为男女两校。男校在静宜园的东北部，即今香山公园管理处和香山别墅所在地。女校位于静宜园的东南部，即香山饭店的位置。香山慈幼院总部镇芳楼尚存完好，在今香山公园管理处院内。

第五章　三山五园与帝王政务活动

　　三山五园是清代北京名副其实的政治中心。清军入关后，摄政王多尔衮即曾设想仿效辽金元于边外上都等城建夏日避暑之地。但由于开国之初，百废待举，且多尔衮亦于顺治八年（1651）薨逝，筑城避暑计划遂被搁置。进入康熙朝后，随着社会经济的逐渐恢复与发展，统治者开始致力于京西皇家园林的开发建设，利用西北郊山清水秀得天独厚的地望资源，先后建成多处皇家园林，世称"三山五园"。康熙十九年（1680），在对"三藩之乱"取得决定性胜利的前夕，康熙帝便首先将毁于战火的前朝玉泉山故园改建成行宫，赐名"澄心园"，三十一年（1692）又改名"静明园"。康熙二十三年（1684）和二十八年（1689），康熙帝两度南巡后，在明代国戚武清侯李伟的清华园旧址上建造了畅春园，作为"避喧听政"之所，从而掀起了京西园林兴建的高潮。康熙四十八年（1709），康熙帝将前明的一片私家故园赐给了皇四子胤禛，胤禛遂依其"林皋清淑，波淀渟泓"① 的自然条件，因山形水势布置成一座取法自然的园林，康熙帝亲题园额为"圆明园"。胤禛即位后，将此赐园加以扩建，乾隆十六年（1751），高宗弘历又在园东增建了长春园，二十四年（1759）在长春园内添建了俗称西洋楼

---

① 《日下旧闻考》卷80《国朝宫苑·圆明园》。

的仿欧洲式样的宫廷建筑；又在圆明园的东南扩建绮春园（同治朝改称万春园）。乾隆十年（1745）七月，增建了香山行宫，次年三月建成，将香山"奉命改名静宜园，而碧云寺亦为御跸濒临之地"。① 乾隆十四年（1749）冬，曾对西北郊的水系进行了一次大规模的调整治理。次年三月，将"瓮山奉命改名万寿山"②，金海改称昆明湖。同年在圆静寺废址兴建大报恩延寿寺，为其母孝圣皇太后翌年六十万寿祝禧，同时在万寿山南麓相继建造多处厅堂亭榭廊桥等。乾隆十六年奉旨，以万寿山行宫为清漪园。

除此之外，还在乾隆十六年（1751）前重修和新建了长河沿岸的乐善园、倚虹堂行宫、紫竹院行宫以及万寿寺和五塔寺的行宫院。三十一年至三十二年（1766—1767）在万泉庄建成了泉宗庙行宫。三十九年至四十一年（1774—1776），在玉渊潭畔建成钓鱼台行宫。清代三山五园的兴建，逐步使京西苑囿成为清朝京师之外的政治副中心。不仅康熙、雍正、乾隆三帝长期居住在京西园庭理政，而且嘉庆、道光，乃至咸丰十年（1860）之前的咸丰帝也在每年的大量时间里居住于此，处理国家政务。除此之外，三山五园区域还承担奉养东朝、军事操演以及祭祀典礼等政治礼制功能。

第一节　政务活动

康熙二十六年（1687）畅春园建成，开启了三山五园作为政务副中心的序幕。畅春园之后，雍正帝扩建圆明园，此后直到咸丰十年期间圆明园是清代北京名副其实的政治副中心。具体而言，除去为前朝皇帝服丧的年头之外，雍正帝平均每年驻园 210 天，雍正十一年（1733）全年共计 355 天，有 246 天生活在圆明园里，占全年

① 《日下旧闻考》卷 101《郊坰西十一》。
② 同上。

天数的 70%。① 乾隆帝年均驻园 126 天（紫禁城宫居时间年均 110 天），乾隆帝的活动范围较大，除紫禁城、避暑山庄、南巡、东巡等之外，还是园居的时间更长一些。乾隆二十一年（1756），有闰月，全年共 393 天，乾隆帝去热河、曲阜等地 120 日，其余居大内 105 日，居圆明园 168 日。嘉庆帝驻园时间年平均 162 天（宫居时间年均 135 天）；道光帝驻园时间年均多达 260 天（宫居时间年均不足 91 天）。咸丰帝在十年（1860）出逃避暑山庄前，驻园 7 年，年均时间也达 217 天。②

相比之下，清代的紫禁城使用率非常低，尤其是象征皇权的三大殿——太和殿、中和殿、保和殿，虽然在建筑上极尽高贵和豪华之能事，但它的主要用途是举行大朝会，例如新皇帝登基以及皇帝生日、元旦、冬至这三大节日。再有，就是重要的祭祀活动，如大祀圜丘、方泽，皇帝必先于大内斋戒两日。在雍正朝至咸丰十年之前，圆明园是清北京名副其实的政治副中心，至于其他园囿，如静明园、静宜园、清漪园、畅春园则基本是圆明园的附属。

当然，其他四个园，也有自己的"勤政"地点。静宜园宫门内为"勤政殿"五楹，为皇帝引见朝臣办事之所，南北配殿各五楹，殿前为月河。勤政殿内额曰："与和气游。"联曰："林月映宵衣，寮采一堂师帝典；松风传昼漏，农桑四野绘豳图。"乾隆十一年（1746）《勤政殿诗》曰："皇祖就西苑趯台之陂为瀛台以避暑，视事之所颜曰勤政。皇考圆明园视事之殿，亦以勤政名之。予既以静宜名是园，复建殿山麓，延见公卿百僚，取其自外来者近而无登陟之劳也。晨披既勤，昼接靡倦，所行之政即皇祖、皇考之政，因寓意兹名，昭继述之志，用自勖焉。"③ 清漪园（颐和园）建于万寿

---

① 参见何瑜《浅谈清代圆明园的政治历史地位》一文，《圆明园学刊》第十三辑，2012 年。

② 同上。

③ 乾隆十一年《勤政殿诗》，见《清高宗御制诗·初集》卷 30。

山之麓，在圆明园西二里许，前为昆明湖。宫门五楹，东向，门外南北朝房，驾两石梁，下为溪河，左右罩门内有内朝房，亦南北向，内为勤政殿七楹。勤政殿内额曰海涵春育。联曰：念切者丰年为瑞，贤臣为宝；心游乎道，德之渊，仁义之林。又联曰：义制事，礼制心，检身若不及；德懋官，功懋赏，立政惟其人。中刊御制座右铭。

总之，自康熙朝至咸丰朝，乃至光绪年间重修颐和园以后，先后以畅春园、圆明园和颐和园为中心的苑囿均成了京师的政治副中心。

一 畅春园：京西御园理政之始

首先开启三山五园园居理政的是畅春园。畅春园位于西直门外十二里的海淀。康熙二十三年（1684），康熙帝在江南巡幸归来后，利用明武清侯李伟（神宗朱翊钧的外祖父）修建"清华园"残存的水脉山石，在其旧址上仿江南山水，兴建了畅春园。遂后，诸皇子赐园也陆续在周围兴建。畅春园是康熙帝在西郊建造的第一个御园，也是三山五园的发端，虽然它后来的地位被圆明园取代而且日渐荒废，但其重要性远远高于后来的圆明园、颐和园等。

康熙二十六年（1687）二月二十二日，《圣祖实录》中第一次记载："上移驻畅春园。"八天后，即二月二十八日，"上自畅春园回宫"[①]。这是实录中康熙帝第一次临幸畅春园的记载。园林山水总体设计由宫廷画师叶洮负责，"样式雷"雷金玉负责木作，由江南园匠张然叠山理水，同时整修万泉河水系，将河水引入园中。为防止水患，还在园西面修建了西堤（今颐和园东堤）。

从康熙帝《御制畅春园记》来看，兴建畅春园的缘起有以下几个方面：其一，政务之暇，修养身体。"临御以来，日夕万几，罔

---

① 《清圣祖实录》卷129。

自暇逸，久积辛劬，渐以滋疾，偶缘暇时，于兹游憩，酌泉水而甘，顾而赏焉。清风徐引，烦疴乍除。"① 其二，怡情养性。"当夫重峦极浦，朝烟夕霏，芳荽发于四序，珍禽喧于百族。禾稼丰稔，满野铺芬。寓景无方，会心斯远。其或稌稑未实，旸雨非时。临陌以悯胼胝，开轩而察沟浍。占离毕则殷然望，咏云汉则悄然忧。宛若禹甸周原，在我户牖也。每以春秋佳日，天宇澄鲜之时，或盛夏郁蒸，炎景铄金之候，几务少暇，则只奉颐养，游息于兹。足以迓清和而涤烦暑，寄远瞩而康慈颜。"② 其三，奉养皇太后："扶舆后先，承欢爱日，有天伦之乐焉。"兴建的原则是简朴，而不是雕梁画栋的奢华。"计庸畀值，不役一夫。宫馆苑御，足为宁神怡性之所。永惟俭德，捐泰去雕。视昔亭台丘壑林木泉石之胜，絜其广袤，十仅存夫六七。惟弥望涟漪，水势加胜耳。""其轩墀爽垲以听政事，曲房邃宇以贮简编，茅屋涂茨，略无藻饰。于焉架以桥梁，济以舟楫，间以篱落，周以缭垣，如是焉而已矣。"③

自康熙二十七年（1688），康熙帝就明确要求当他驻跸畅春园时，原来在紫禁城内的政务要转移到畅春园来。康熙二十七年六月，谕大学士等："近来科道官无条奏者。建言乃科道专职，只在不存私心耳。可传谕科道官，有条陈事，赴畅春园面奏。"④ 此后，"时奉孝庄文皇后、孝惠章皇后憩焉，政事几务即裁决其中"。不但成为每年夏天康熙帝奉太后避暑的离宫，而且成为紫禁城外北京新的政务活动中心。据统计，康熙帝自康熙二十六年（1687）二月二十二日首次驻跸畅春园，至六十一年（1722）十一月十三日病逝于园内寝宫，凡 36 年，每年都要去畅春园居住和处理朝政。36 年间累计居住畅春园 257 次 3800 余天，年均驻园 7 次 107 天，

① 《日下旧闻考》卷76《国朝苑囿·畅春园》。
② 同上。
③ 同上。
④ 《清圣祖实录》卷135。

最短者为 29 天，最长者为 202 天。

畅春园虽然是康熙帝的园囿理政之地，但其建筑并非雕梁画栋。自畅春园正门起，大宫门五楹，门外东西朝房各五楹，小河环绕宫门，东西两旁为角门，东西随墙门二，中为"九经三事殿"，殿后内朝房各五楹。九经三事殿，为康熙帝驻跸畅春园时临朝礼仪之所，其作用相当于清紫禁城太和殿和乾清宫一区。"九经"的意思是指三礼——"周礼""仪礼""礼记"；三传——"左传""公羊传""榖梁传"；三经——"易经""书经""诗经"。"九经三事"殿即是尊经循礼治理国事之意。

雍正时期的畅春园，"园庭"中心地位被圆明园取代。

康熙六十一年（1722）十一月十三日，康熙帝崩于畅春园。此前十月二十一日，康熙帝自畅春园幸南苑行围，遂驻跸南苑。十一月初七，"圣躬不豫"，便回驻畅春园。至十三日丑刻，疾大渐，遣官驰召皇四子胤禛于南部祭天斋所，令其速至畅春园。又召诚亲王胤祉、淳郡王胤祐、多罗贝勒胤禩、固山贝子胤禟、敦郡王胤䄉、固山贝子胤祹、皇十三子胤祥、尚书隆科多至御榻前。宣谕诏曰："皇四子胤禛人品贵重，深肖朕躬，必能克承大统，著继登基，即皇帝位。"① 胤禛闻召驰至，趋进寝宫，圣祖告以病势日臻之故。当天，胤禛问安，进见五次。戌刻，康熙帝崩。这就是发生在畅春园雍正继位之谜。

雍正帝即位后，由于守制的原因，并没有立即前往自己的赐园居住，但却开始了京西园庭的扩建和守卫调度。雍正元年六月，谕庄亲王允禄等："畅春园卫兵往来劳苦，派八旗兵三千名分班守护，盖造兵房一万间，给与居住。"② 此后，畅春园开始有固定的护军守卫，而不再是轮番抽调城内的旗护军戍守。

二年之后，这一万间兵丁房屋终于完工。雍正帝命果郡王允礼

---

① 《清圣祖实录》卷 300；又《清世宗实录》卷 1。
② 《清世宗实录》卷 8。

会同都统拉锡、前锋统领希尔根、护军统领查克旦和吉当阿共同商议这一万间房屋的分配方案。遵照雍正帝谕令，很快果郡王允礼等人上奏商议结果：畅春园修造房屋共一万间，分为八营，每营盖房一千二百五十间。这八营分别由八旗各派护军参领一员、副护军参领二员、委署护军参领四员、护军校十员、护军三百七十五名。派护军校护军时，令护军统领等将为人老实、家道贫穷者派往，并由政府赏给银两，作为迁移之费。雍正帝批准所议，令此次所派官兵由怡亲王、马尔赛统辖管理，各旗所选派的官员等亦著怡亲王、马尔赛一同验看选派。①

对于选派八旗常驻京西园庭，雍正帝以其差役繁杂，往往给予特殊优待，"叠沛恩施"，给予很多优恤，甚至引起了那些未能被选中八旗护军的抱怨。为此，雍正帝特别予以辨明。雍正四年六月，雍正帝谕八旗都统等："从前八旗护军俱由京城往畅春园换班行走，朕念其往返之间，稍觉费力，特发帑金数十万两，于圆明园附近盖造房屋，派护军三千名居住，以供圆明园之差役，既有益于贫乏无房屋之人，而在京之护军又得免于往来行走之累。又念此三千护军差役甚多，是以叠沛恩施，恤其劳瘁。乃在京之护军以不得一体遍沾，致生怨望，而圆明园之护军又以管束太严，思欲规避，殊负朕爱养兵丁之心。嗣后朕再加察看，若在京护军仍以朕加恩于圆明园之护军为过厚，朕即俱令回京，照前由京城换班行走。尔等可将此旨遍谕护军，俾各晓悟，知朕加恩于圆明园护军之处，并非无故漫加，则彼此欢洽，无有怨言，而朕亦乐于加惠矣。"② 雍正此次将京西园庭守军护卫常态化和固定化，不仅是三山五园向政治副中心发展的关键步骤，而且是三山五园区域人口以及空间布局的一次重要变化，对于清代海淀镇的发展也起了重要的推动作用。

进入乾隆朝，在乾隆四十二年（1777）前，畅春园的主要作用

---

① 《清世宗实录》卷18。
② 《清世宗实录》卷45。

是奉养崇庆皇太后，直至其去世。而且，乾隆帝对畅春园的主要功能也做了明确规定，就是奉养皇太后。因此，乾隆最后二十年，畅春园基本便闲置了起来。

在嘉庆朝，畅春园虽然在闲置之中，但从嘉庆十年（1805）二月的盗窃案、十一年（1806）的裁撤虚额人员，以及嘉庆十二年（1807）三月二十五日奉宸苑卿广兴补授为总管内务府大臣并管理畅春园事务来看，畅春园作为"园庭"之一的日常管理仍然在延续之中。

据嘉庆朝《大清会典》，畅春园总管大臣属于特简人员，一般下设郎中一人、苑丞三人、苑副五人、委署苑副八人，"掌畅春园之禁令"。园之西为西花园，又西为圣化寺，园之南为泉宗庙。西花园之西为虎城，养虎。俱属畅春园大臣辖。畅春园内设效力拜唐阿四人、看印苏拉四人、园户头目十人、园户八十八人、园丁二十五人、匠役二十人、花儿匠七人、水手一人，俱随同苑丞、苑副洒扫各园庭，并看管陈设。在人员待遇上，苏拉、园丁、水手每月各给银一两，每季各给米二石六斗；园户头目每月给银一两五钱，每季给米二石，各给养赡地三十亩；园户、匠役每月各给银一两，每季各给米一石三斗，各给养赡地三十亩，官房一间；花儿匠四名每月各给银一两，无米，各给养赡地六十亩；其三名每月各给银一两，每季给米一石三斗，各给养赡地三十亩。园内维护费用主要靠园内自身收入，每年将本处鬻卖稻米、谷草并房租银，作为岁修之费，于年终奏销。如有盈余，交圆明园银库收贮。在门禁管理上，其查验园户等出入腰牌与圆明园同。① 嘉庆时期，畅春园仍设总管大臣进行管理，而且下设的人员基本保持着原来的规模，这说明嘉庆时期的畅春园虽然在闲置中有所荒废，但管理的规格尚未降低。

但同时，裁汰冗员，将一些管理级别的官员调任他处，也着实

---

① （嘉庆朝）《清会典》卷 79《内务府》。

反映了嘉庆时期畅春园的衰败。嘉庆九年（1804），对畅春园等处虚员进行裁汰，"至畅春园、三山、奉宸苑、南苑等处，恐尚有似此冒滥之员，应行裁汰者，仍著军机大臣详察具奏"①。出于此消彼长的需求变化，畅春园的一些管理人员直接被调往圆明园当差。嘉庆十六年（1811）奏准将畅春园食八品俸七品苑丞一人，改为圆明园八品苑副；畅春园八品苑副一人、笔帖式一人，均拨往圆明园当差；又委署苑副二人，坐补圆明园库守二缺。② 嘉庆时期，畅春园的日常管理虽然还沿袭乾隆朝定制，但其守备力量已大为消减，尤其是嘉庆皇帝前往畅春园只是到恩佑寺和恩慕寺行礼而从不再驻跸的情形下，以八旗护军戒备的必要性已经大为降低。

等到道光继位后，即便想让新获封的皇太后奉养畅春园，也已经不太可能，因为此时的畅春园残破已甚；虽然有乾隆的祖制，但道光帝也无法遵守，而是以距离圆明园更近的绮春园作为奉养"东朝"之地；自此之后，畅春园原有的功能丧失，注定了畅春园颓败的命运已无可挽回。此时畅春园的活动也就剩下皇帝到恩慕寺和恩佑寺的祈福了。道光元年五月戊辰，道光帝就对这一变化做了解释："乾隆四十二年皇祖高宗纯皇帝圣谕'以畅春园距圆明园甚近，事奉东朝，问安视膳，莫便于此。子孙当世守勿改，此旨恭录存贮上书房'。朕从前曾经只诵，惟是畅春园自丁酉年扃护以后，迄今又阅数十年，殿宇墙垣多就倾敧，池沼亦皆湮塞。此时重加修葺，地界恢阔，断非一二年所能竣工。明年释服后，圣母皇太后临幸御园，不可无养志颐和之所。朕再四酌度，绮春园在圆明园之左，相距咫尺，视膳问安，较之畅春园更为密迩。且系皇太后夙昔临莅之区，居处游览，罄无不宜，于此尊养承欢，当于近奉东朝之旨，尤相契合也。著管理圆明园大臣即将绮春园相度修整，敬奉慈

---

① （光绪朝）《大清会典事例》卷1172，"内务府三·官制三·圆明园"。
② 同上。

愉。"① 道光以后，绮春园接替畅春园，承担了奉养东朝的功能。

　　道光十一年（1831）二月，重修西直门到圆明园的石道。二月初七日，谕内阁："京师西直门至圆明园及阜成门等处石道工程，前经派员分段承修，于上年工竣验收。昨朕经过海淀迤北栅栏至恩慕寺一带石道，见有折断数块。此项工程甫经修整完竣，且前此降旨，责成步军统领衙门派员稽查，于灰浆未老时，不准车马践踏，是尚无大车碾压，何至遽行折断？显系承办之员不能认真经理，致有草率偷减之弊。"道光帝立即派禧恩、穆彰阿、敬徵亲往履勘，将已经破碎的石块起出，查看因何折损情形，据实具奏，并责令承办之员赶紧赔修完固。② 二月十六日，禧恩等奏明情形后奏报道光帝："海淀栅栏往北新石道五十余丈，内有折断道板石四块，又接往北新石道三百三十余丈，内有折断道板石七十四块。又接往北至东挡众木新石道二百七十余丈，内有折断道板石十三块。详看折损情形，系因石料厚薄不一，分缝未能严密，底面不平，灰浆亦未灌足，及地脚灰土未经如式筑打所致。实属草率偷减，不肯实心任事，于斯可见。"③ 于是道光帝著责令承办之员赶紧赔修完固，"所有此一带石道，间有沉陷及残棱破角，并两边牙石碎小不齐，暨道板石长出抵作牙石之处，护牙灰土较原估少做一步，均著责成承办之员妥固修理"④。

　　咸丰朝时期畅春园作为园庭的名称，在文宗实录中只出现过一次，这说明畅春园已经基本淡出了清室"宫廷苑囿"的视野范围。至于同治朝以后的实录，就再也没有出现过一次关于"畅春园"的记述，足以说明"畅春园"已经彻底从清代"园庭"的范畴中消失。咸、同时期畅春园的境遇也足以印证英法联军扰掠京西园庭

① 《清宣宗实录》卷18。
② 《清宣宗实录》卷184。
③ 同上。
④ 同上。

后，畅春园就彻底走向了毁灭。

二　圆明园：清代帝王园居理政的中心

从雍正皇帝开始，圆明园成为清朝帝国政治权力运作的核心。雍正、乾隆、嘉庆、道光、咸丰皇帝都常常在圆明园生活和处理政事，他们驻足圆明园的时间超过了在紫禁城的时间。在这段时期，圆明园就是清代中国的政治权力运行的中枢。

1. 康熙帝与圆明园

在康熙朝，园居理政虽然以畅春园为中心，但与后来逐渐成形的三山五园并非没有关系，在相当程度上，康熙帝在京西的园居理政开启了三山五园的最终形成。

康熙四十八年（1709），康熙帝赐园给皇四子，并亲自为其取名为"圆明园"。康熙帝晚年曾经多次前往四子胤禛的赐园。据《清圣祖实录》记载：康熙四十六年十一月己未，皇四子多罗贝勒胤禛恭请上幸花园进宴。五十一年七月戊子，皇四子和硕雍亲王胤禛恭请上幸王园进宴。康熙五十三七月戊午，皇四子和硕雍亲王胤禛恭请上幸王园进宴。康熙五十四年七月壬戌，皇四子和硕雍亲王胤禛恭请上幸王园进宴。康熙五十五年七月庚午，皇四子和硕雍亲王胤禛恭请上幸王园进宴。康熙五十六年七月丙子，皇四子和硕雍亲王胤禛恭请上幸王园进宴。五十八年四月丙午，皇四子和硕雍亲王胤禛恭请上幸王园进宴。五十九年三月庚辰，皇四子和硕雍亲王胤禛恭请上幸王园进宴。六十年七月庚子，皇四子和硕雍亲王胤禛恭请上幸王园进宴。六十一年三月丁酉，皇四子和硕雍亲王胤禛恭请上幸王园进宴。庚戌，皇四子和硕雍亲王胤禛恭请上幸王园进宴。六十一年七月癸卯，皇四子和硕雍亲王胤禛恭请上幸王园进宴。[1] 以上关于康熙帝临幸圆明园的记载，足见康熙帝对雍亲王的

---

[1] 《清圣祖实录》卷231至卷297。

态度，而这也注定了日后圆明园的命运。

康熙六十年（1722）三月，康熙皇帝来到圆明园镂月开云殿内观赏盛开的牡丹，因为牡丹花的盛开，镂月开云殿又被称为牡丹台。当时，雍亲王胤禛带儿子弘历（后来的乾隆皇帝）陪同康熙皇帝观赏牡丹。12 岁的孙子弘历，康熙皇帝是第一次见到，当时就对弘历非常喜爱。"洎康熙壬寅，年十二，只谒圣祖于圆明园之镂月开云，见即惊爱，命宫中养育，抚视周挚，备荷饴顾恩慈，亲授书课，教牖有加。"① 牡丹台会面是康熙、雍正、乾隆祖孙三代皇帝的第一次历史性会面，也很可能对康熙帝晚年在继承人的选择上产生了一定影响，从而保证了一百多年的康乾盛世的存在。这不能不说是康熙时期，发生在圆明园的一次重大事件。

2. 雍正帝与圆明园

皇位争夺的结果直接改变了圆明园的命运，雍正帝即位之后，大规模扩建自己即位前的居所圆明园也改变了京城的宫室格局。雍正皇帝以此为契机，改变了旧有的宫城布局之下的各种权力配置，从而影响了清朝中央的政治格局和制度运作。从雍正开始，乾隆、嘉庆、道光、咸丰皇帝每一年的大部分时间都在圆明园度过，处理日常政事和国家大事，一般有重大的礼仪祭祀才返回紫禁城。正如雍正帝自己所说：在园中与宫中无异。为了上朝方便，圆明园周围出现很多下王公、大臣的赐园和他们自己建造的园林。比如，当时圆明园的附近就有怡亲王的府邸交晖园，临近圆明园，后来交晖园历经乾隆、嘉庆时期的变化，并入圆明园，成为绮春园。

与此同时，对京西园庭驻军守卫等制度和体系的建设也逐步加速了三山五园区域的发展与变化。雍正二年（1724）规定，圆明园驻防官兵的米粮不再前往城内京仓领取，而直接前往距离更近的清河仓领取。七月，谕户部："圆明园驻防官兵应领米石，若来京

① 《清高宗实录》卷1，卷首。

城支领，不无车辆之赀，著行文仓场总督将应给米石备贮清河仓，便于给发支领。"① 后来，乾隆帝御制《安河丰益仓》诗曰："安河通清河，昔留运粮迹，因之建有仓，其名曰丰益，月米资旗兵，施恩非常格。"诗中自注亦言："仓建于雍正年间，圆明园附近所驻西四旗及健锐营月需兵糈，俱于此支领，以省兵丁往京运费。"②

雍正三年（1725）二月十五日，诸王大臣鉴于雍正帝为父皇康熙帝的服制已满，便恭请雍正帝前往圆明园驻跸，"圆明园水土清洁，允宜随时驻跸"。雍正帝谕曰："国家大礼，皇考皇妣虽有轻重之别，而朕之私衷则皇考皇妣不容分视，外廷吉礼已令照国家典制举行。若朕于宫中，务期独尽人子之礼。据奏驻跸圆明园，不但朕心实为不忍，皇考皇妣之事朕何可有所分别？况今之二十七月，并非勉强从事，沽取孝名，以为观美，只求朕心之安耳，礼尽则朕心自安。朕意已定，诸王大臣毋得再奏。"③ 因皇太后的服制尚未满，雍正帝并未同意前往圆明园。

半年后的八月十六日，已丧皇太后服制期满后，诸王大臣再次疏奏，请求雍正帝临幸圆明园："本月二十三日，孝恭仁皇后三年服制已满，恭恳皇上驾居乾清宫，一应吉礼悉照成例举行。至圆明园密迩禁城，风物清淑，允宜随时驻跸，以慰万民瞻仰之忱。"雍正帝这才顺水推舟，应允所请："三年之内，迭遭皇考皇妣大事，朕追思永慕，莫释于怀。今服制期满，大礼告成，诸王大臣等援引典礼，合词陈奏。朕念三年持服，不过默尽其心，非敢自谓尽孝。今虽勉从诸王大臣所请，而孺慕之诚，终身不能忘也。"八月二十一日，孝恭仁皇后三年服满，雍正帝亲诣奉先殿祭告，行释服礼。五天后，雍正帝幸圆明园驻跸。

雍正帝驻跸圆明园之初，就必然面临如何处理政务的问题。京

---

① 《清世宗实录》卷22。
② 《清高宗御制诗·四集》卷2。
③ 《清高宗实录》卷29。

西园庭距离城内各部院衙门的距离并不近，在当时的交通条件下，一天之内往返周折并非易事。雍正帝又颇为勤政，不想丝毫延宕政务，因此他很快就初步颁布了圆明园奏事的规定："朕在圆明园，与在宫中无异，凡应办之事，照常办理。尔等应奏者，不可迟误。若无应奏事件，在衙门办事，不必到此。其理事之日，尔等于春末秋初，可趁早凉而来。秋末春初，天时寒冷，于日出之前起行，不但尔等不受寒暑，即随从人夫亦不至劳苦矣。"① 雍正帝虽然明确了御园奏事要求，但考虑到臣僚大多居住在城内，为了各部尚书前往京西园庭奏事的方便，雍正帝并未明确规定奏事的时间和班次。

由于雍正初期不仅自己非常勤政，而且朝纲严明，因此很多官员前往圆明园奏事时尚不敢怠慢，而是一大早就从城南寓所赶往京西御苑，候旨进班。雍正帝见此情景，颇为体谅臣下。雍正三年（1725）九月，雍正帝谕内阁："朕前曾降谕旨，凡来圆明园奏事之大臣官员等，不必太早。今见大臣等务皆早到，如在南城居住人员，必得五鼓前来，其年老有疾之人，必受寒冷。尔等效力惟在实心办事，似此奔走，并无关系。若侍卫及职司看守人等，则不得不然，盖以伊等之专职也。尔等若不尽心于职务，虽经年如此奔走，何益之有？嗣后尔等咸遵朕旨，毋得有违。虽稍迟误，或一二人不到，亦无妨碍，并不致有误事之处也。"② 雍正帝体谅朝臣往返奔波之苦，特意展示宽容，允许官员来圆明园奏事时可以稍有迟到，甚至允许偶尔旷到一两次也未尝不可。

由于没有明确的奏事轮班办法，再加上雍正帝如此宽容地允许臣僚可以迟到，甚至旷工，结果导致臣僚奏事者日渐稀松，有时甚至一天堆积了大量奏本待办。为此，雍正四年（1726）雍正帝又批评朝臣不能积极奏事。当年正月，雍正帝谕大学士等："今日朕坐勤政殿，以待诸臣奏事，乃部院八旗竟无奏事之人，想诸臣以朕

① 《清世宗实录》卷35。
② 《清世宗实录》卷36。

驻圆明园，欲图安逸，故将所奏之事有意简省耶？朕因郊外水土气味，较城内稍清，故驻跸于此，而每日办理政事，与宫中无异，未尝一刻肯自暇逸。已曾屡降谕旨，切告廷臣，令其照常奏事。若朕偶欲静息，自当晓谕诸臣知之。倘廷臣不知仰体朕心，将陈奏事件有意简省，是不欲朕驻跸圆明园矣。又见各衙门奏事，有一日拥集繁多者，有一日竟无一事者，似此太觉不均。"① 雍正帝原本是希望自己在驻跸圆明园时朝臣能按照在宫内的规矩一样正常前来奏事，但结果事与愿违，奏事者寥寥，而且出现很多奏本积压的情形。

雍正帝鉴于这种情形，意识到必须制定明确的轮班奏事制度，于是便规定了每日一旗一部、八日一个轮回的御园奏事制度："以后八旗定为八日，各分一日轮奏；部院衙门各分一日轮奏；六部之外，都察院与理藩院为一日，内务府为一日；其余衙门可酌量事务之多寡，附于部院班次，每日一旗一部，同来陈奏，则朕每日皆有办理之事。而不来奏事之大臣，又得在京办理，诚为妥便。至朕听政办事，各官齐集之日，原不在轮班奏事之数。次日仍按班次前来。若该部院衙门轮班之日无事可奏，其堂官亦著前来，恐有召问委办之事，亦未可定。其紧要事件，仍不拘班次，即行启奏。"② 按照雍正帝的规定，八个旗按顺序每旗一日，然后再分别搭配吏、户、礼、兵、刑、工六部各一日，都察院与理藩院为一日，内务府为一日，共八日一轮回。如果碰到御门听政日，则各旗院堂官都要前往，当天应轮班奏事的部院则顺延至次日。如果某部院在轮班之日确实没有可奏之事，其堂官也要前来，等待皇帝召问委办。相反，如果某部院若有紧急事件，却又不在轮班之日，也可以不拘限于班次，立即启奏。在规定中，还明确要求凡是不来京西御园奏事的旗部官员，则要前往城内各自衙门办事。

---

① 《清世宗实录》卷40。
② 同上。

　　有了明确的轮班奏事制度，便可保证各部衙门能按章办事，各部官员亦可有序前往京西御园奏事。但为了避开大风或者恶劣的雨雪天气，雍正帝又特别允许，除非自己强调"风雨无阻"，否则凡是遇到这种天气，城内官员便可以将前往御园奏事的日期往后顺延。雍正四年（1726）四月十九日，雍正帝谕九卿："朕从前曾降谕旨，凡遇理事之日，若有大风雨雪，著在京官员等即不必来圆明园，朕自改期另传。昨日原拟今辰理事，乃夜来下雨，朕即传谕诸臣不必前来，而城中官员俱已行至西直门，闻旨始回。昨夜既有风雨，在京大臣等理应遵照前旨，何必多此往返？嗣后有特旨所传之官员，若有'风雨无阻'字样，则不论风雨即著前来。若朕御门之日，过有大风雨雪，伊等即互相传谕，不必前来。"①

　　雍正帝在圆明园园居理政，一方面担心朝臣认为或者借口皇帝在御园游乐而放松政务的奏报，另一方面也的确给自己的政敌留下了散播谣言的口实。四年（1726）五月，京城坊间乃至地方各省都流传雍正帝在圆明园日日饮酒、夜夜笙歌。雍正帝得知后颇为重视，并予以辟谣："即有传言云朕日日饮酒，又云朕频与隆科多饮至更深，隆科多沉醉不胜，令人抬出。即蔡珽自四川到京，越数月，见朕毫不饮酒，曾骇叹奏朕云：'臣在四川，闻人流言皇上日日饮酒，今臣到京已久，朝夕侍从，始知皇上涓滴不饮。'昨路振扬来京陛见，临行时亦奏云：'臣闻流言，谓皇上即位后常好饮酒，今臣朝暮入对，惟见皇上办事不辍，毫无酒气。'如此陈奏者甚多，此无他故，皆因阿其那、允禵素日沉湎于酒，朕频频降旨训诫，而伊等遂播此流言，反加朕以好酒之名，传之天下。夫朕若于政事不误，即使饮酒亦复何伤？然朕实天性素不能饮，内外之所共知。以天性素不能饮者，尚伪造此言，则此辈之流言，何可限量也?!"②

　　关于雍正帝在圆明园不理政务而日日饮酒作乐的谣言，不仅流

---

① 《清世宗实录》卷44。

② 同上。

传于地方，而且直接刊载于京城报房小抄："初五日，王大臣等赴圆明园叩节，毕，皇上出宫，登龙舟，命王大臣等登舟，共数十只，俱作乐，上赐蒲酒，由东海至西海，驾于申时回宫。"① 对于报房小抄这种新闻报道式的文字，雍正帝竟然相当恼怒："夫人君玉食万方，偶于令节宴集群臣，即御龙舟奏乐赐饮，亦蓼萧湛露之意。在古之圣帝明王亦所不废，何不可者？但朕于初四日即降旨令在城诸臣不必赴圆明园叩节，初五日仅召在圆明园居住之王大臣等十余人，至勤政殿侧之四宜堂赐馔，食角黍，逾时而散，并未登舟作乐游宴也。且先期内务府总管等奏请今岁照例修备龙舟，朕实止之。此非有意屏却谦游，盖厌其喧杂耳，而报房竟捏造小抄，刊刻散播，以无为有，甚有关系！著兵刑二部详悉审讯，务究根源，以戒将来，以惩邪党。"②

数日后，刑部等衙门议奏此次小抄捏造案的何遇恩等人应依律斩决。雍正帝批示何遇恩、邵两山俱改为应斩，著监候秋后处决。事实上，报房小抄上所说的雍正帝在圆明园中与大臣宴游之事并非凭空捏造，雍正帝也并非否认，令他所担心的是，一份报房小抄竟然能将帝王园居理政描述成荒废政事。"朕素性事事率真，不为粉饰。今岁驻跸圆明园，适值花开时，诸大臣奏事齐集。朕于理事后，偶尔率同观览，赐以家常食馔，为时不过二三刻，仍以吏治民生人心风俗谆谆告诫，君臣互相劝勉，并不因游览而忘咨儆也。赐食毕，朕仍至勤政殿办事如常，此满汉文武大臣所共知共见者。今观小抄所载，既可以捏造全无影响之谈，则从前之偶尔看花，又不知如何粉饰传播矣。夫自古帝王，游燕亦所不废，果能于游燕时，所对者皆诸王大臣，所言者皆民生国计，其于劝勉化导，不大有裨益乎？总之人主所最要者，在于一心，果诚心戒省，念兹在兹，无地非咨儆之处也。乃无识之人不能知此，又加以捏造之言，令人闻

---

① 《清世宗实录》卷44。
② 同上。

而疑骇。如小抄所载，正复不少。"① "又如各省督抚贡献地方土产食物，此亦封疆大臣达瞻仰之情，展恭敬之悃，实不便一概屏却。昔圣祖仁皇帝时，常择其不适于用者，皆不收受。朕思远方之物既已赍至京师，若不收受，则携回反多路费，故常体其情而受之。而宫中所用有限，每因诸臣奏事之余，随便赏赐，总因朕心之待诸臣坦易真率，实是家人一体之谊。若谓朕借此为鼓舞臣工之具，因以分别朕待诸王大臣之轻重，则不知大体之甚者也。又见督抚等自陈本中，有将颁赐细物胪列详载者，此等识见甚属卑陋。至于外任微员武弁出京时，朕择其可以琢磨者，每召入训诲，又加恩赐，无非欲其捧至任所，观瞻赐物，思朕训诲之切，以尽职守。而伊等出外，往往夸耀铺张，以致讹传失实。似此卑陋之见，谬误之言，远近传闻，安能察其真伪？故因小抄捏造之事，并谕及之。"② 雍正初年，坊间流传雍正帝在圆明园饮酒作乐，固然有当时因皇位继承而形成的政治对手的造谣诽谤，但也的确反映了当时皇帝频繁离开传统政治中心紫禁城而开创园居理政时所面临的困境。

雍正七年（1729）末，怡亲王病重，在紧邻圆明园的交晖园养病，八年五月怡亲王离世。为了能时常看视怡亲王，雍正帝也长期居住在圆明园。"自去年冬月王抱病以来，朕萦于怀，无刻稍释，商确医药，默祷神祇，以冀沉疴顿起。乃今医药罔效，祈祷不灵，天何夺我忠诚辅弼之贤王若此之速耶？王抱恙时，居住交晖园，与圆明园相近，朕间欲亲往看视，王再三恳辞，而于一旬半月之间，必力疾入圆明园，与朕相见。及王病势渐加，力不能支，惟恐朕心忧烦，则称交晖园乃起病之所，暂且移避，遂养疾于西山，无非欲与圆明园相远，令朕不深悉其病状，可以安慰朕心也。及王回城中府第，朕以祈雨回宫，前月得雨之后，王屡次奏请朕幸圆明园，是王但恐以病状烦劳朕心，而于己身之生死全不计及也。及闻病势沉

---

① 《清世宗实录》卷44。
② 同上。

笃，朕方欲命驾临视，乃王闻知，即脱尘而去。盖王不欲以永诀伤朕之怀，是以显此刚决之相，其于去留之际，明白超脱若此！"①怡亲王允祥的御赐花园名为"交晖园"。乾隆中期赐于大学士傅恒，改称"春和园"。乾隆三十四年（1769）春和园并入圆明园，始称"绮春园"。嘉庆四年（1799）又将庄敬和硕公主的含辉园（南园）和西爽村并入，总称仍为绮春园，加以修缮、添建才初成规模。此时的绮春园达到全盛规模。

雍正帝在园居期间，凡是祭祀之事皆遣官代祭，但如果碰到祭天之类的大祀时，则往往返回宫中，先斋戒，然后再亲自前往行礼。

对于驻防圆明园的八旗官兵，雍正广其升迁之途。雍正十年（1732）夏四月，雍正帝谕令果亲王等讨论圆明园官兵应如何广其升迁之路、增补官员应如何增补之处的办法。不久，果亲王等奏报商议结果：圆明园原设每旗营总各一员、副护军参领各三员、护军校委署参领各四员、护军校各十员、副护军校各九员，以上人选，果亲王建议在八旗现有的副护军参领内，每旗拣选一员，补授为护军参领，随营总办事。以往副护军参领为五品，今后准为四品；护军校委署参领准为五品；每旗增补护军校四员、副护军校五员。又内府三旗护军参领共三员，现增补营总一员，亦准为四品，令掌管关防。再者，随关防之笔帖式，每旗选补四名，内府三旗亦各令选补四名。雍正帝批准了这一方案，又因"近见圆明园兵丁气象较前甚优"，令给圆明园八旗及内府三旗，赏给教习人员，令其子弟学习汉书。不久，果亲王允礼就圆明园八旗设立旗学一事奏报具体办法：设立学舍，当视营房之远近，镶黄、正黄、正白、镶白四旗营房相近，设学舍一所、教习二名；正红、镶红二旗营房相近，设学舍一所、教习一名；正蓝、镶蓝二旗营房隔远，内务府三旗原同一

---

① 《清世宗实录》卷94。

营，设学舍三所、教习三名。其教习人员在八旗及内府生员中选取，给予钱粮季米，四年一换。教习人员表现优秀者，咨行吏部，授予笔帖式；劣者革退，另行选补。① 雍正帝对圆明园驻防八旗的建设进一步促进了三山五园区域的发展。

雍正帝最后驾崩于圆明园。雍正十三年（1735）八月二十二日，雍正不豫，"仍照常办事"。第二天即二十三日戊子，暴卒于圆明园，遗诏命皇四子宝亲王弘历为皇太子，即皇帝位。

3. 乾隆帝与圆明园

乾隆帝侍奉皇太后居畅春园，而他本人则大部分时间住在圆明园，每逢新政朝贺、祭祀大典等活动回紫禁城宫中暂住，事毕仍回圆明园，冬至前返回宫中居住。乾隆帝曾在《诣畅春园》诗中写道，"冬令昼短且寒，朕若园居，则奏事来者，必冒寒冷宵行，数年来率以孟冬还宫"，所以每年冬至前便回宫中居住。

圆明园正门贤良门内，是正大光明殿、勤政亲贤殿、保和太和殿等殿，大殿名称与紫禁城中的宫殿名称相仿，但建筑与装饰以朴素自然为主，是乾隆帝举行典礼活动、召见臣工、披省章奏等处理朝政之地，相当于宫廷的外朝。为了日常办事的方便，朝廷各政治机构及宫廷的各个衙门在贤良门外和大宫门外设有临时办公衙署，以供各部主要官员经常在此办公。

乾隆三年（1738）正月，守制三年后的乾隆帝第一次以皇帝身份幸圆明园。当天，乾隆帝先是诣恩佑寺行礼，之后送皇太后居畅春园，然后前往圆明园，并规定："凡庆节，恭迎皇太后御圆明园之长春仙馆以为例。"次日，谕大学士鄂尔泰等人，对奉养皇太后以及驻跸圆明园的礼制进行了说明："都城西郊地境爽垲，水泉清洁，于颐养为宜。昔年皇祖皇考皆于此地建立别苑，随时临幸，而办理政务，与宫中无异也。朕孝养皇太后应有温清适宜之所，是以

---

① 《清世宗实录》卷116。

奉皇太后驻跸于此，不忍重劳民力，另筑园圃。朕即在圆明园，而敬葺皇祖所居畅春园，以为皇太后高年颐养之地，一切悉仍旧制，略为修缮，无所增加。"①

　　同时，乾隆帝为了避免朝野上下将自己驻跸圆明园视为巡幸休闲而怠慢政事，也在一开始就明确提出要沿袭父皇在位时期圆明园轮班奏事制度："伏思我皇考旰食宵衣，励精图治，亲书'勤政'匾额，悬诸殿楹。朕瞻仰思慕，时时警惕，不敢稍自暇逸，庶几承先志而踵前徽，文武大臣等当共励精勤，黾勉职业。若以朕驻跸郊坼，欲节劳勚，将应办应奏之事有意减少迟延，则不知朕心之甚矣。向来部院及八旗大臣皆轮班奏事，自仍照旧例行。至诸臣中有陈奏事件，即行具奏，不必拘定轮班日期，大学士等可通行传谕知之。"② 乾隆帝再次明确自己驻跸圆明园时各旗院要按照规定轮班奏事，这进一步巩固了圆明园作为政治副中心园居理政的地位。

　　乾隆三年二月初十日，乾隆帝第一次在圆明园正大光明殿听政，宣布了自己的理政方针："朕自临御以来，无日不以皇考之心为心，皇考之政为政。皇考至圣至神，聪明天纵，朕何能仰几万一？但亲见我皇考朝乾夕惕，敬天勤民，惟有夙夜励精，不敢稍自懈弛，以期无负皇考付托之重。尔九卿俱系皇考简用之大臣，屡受皇考之训诲，自当加意黾勉。凡所以事朕者，一如当日之事皇考，屏绝私心，公忠任事，是朕之所望于诸臣者。朕今日御勤政殿办事，此即昔日皇考办事之所，朕未另建园亭，即于该处办事者，并非图自暇逸，盖时时追慕皇考，宵旰不遑。尔诸臣凡有应奏应办之事，仍应上紧办理，不可有意减少，以致迟滞。朕凡用人行政，皆以皇考为法，间有一二事酌量从宽之处，亦系遵奉皇考遗诏，并非故示优容。尔诸臣凡事惟当秉公持正，若事不当严，而朕或稍严，即当据理请宽；若不当宽，而朕或稍宽，即当执法从严。事事求其

---

①　《清高宗实录》卷60。

②　同上。

适中，方不愧大臣之体，岂可因朕宽大，稍萌纵弛，甚至苟且营私，致干物议？即如工部尚书赵宏恩，近被科臣纠参，虽事之虚实尚在未定，而现被弹劾，岂不为九卿之玷？一人如此，则朕于诸臣，亦不能人人皆信矣。孔子曰：不逆诈，不亿不信。又曰：始吾于人也，听其言而信其行，今吾于人也，听其言而观其行。可见听言信行，乃圣人之本心，至听言观行，则圣人之不得已也。朕披阅典章，反躬自勉，期以纯王之心行纯王之政而未逮，是以至诚待臣下，从无逆诈亿不信之事。若尔诸臣不能精白乃心，奉公洁己，以致朕不得已，亦存听言观行之心，则势不能不用术驾驭，殊非诸臣厚于自待之意，亦非所以仰体朕厚待诸臣之心也。凡为大臣者，国计民生皆当留意。即如直隶上年秋收稍歉，今岁春初虽曾得雪，迄今为日已久，朕心望雨甚殷，尔诸臣亦应念切民生，各行修省。将来青黄不接之时，作何料理，皆须豫为筹画。若止办本衙门事务，而此外漠不关心，此乃有司之职，非大臣之道也。从前皇考于诸臣进见之时，谆谆训导，诸臣有能领会者，亦有不能领会者。朕今训勉诸臣，岂能如皇考之周详谆切？惟在尔等善体朕心，交相砥砺，内而九卿，外而督抚，下及庶司百职，共矢忠勤，恪供厥职，无负朕殷殷期望之意，即所以仰报皇考养育教诲之深恩也。可将此旨通行内外大小臣工知之。"①

乾隆三年三月二十八日，乾隆帝首次将原本在紫禁城举行的科道考选挪到圆明园举行。"科道为朝廷耳目之司，关系甚重"②，向来都是由各部院堂官将合例司员拣选保送，其中翰林院编修、检讨也在拣选保送之列，由吏部带领引见，皇帝亲加简拔，用为科道。但各部院司员及翰林院编检人数甚多，"各堂官保送，皆就伊等所见举出，统计一衙门官员，不过十之一二"③，其余众员则很难有

---

① 《清高宗实录》卷 60。
② 《清高宗实录》卷 65。
③ 同上。

机会得到皇帝的引见，"此中或有可任科道而不在保送之列者，亦未可定"①。乾隆帝"意欲将例应考选翰林部属等官一概通行引见，司员每日在本衙门办事，其才品之长短贤否，该堂官皆所熟悉，著逐名出具考语；有由州县行取补用者，亦著注明，即著该堂官带领引见。至编检官员，职司文墨，其办事之能否未经试验，毋庸出具考语，著掌院学士带领引见，朕自有鉴别。现在御史员缺，应行考选，且记名之人即可备将来考选之用。至于考选人员，著各衙门于圆明园该班奏事之日，带领引见。翰林院编检人多，分作三班。部院酌量人数分班，每班以二三十人为率。记名之后，陆续交与吏部，俟有御史缺出，按其品级俸次，开列引见，候旨补授。补用将完之日，吏部再将如何考选之处，另行请旨"②。为了不埋没人才，扩大引见官员的范围，乾隆帝明确要求将应参加考选的翰林及部院司员全部人员，分班轮流引见，由皇帝本人亲自鉴别任用。此后，这一引见活动便成了圆明园政治活动的常态。

乾隆帝长期居住于圆明园，如果从圆明园回宫，则往往是由于一些大的祭祀典礼需要皇帝亲自出面亲祭。例如，乾隆三年五月初二，还宫，次日，以夏至祭地于方泽。五月初八，乾隆帝诣大高殿行礼，之后便到畅春园向皇太后请安，回到圆明园。

乾隆初政之始便长期居住圆明园，同样不免给外界以其沉湎燕游、荒废政事的印象，当时社会上甚至有谣言说乾隆帝在圆明园蓄养秀女、纵情声色。三年五月，谕大学士鄂尔泰等："朕自幼读书，深知清心寡欲之义，即位以来三年之内，素服斋居，此左右近侍及在廷诸臣所共知者。上年释服以后，虽身居圆明园，偶事游观，以节劳勚，而兢兢业业，总揽万几，朝乾夕惕，惟恐庶政之或旷，此心未曾一刻放逸。每见廷臣动色相儆，至不迩声色之戒，尤未尝一日去诸怀也。近闻南方织造、盐政等官内有指称

---

① 《清高宗实录》卷65。
② 同上。

内廷须用优童秀女，广行购觅者，并闻有勒取强买等事，深可骇异。诸臣受朕深恩，不能承宣德意，使令名传播于外，而乃以朕所必不肯为之事，使外间以为出自朕意，讹言繁兴，诸臣之所以报朕者，顾当如是乎？况内廷承值之人，尽足以供使令，且服满之后，诸处并未送一人。惟海保处曾进二女子，其一已经拨回，曾进一班弋腔，因甚平常，拨出外者二十余名。此人所共知者，何至广求于外，致滋物议？是必有假托内廷之名，以惑众人之听闻者！闻者，尔等可密传朕旨晓谕之。傥果有其事，可速行悛改。如将来再有浮言，朕必究问其致此之由也。"① 与雍正初期一样，乾隆帝在圆明园常朝理政也遇到了合理性的问题。在朝野的习惯意识中，紫禁城才是皇帝宅中治国、勤政理事的场所，至于圆明园这样的御苑，在世人眼中仍不过是帝王怡情休闲的行宫。作为皇家禁地，外人一般绝不可能进入园中，即便是朝臣，除非入园奏事，或者皇帝赐恩引见，否则也不可能入内。乾隆帝有时为赏赐大臣，也会特令让朝臣入园内游赏。乾隆三年六月，因久旱后"甘霖大霈"，朝野称庆，兴奋之余的乾隆帝便命大学士、内廷翰林入园游赏，"特召大学士、内廷翰林于圆明园泛舟游览，即事成诗，同诸臣面赋，以志一时胜赏"。②

　　乾隆帝亦沿袭了雍正时期在洞明堂勾决死刑犯的旧例。乾隆四年（1739）十月丙戌，乾隆帝御洞明堂，勾到湖广、浙江、江西情实罪犯，停决湖广斩犯五人、江西斩犯二人，余二十六人予勾。③ 乾隆四年十月己丑，御洞明堂，勾到安徽、江苏情实罪犯，停决安徽斩犯五人、江苏斩犯五人，余三十四人予勾。壬辰，御洞明堂，勾到河南、山东情实罪犯，停决河南斩犯四人、绞犯三人，山东斩犯一人、绞犯三人，余三十六人予勾。甲午，御洞明堂，勾

---

① 《清高宗实录》卷 71。
② 同上。
③ 《清高宗实录》卷 102。

到直隶、山西情实罪犯，停决直隶斩犯三人、绞犯八人，山西绞犯四人，余四十二人予勾。①

　　乾隆继位初期，对圆明园进行了大规模扩建，以至于当时左佥都御史刘藻上奏要求圆明园各处工程应酌情停止。乾隆五年（1740）十月，左佥都御史刘藻奏：“本年春夏间，见圆明园木石等工兴作未息，在皇上不过于园亭旧处少加补葺，且给繇不出于民力，取赀无损于府库，其视前代人君兴得己之役、饰台榭之观者，度越何啻万万！但奢靡之渐不可稍开，侈荡之源不可不杜。昔汉文帝欲建露台，而惜中人十家之产，唐贞观中群臣以宫中暑湿，请营阁以居，太宗念其靡费，卒以中止。夫一台之需百金，一阁之需不过千余金，度支之外，自有余项可办，不至耗国帑而绌经费也，而必兢兢焉重之。古哲后之慎俭德而怀永图，如此其至也。乞我皇上鉴于前古，慎始虑终，为天地惜物力，为国家培元气。今时届岁底，工作或有告竣者，来岁诸工可停者酌停之，必不可停者酌减之，用以持盈保泰，永固丕基。”

　　对于御史刘藻要求乾隆帝减少甚至停止圆明园修建工程的建议，乾隆帝虽然心有未甘，但鉴于“惜民力，节嗜欲，戒奢华”的逆耳忠言，也只能强颜接受。对于刘藻此奏，乾隆帝批示：“从来宫室苑囿，古帝王所不废，其或年岁稍久，量加修缮，亦势所不免。然而惜民力，节嗜欲，戒奢华，乃图治之大经，养心之要道。朕御极以来，一切服御，务从省约。即圆明园临驻之地，亦一仍皇考旧规，并未别有营造，以蹈土木繁兴之戒。今年偶因苑中东偏，尚有隙地，增构台榭，数月讫工，稍觉华壮，朕心已用为疚。盖虽徭役无烦于闾井，经费不藉于司农，而内帑所出，独非民脂民膏耶？且朕日以去奢崇俭，训示臣民，正当躬行以为天下先，乃一时游览之娱，不能自克，以此知抑损嗜欲、敦行节俭之难，而谨小慎

---

　　① 《清高宗实录》卷103。

微，诚不可不加之意也。今佥都御史刘藻奏请停减营建，谓奢靡之渐不可稍开，侈荡之源不可不杜，此语深获朕心。年来广开言路，而诸臣所陈，率不过一二政令之更张，无大裨补，刘藻此奏甚属可嘉，实所仅见者。夫以营造一节，即能因事献规，直陈无隐，倘或政有阙失，诸臣亦必各思献纳，朕得以随时儆省，收作砺从绳之效，为益不亦多乎？刘藻著交部议叙。"① 刘藻所奏得到乾隆赞赏，并进一步明确了圆明园各处工程的修建原则是"但取完整，不得过于华饰"。这从某种意义上也对三山五园的建筑风格、规模进程产生了影响。不过，在乾隆朝中后期，圆明园的新建工程日益增多，而且越发奢华，极尽雕饰。

乾隆二十三年（1758），又定皇上驻跸圆明园时的奏事及日夜值班制度。二月，经礼部尚书伍龄安奏准，"进班王大臣等遇驾幸圆明园、南苑及驻跸热河、巡幸各省，日间多不进班，傍晚始进内宿。皇上驻跸圆明园，本处应奏事及御门等日，即五鼓出东华门，往园豫备。请嗣后驾幸各处，俱照在宫日夜值班。值班日，禁城有应奏事，奏闻；皇上驻跸圆明园，有应奏事，及御门等日，先期换班，不准黄夜擅开禁门前往"②。

乾隆二十八年（1763）五月，乾隆惩处了在圆明园失火中救灾不力者。乾隆帝谕曰："今日圆明园失火，众皆奋力扑救，而那木图、那沁、兆德、保平、万福、李景皋等反自寻坐处，虽失火不赖伊等扑救，亦当随众立看。保平年老，未免站立给艰，然此系何等事，伊等既不能奋勉出力，更图安逸，殊属不堪！那木图等著交领侍卫内大臣议览。銮仪卫章京伯宁站立廊下，由窗内观看，伊身系满洲，不思奋勉，视同戏剧，其心实不可问，本应即行正法，从宽革职，发往伊犁，给厄鲁特为奴。"③

① 《清高宗实录》卷128。
② 《清高宗实录》卷556。
③ 《清高宗实录》卷686。

4. 嘉庆帝与圆明园

嘉庆初年，由于太上皇乾隆帝还在世，所以嘉庆帝或前往圆明园给太上皇请安，或者奉太上皇驻跸圆明园。嘉庆四年正月，乾隆帝驾崩后，由于需要服丧 27 个月，嘉庆帝此后两年多便不再驻跸圆明园。直到嘉庆六年四月，再次临幸圆明园。①

为方便官员在圆明园奏事办公，嘉庆六年（1801）四月，赏满汉文职堂官弘雅园一区，"为圆明园值日公所"②。"弘雅园"匾额是康熙所题写，因此当时"弘"字没有缺笔，嘉庆帝以此园既然赏作大臣公寓，自应避讳，于是特书"集贤院"作为新匾额，旧匾额"弘雅园"则恭藏于寿皇殿保存。五月，谕内阁："前因满汉文职各衙门堂官圆明园向无公寓，特赏给弘雅园屋宇，作为各该堂官等公所。因思园名系圣祖仁皇帝御题，是以彼时弘字未经缺笔，今既赏作公寓，自应敬避。著将原奉御书匾额缴进，恭瞻后，交寿皇殿敬谨尊藏，朕书集贤院匾额，颁给悬挂，以昭恩赉。"③

经过雍正、乾隆两朝对圆明园轮班奏事制度的建设，圆明园作为紫禁城之外的政务中心已经成为常态。与此同时，城内衙门也在运转，内阁大学士多在军机处行走，春夏两季因又常因皇帝入驻圆明园而赴园当差，结果导致前往城内内阁衙门的办事之日甚少，以致作为"丝纶重地"的内阁"闲旷"日久，甚至延宕事务。为此，嘉庆七年（1802）六月，嘉庆帝谕内阁："内阁为丝纶重地，大学士均应常川到阁，阅看本章。其中有在军机处行走者，每年春夏在圆明园之日居多，散直后势难再令赴阁视事。至在城之日，偶值枢务稍闲，朕仍令其赴衙门办事，即应阁部兼到。若不在内廷行走之大学士，则票拟纶音，是其专责，岂可稍涉闲旷。是以保宁到京后，虽兼领侍卫内大臣，朕不令其在园居住，以便赴阁办公，无旷

---

① 《清仁宗实录》卷 82。
② 同上。
③ 《清仁宗实录》卷 83。

职守。嗣后在军机处行走之大学士，值朕进城、谕令到衙门办事时，著先赴内阁，再赴所管之部院衙门。其不在内廷行走之大学士，俱著常川到阁阅本，以重纶扉而符体制。"① 为确保内阁六部等衙门的正常运转，嘉庆帝要求内阁大学士均应常到内阁办事。如果是在城内，散值较早，大学士应赴衙门办事；在军机处行走兼职的大学士先赴内阁，再赴所分管的部院衙门办事；至于不在内廷行走的大学士，则一律要到内阁办事。即便是在京西御园时，如果散值较早，各部在前往御园轮班奏事之后，也要立即返回城内衙署办事。

对于因赴园入直而忽视"入署办事"的懒政惰政现象，嘉庆九年四月，嘉庆帝将整顿对象指向了内务府大臣："内廷行走大臣，每日固应晨趋入直，而管理部旗事务者亦应于散直后进署办事。朕驻跸圆明园时，惟军机大臣每日承旨书谕，且外省由驿驰奏之折不时呈递，早晚或有急宣，自无暇分身赴署。朕在宫内时，偶遇散直较早，犹必谕令到署办事。至总管内务府大臣等，多系部院堂官，兼辖旗务，近来每以驻园豫备召见为词，概不进城赴署，况散直甚早，又不进城入署办事，在寓所坐待司官回稿，殊属非是。朕日常召见内务府大臣，不过一二人轮对，即有同时并宣之事，缺一二人有何不可，何必相率驻彼，致旷职任？"② 嘉庆帝规定嗣后当他在圆明园驻跸时，内务府大臣内，除并不管理部旗事务者仍应每日伺候外，其余管理部院旗务各堂官要每日轮流一人进城到署办事，"并赴紫禁城内，将宫内及各太监饭房一切事务就近办理，常川稽查，毋得稍有旷误"。

接着，又整顿在南书房、上书房行走的各部院堂官："昨因总管内务府大臣等管理部旗事务者均在圆明园豫备宣召，并不到署，业经降旨谕令按日轮流进城赴署办事。因思南书房、上书房行走之

---

① 《清仁宗实录》卷99。
② 《清仁宗实录》卷128。

各部院堂官，于朕驻跸圆明园时，每日散直甚早，亦只安坐寓所，并不到署办公，惟待司官回稿画诺。每于召见时，询及部务，多不能详晰奏陈，殊非敬事恪恭之道。况南书房尚有翰林等常川住园，笔墨之事本属无多，足可办理。上书房师傅有专课之责者，遇因公赴署日期，尽可将功课交与同直代为检理。至总师傅并无专课之责，不过旬日一到书房，又何必藉此在园，转置本任于不问？"①嘉庆帝规定，以后若遇到皇帝在圆明园驻跸，南书房、上书房行走各员，除职务本闲及翰林等仍每日入直，毋庸到城内衙署之外，其管余理部院之堂官都要轮流进城赴署办公。冬季皇帝进宫后，无论何人"即著每日于散直后入署办事，以期无旷职守"。②

嘉庆帝强调当他驻跸圆明园时，所有由内廷行走监管部院之满汉大臣都不得"以内廷行走为词"而不赴城内衙署办事，并为此制定了当皇帝驻跸圆明园时内阁大学士、南书房、上书房行走之各部院堂官按日轮流入城内衙署办公的规定。六月，再次谕内阁："朕躬驻跸圆明园时，所有内廷行走兼管部院之满汉大臣俱应乘暇赴署办事，每日早朝退后，不得以内廷行走为词，优游园囿，仅令属员赴园禀事。前经降旨训饬，不啻再三。本日恭阅乾隆三十五年实录，内载回子白和卓参奏舒山、李漱芳监放米石旷误未到一折。仰蒙皇考高宗纯皇帝天语褒嘉，景缅之余，觉朕节次训谕，与皇考高宗纯皇帝告诫臣工，冀其力惩懈弛，各勤职守之圣心，适相符合。白和卓乃御前行走回子，尚尔黾勉奉职，岂内廷及御前乾清门行走之王大臣转可托故偷闲，竟不赴署办事耶？且朕每日视朝甚早，不过巳刻即散，王大臣等进城拣选查办事毕，再行回园，次早进内，颇觉从容。况御前乾清门侍卫常川住园，并无别项差使，故定例给与官房。至兼摄他职之王大臣，例不给与官房，特以早朝退后，俱应赴署办事也。嗣后内廷及乾清门行走兼管旗营之王大臣等务于每

① 《清仁宗实录》卷128。
② 同上。

日退直后，各赴公署，查办一切，慎毋恣意养安，致负委任。特此通行晓谕，永远遵行。"① 嘉庆帝要求监管部院的满汉大臣在御园早朝后都要及时返回城内公署办事，而不得借口"内廷行走"而"优游园囿"，甚至径直回寓所，等待下属上门奏报各项事务。

长期以来皇帝驻园时，各旗部轮日奏事，这原本是针对皇帝驻跸圆明园时的一种特殊安排，为的是体谅各衙门官员赴圆明园路途稍远的辛苦与周折，但日久以后，即便是皇帝回宫以后，各旗院衙门奏事也是这般节奏，以致政事懈怠。嘉庆九年（1804）十一月，嘉庆帝谕内阁：

> 六部衙门政务殷繁，臣工等理宜敬共朝夕，遇有应奏事件，随时陈奏，方免丛脞之虞。从前我皇祖世宗宪皇帝因驻跸圆明园道路稍远，特令文职各衙门轮日奏事，原以示格外体恤之意。至进宫后，各衙门并不轮班值日奏事者，原以宫廷密迩，无难日日进内。乃近来各部堂官，意图安逸，每闻有御门日期，将应奏之事及引见人员俱于是日汇齐奏办。其前后两三日间，竟不进内，奏事者绝少。朕留心察看，已非一次。朕未明求衣，灯下办事，同此劳者，惟军机内廷数人耳。别部堂官遇应奏事件及应带领引见人员，延玩不奏，在家高卧，以避晓寒，于心安乎？于理得乎？京员如此怠惰，外任尚可问乎？即如本日御门后，吏部带领月官，正黄旗值日带领引见，俱属照例按期办理。而礼部、兵部及三库亦均于此日带领引见，实属趁便。试思礼、兵二部并非吏部月官可比，而三库引见之事更属无多，何以必于今日带领？朕日理万几，从不稍延暑刻，并非因本日事多，略有惮烦，特因两日前各衙门奏事，太觉寥寥耳。前月三十日，永思殿用膳办事，仅有都察院、步军统领衙

---

① 《清仁宗实录》卷130。

门陈奏事件，昨日又只有镶黄旗引见官十三员，礼兵等部及三库应行引见人员何不可移前带领而必凑集于御门之日？谓非有心积压，希图便逸而何？此内如内廷行走诸臣每日进内，本无可偷安，自系外廷各员惮于早起，故乘御门奏事之便，相率为此，殊非敬事之道。至小京堂衙门事务较闲，该堂官甚至日高未起，而于进署办事，犹复各定堂期，此等积习，岂所谓靖共匪懈者乎？

嘉庆帝意识到了各部院衙门日趋严重的疲沓之风，但他也没有断然立制，而是仍旧在宽容的基础上口头进行了强调："朕此时不难降旨，令各部堂官每晨趋直，以儆忌惰，但念此中尚有年老诸臣趋走维艰，朕亦不为已甚。嗣后各部臣务宜力加振作，于应办之事随时陈奏，即朕拜庙拈香各处所，无不照常办事，非务游观，各衙门尽可呈递奏章。其有可带领引见之处，并应酌量带领，何必因朕偶有临莅，辄称不便奏事，自耽安逸，转以为仰体朕躬耶？著将此旨通谕六部衙门各堂官共知警省，各思夙夜在公之义，无负朕拳拳训诲至意！"① 嘉庆帝为纠正官员这种疲沓作风，甚至有意增加在城内乾清门听政的次数。

嘉庆十一年（1806）三月，嘉庆帝则直接取消了长期以来奉行的圆明园轮班奏事制度，规定皇帝在圆明园御门办事时，八旗与各部院衙门不再推班轮流奏事，而是每天都需要来。嘉庆帝谕内阁："文职各衙门在圆明园轮流值日，向遇御门日期，除刑部不推班外，其余各衙门皆系推班，因思御门理事，正以勤政敕几，是日各衙门堂官多有至圆明园者。若因御门办事，以次推班，是循例轮奏之事转有压搁，殊失御门本意。且刑部并不推班，若云刑名事务较繁，岂此外各衙门皆系事闲乎？嗣后逢朕在圆明园御门之期，所有应行

---

① 《清仁宗实录》卷136。

值日奏事各衙门均著无庸推班。"① 至此，嘉庆帝便废止了自雍正朝以来所实施的御园轮班奏事制度。嘉庆帝在强化内城衙门官员入直办事的同时，也收紧了长期以来圆明园所实行的轮班奏事制度。皇帝园居理政"与宫中无异"，这是御园理政合法存续的重要依据，而从以上嘉庆朝对轮班奏事和城内入署办公的各种规定来看，清廷在处理这一问题上越发捉襟见肘、仓皇失措。

5. 道光在圆明园

道光继位后，亦以勤政为目标，继续强调各衙门赴圆明园奏事时不得耽误"在署办事"。道光二年（1822）十二月，道光帝在首次临幸圆明园之初，强调自己驻跸圆明园时内阁、六部等衙门必须留一位堂官在城内衙门办公。谕曰："朕于明年正月驻跸圆明园，内阁六部九卿衙门遇御门理事及本衙门带领引见该部奏事日期，均著轮留堂官一人在署办事，不必全行赴园。著为令。"②

道光时期，不仅大考翰詹在圆明园正大光明殿，而且顺天乡试中式举人、乡试试差人员考试、满洲蒙古文职各员考试也都在圆明园正大光明殿举行。道光四年（1824）八月初三日，大考翰林院詹事府各官于圆明园正大光明殿。③ 道光十五年（1835）九月二十一日，本年顺天乡试取中举人，在圆明园正大光明殿覆试。④ 道光十九年（1839）四月初六日，本年乡试考试应开列试差人员于圆明园正大光明殿举行。⑤ 道光十九年六月十八日，满洲蒙古文职二品以下及五六品京堂各员考试，自本月二十四日起，各按单开，轮日在圆明园宫门内进行考试。⑥

① 《清仁宗实录》卷 158。
② 《清宣宗实录》卷 47。
③ 《清宣宗实录》卷 72。
④ 《清宣宗实录》卷 271。
⑤ 《清宣宗实录》卷 321。
⑥ 《清宣宗实录》卷 323。

道光三十年（1850）正月十四日午刻，道光帝崩于圆明园慎德堂。[①] 十六日，刚即位的咸丰帝谕曰："朕痛遭大行皇帝大故，遵例安奉梓宫于乾清宫，悲深罔极。惟奉移陵寝，尚需时日，稽诸旧典，理宜殡宫移奉，以展哀诚。因念圆明园为皇考多年听政之地，清华静穆，神御所安，况皇祖妣梓宫，现方暂奉绮春园。仰维皇考哀切肫诚，自以近依慈灵，乃克隐慰在天之孺慕，虽乾隆年间存记有正大光明殿不可改换黄瓦之谕，然礼贵因时，孝先承志。谨即定于圆明园正大光明殿敬设几筵，蠲吉二月初二日，举行奉移典礼。所有应行事宜，著各该衙门敬谨豫备，俟奉移后，朕即以圆明园之飞云轩为倚庐，以便朝夕侍奠，用申哀悃。"[②] 道光帝驾崩后，咸丰帝并没有遵照惯例在紫禁城内乾清宫安设梓宫，也没有遵照乾隆帝当年正大光明殿不可改换黄瓦的谕令，而是设在圆明园之正大光明殿，他自己则在祭奠期间居住于飞云轩。

6. 咸丰与三山五园

按理说，咸丰帝在京西御园理政，"本系列圣成宪，原应遵循勿替"[③]，但由于国势日衰、内忧外患频仍，此时清廷继续维护和经营京西御园的压力陡增，尤其是当皇帝驻跸御园时无法保证"与宫中无异"时，御园理政的合理性危机便会浮现甚至进一步被放大，并开始受到朝臣的公开质疑和反对。咸丰帝即位之初，即爆发了太平天国起义，"国计艰虞，民生涂炭"的危局使得咸丰帝在咸丰二年（1852）十月驻跸圆明园后，"不暇有事于游观"，三年之内未曾前往圆明园。

咸丰五年（1855）年初，咸丰帝流露出意欲驻跸圆明园的征兆，却接连遭到大臣们的劝阻和反对。二月，时任户部侍郎的王茂荫第一个上《请暂缓临幸御园折》，力陈"六不可"：一是如果皇

---

① 《清宣宗实录》卷 476。
② 《清文宗实录》卷 1。
③ 《清文宗实录》卷 165。

帝临幸御园，则"人将谓东南大局之多危"；二是"非所以重宗庙"；三是"南北各大营兵勇口粮不能时发"，此时皇帝临幸御园，"士卒生心，或起嗟叹"；四是"圣心已有稍宽之意，恐非天下仰望之心"；五是"若见临幸御园，则人心必更懈弛，将至共耽逸乐而振作愈难"；六是"各衙门公项，各省概不解到，书吏应领饭食多二三年未给，褴褛当差，每至跪求革退"，而且"御园各朝房闻多损坏，兼有倾圮，无项可动支修理"。①归纳而言，王茂荫所拿出来的反对理由，一是国家危亡之际，没有经费维持御园运转；二是皇帝此时驻跸圆明园必然影响清廷对太平天国起义的应对，导致人心涣散，社稷危亡。很显然，在王茂荫看来，皇帝是否驻跸御园已经事关国家安危，而且他不相信御园理政能够保证皇帝"旰食宵衣，勤政为民"。

咸丰帝看到奏折后颇为恼火，"现在并未传旨于何日幸圆明园，不知该侍郎闻自何人，当令军机大臣传问"。按照惯例，皇帝在准备前往御园之前，都要向内阁明发谕旨，指明某月某日临幸御园，以便有司做好相关准备。但这次咸丰帝还没有颁发谕旨，王茂荫就提前上折进行劝阻。咸丰帝对自己是否准备驻跸圆明园这一问题不置可否，却要求王茂荫交代他的信息从何而来。经军机大臣传闻，王茂荫坚称"得自传闻，未能指实"。咸丰帝在否决王茂荫奏折的谕旨中亦避其关键问题，而是偏偏揪住王茂荫所言"以道路传闻，率行入奏"，批评他"身任大员""殊失进言之体"，将其"交部议处"。②

王茂荫奏折虽然被掷还，但咸丰帝也明确称自己"现在并未传旨于何日幸圆明园"。表面上看来，咸丰帝似乎并不打算驻跸圆明

---

① 王茂荫：《王侍郎奏议》卷8《请暂缓临幸御园折》，见《续修四库全书》史部，第500册，上海古籍出版社2002年版，第522—523页。

② 录副奏片：咸丰五年二月二十九日，"奏为遵旨传问侍郎王茂荫折内所称临幸圆明园一事"，档号：03-4106-120，缩微号：277-1065，中国第一历史档案馆藏。又，《清文宗实录》卷160，咸丰五年二月壬戌。

园，"诏下之日，群疑释然"。但没过几天，皇帝准备前往御园的征兆再次浮现，先是"圆明园奏修围墙工程"，接着又是"内务府进呈改修图式"。这几件事联系起来，足以使人相信"临幸良非虚语"，结果朝野上下"众议沸腾，至今未已"。

鉴于王茂荫奏折"未能指实"而被掷还的前车之鉴，福建道监察御史薛鸣皋则抓住以上"兴工具有明征"的事实，再次上奏请求咸丰帝勿临幸圆明园："窃唯时势之安危，视乎君心之敬肆，念念致谨，未必遽登隆平，一念稍弛，即足立堕盛业。皇上临御之初，即值四方多难，是故未始非上天特以殷忧者启圣也。我皇上敬懔天威，惟事勤求民谟，虽在旰食宵衣，犹屡奉有寝馈难安之谕，岂不以万姓未出于水火，一人自难即于便安哉？故自前岁入宫而后，更不临幸圆明园，年来端拱法宫，日甚一日，而圣敬所摄，群情自坚，是以逆氛虽近扰辅郡，而都中鸡犬不惊，安堵如故，卒使连镇逆贼授首，畿辅一律肃清，是故由将帅效忠、士卒用命，而实莫非本于皇上兢兢业业，不敢暇逸之一心也。皇上若永肩此心……四海之永清不难计日而待。"① 薛鸣皋反对咸丰帝临幸圆明园的理由就是皇帝不应在"四方多难"之时，还有"暇逸之心"；皇帝在御园，则"君心肆"，必然因"逸乐"而荒废政事。天下之安危系乎皇帝一人之身，薛鸣皋对圆明园理政合理性的质疑基本上来自其儒家文化精神的熏陶。

咸丰帝针对薛鸣皋所言，则极力维护"圆明园办事"是与宫中无异的"列圣成宪"："本日据御史薛鸣皋奏，因见圆明园奏修围墙工程，以为临幸已有明征，并以在宫在园为敬肆之所分、安危之当辨，所奏殊属非是。圆明园办事本系列圣成宪，原应遵循勿替，随时修理补葺，亦所常有，况未传旨于何日临幸？乃该御史辄谓众议沸腾，至今未已，是欲沽敢谏之名而故以危言尝试也。朕思敬肆

---

① 录副奏折：咸丰五年四月十四日，福建道监察御史薛鸣皋"奏请坚持初志勿修圆明园及临幸御园事"，档号：03 - 4507 - 070，缩微号：321 - 2094。

视乎一心，如果意在便安，即燕处宫中，亦可自耽逸乐，何必临幸御园始萌怠荒之念耶？当此逆氛未靖，朕宵旰焦劳无时或释，无论在宫在园，同一敬畏，同一忧勤。即如咸丰二年在园半载，无非办理军务、召对臣工，何尝一日废弛政事？该御史竟以在园为伴奂优游，不期肆而自肆，所见亦属浅陋。"① 咸丰帝认为自己是否有"敬肆之心"，是"自耽逸乐"还是"宵旰焦劳"的关键，并不取决于自己"在宫在园"之别，在何处理政并不重要，关键是"同一敬畏，同一忧勤"。咸丰帝所言并非没有道理，但咸丰帝与薛鸣皋乃至王茂荫的分歧就在于圆明园理政是否还具有合理性，而这也从根本上反映了在道光、咸丰时期国力衰退、内忧外患的情境下，继续维持紫禁城与京西御园理政并存局面的困境。

争论的结果是，薛鸣皋被交部议处，并撤去掌福建道之职，咸丰帝于五年（1855）七月二十一日驻跸圆明园办事。

此后，直至咸丰十年（1860）英法联军烧毁三山五园之前，咸丰帝每年的大量时间内都长期居住于圆明园，但朝臣反对咸丰帝驻跸圆明园的声音并未停止。咸丰八年（1858）四月初二，江南道御史孟传金就再次请求咸丰帝停止驻跸圆明园。

孟传金并没有针对咸丰帝驻跸圆明园"非以侈游观，原以图治理"的借口，而是强调"今昔时势不同，贵在通权而达变"，并提出了四点理由：

一是，经费支绌，"时事之艰难"。维持御园运转需要大量财物的保障，这在"年岁丰稔，盗贼不兴，府库充盈，地方安帖"的雍、乾时期，"原无关于重轻"，并没有成为严重的问题。但到了咸丰时期，"饥馑洊臻，流民载道，帑饷因以告匮，贼匪藉以猖狂，一切支领开销，莫不减之又减"。在这种情形下，每年耗费数十万两经费的御园自然就会成为众矢之的。

---

① 《清文宗实录》卷165。

二是，皇帝不在宫中，导致社会秩序混乱。咸丰时期，"钱钞壅滞，物价沸腾，旗民交困，以致盗贼公行，几于白昼比避，各地面处处被盗，家家报窃，况内廷连次火灾，钱局重地亦相继焚毁，仓廒米石数被偷窃"。这些问题的根源，在孟传金看来，"推原其故，未始不因皇上未在宫廷，各项人员乘间偷安，遂使捕务渐就废弛，值班顿形疏忽，故至于此也"。

三是，皇帝在御园时臣民没有依靠感。"臣民识见拘泥，无日不念且瞻依。皇上之在内也，虽廉远堂高而恒觉对扬在迩，皇上之在园也，虽天颜咫尺而终觉庚拜多疏。"通过以上两条，孟传金以事实证明皇帝"在宫在园"有着"天壤之别"。

四是，官员赴园当差，艰苦竭蹶。"每逢赴园值班，有舍车而徒步者，有曳裾而长趋者，霖雨滂沱之际，星霜严冱之余，石路盘盘，络绎不绝，虽宵征夙夜，臣子不敢言劳。"

对于御史孟传金的陈情，咸丰帝朱批："在宫在园，原无二致，若心耽逸乐，何地不可？朕兢兢素志，在廷诸臣，谅当共悉。该御史身列谏垣，为日不久，或有不能体验之处。况京师人心，每易浮动，稍有改常，必流言四起。其余识见拘执之处，亦不足与辩。著传该御史至军机处，将朱批阅看，折存军机处。"① 对于孟氏的理由，咸丰帝以其"识见拘执之处，亦不足与辩"而蒙混了事，并没有给予有力的反驳，只是强调"在宫在园，原无二致"的祖宗旧制不可变易，甚至称"京师人心每易浮动，稍有改常，必流言四起"。

咸丰十年（1860）英法联军烧毁三山五园之前，咸丰帝在每年的大量时间内都长期居住于圆明园。十年正月十八日，咸丰帝御正大光明殿，赐王大臣、蒙古王、贝勒、贝子、公、额驸、台吉及外藩使臣等宴。第二天，又御正大光明殿，赐廷臣大学士尚书等宴。

---

① 朱批奏折：咸丰八年四月初二，掌江南道监察御史孟传金"奏为皇上驻跸圆明园事宜敬陈管见事"，档号：04-01-12-0490-027；缩微号：04-01-12-091-2288，中国第一历史档案馆藏。

二十日，御奉三无私殿，赐近支亲藩等宴。又，御山高水长，赐王、公、大臣、蒙古王、贝勒、贝子、公、额驸、台吉及外藩使臣等茶果。① 这是咸丰帝最后一次，也是清帝王最后一次在圆明园正大光明殿、奉三无私殿和山高水长，举行外藩筵、廷臣筵、亲藩筵和王公大臣筵，恐怕也是最后一次在山高水长观看正月十五烟火表演和欣赏。

　　进入咸丰朝，作为"辇毂重地，理宜肃清"的三山五园区域已显出混乱失控的一面。咸丰二年八月初三，海淀老虎洞地方，有一夜连劫二家重案，咸丰帝迭经降旨，将负责老虎洞区域守备的营汛及副指挥等官摘去顶带，分别议处，饬令迅速严拏。对此，咸丰帝很是恼火："此案贼匪胆敢于园汛地方，纠伙叠劫，拒捕伤人，且是夜值朕还宫，已传三筹之后，站道官兵森列，熟视无睹，实出情理之外！若不速获重惩，何以清禁地而申法纪？"然而咸丰帝虽然一再命令步军统领衙门缉拿匪犯，但始终无获。"乃降旨以来，迄今三月，步军统领衙门及五城御史时有拏获匪犯，奏交刑部。"但结果于此案并无一获，顺天府曾奏报拏获李四、赵环等盗窃惯犯，亦非此案凶犯。焦虑的咸丰帝不禁批评说："似此特旨饬拏要犯，迁延日久，任令远扬，该地方文武所司何事？朕闻近日香山、四王府一带，及圆明园、青龙桥地方，屡有骑马盗匪数十人，持械经过，更夫瞥见鸣锣，转被该匪威吓，经兵役救护解散。园汛重地，匪徒藐玩至此，该管大员及分辖文武等岂竟毫无见闻？抑因尚未失事，任听消弭耶？若再因循日久，酿成巨案，该管大臣等自问应得何罪。"② 咸丰三年正月，顺天府等衙门先后拏获张大力等多名，奏交刑部审办。据讯明各犯，或者是逃军，或者是另犯行窃，"均非此案正盗"。③ 由此来看，咸丰朝初年，圆明园附近的"盗匪"

---

① 《清文宗实录》卷306。
② 《清文宗实录》卷76。
③ 《清文宗实录》卷803。

已是相当频繁，且藐视官员，"肆无忌惮"。

咸丰十年英法联军侵犯京城，咸丰帝于当年八月初八日，"以秋狝木兰，自圆明园启銮"，实际上是前往避暑山庄逃亡。① 咸丰帝这次离开圆明园，不但他自己没有再能回到京师，而且以圆明园为核心的三山五园的清代皇家"园庭"也迅即将面目全非，一败涂地！随之，也丧失了作为京城政治副中心的地位。

咸丰帝逃亡热河以后，留下恭亲王奕訢守卫京城并与英法联军进行交涉。八月二十二日，"淀园火"。据后来内务府奏称：居住在海淀杨家井的清漪园员外郎泰清在八月二十二日英法联军烧掠京西园林时全家十六人阖门自焚殉难。② 胜保奏称：海淀施家兄弟施四等人乘夷人滋扰之际进行抢劫。恭亲王奕訢等驰奏《夷人扰踞园庭情形危急》一折，接到奏折的咸丰帝"愤懑之至"。为了在"万难之中，设法极力挽回，以冀维持大局"③，咸丰帝认为在卢沟桥驻扎的恭亲王"恐文报阻隔，往返耽延"，命令他"绕至园庭东北一带，择地驻扎，竭力筹办抚局，奏报亦较为便捷"。④ 八月二十八日，僧格林沁奏报英法联军"现虽退出园庭，仍盘踞黑寺一带"，而且海淀一带"土匪四起"，清河地方"逃兵匪徒，聚集多人，在彼掠抢，以致文报不通"。⑤

九月初四，英法联军入城，豫慎亲王义道"暂开一门许其入城"，"现尚安静，专待办抚王大臣亲来换约"⑥。咸丰帝虽然批评义道"虽为保护城池起见，实属冒昧"，但"事已至此，若再与决

① 《清文宗实录》卷327。
② 录副奏片，内务府奏为清漪园员外郎泰清夷人扰及海淀时阖门自焚殉难请恤事，档号：03-4177-107，中国第一历史档案馆藏；又参见《咸丰朝上谕档》第10册，中国第一历史档案馆1998年版，第633页。
③ 《清文宗实录》卷329。
④ 同上。
⑤ 同上。
⑥ 《清文宗实录》卷330。

裂，势必阖城生灵被其荼毒。此时若在城外画押，该夷必不肯从"①。咸丰帝命恭亲王迅即入城，与英法联军议和定约。英法联军退出京城后，咸丰帝命僧格林沁加强对圆明园的管理，"闻有败兵在彼盘踞劫掠行人，附近圆明园地方均有土匪出没，若不及早肃清，将来聚集日多，更难扑灭；于饷需文报往来，均有关系。著僧格林沁等迅即派员招集溃兵，查拏土匪，疏通道路，是为至要"②。

由于被英法联军严重破坏的三山五园已残破不堪，咸丰十一年（1861）便裁撤了圆明园八旗护军的数量。正月，步军统领衙门奏请酌将园庭八旗步甲等项裁减，所有中北两营、招募修垫土道民兵，自本年二月起全行裁撤；每年发给中北两营置买家具及津贴等项银两，也一并裁撤。更重要的是，园庭一带原设步营八旗步甲，自本年二月起，裁撤七百三十六名，仍留一百八名，"常川看守，以节靡费"。③

在同治朝初期，圆明园、清漪园、静明园、静宜园的相关管理人员还在继续的任命之中。还有，由王公大臣代行的圆明园惠济祠与河神庙、清漪园龙神祠、静明园龙神祠以及玉泉山惠济慈佑灵濩龙王之神的祭祀与拈香活动也依旧在进行。

7. 同治与三山五园

因英法联军之破坏，同治初年三山五园区域已是匪盗丛生。同治元年（1862）八月，"京营汛地，竟有盗匪持械，拦路抢劫饷银，殴伤官弁，实属目无法纪"。朝廷批评该处营汛各官，"平日既不留心缉捕，事后又不能速行缉获，捕务废弛，实堪痛恨"。处罚结果是：静宜园汛守备福海暂行革职，中营副将陈良才、参将孙毓杰、游击常国泰均摘去顶带，责令限期二十日内将盗犯按名弋获。倘限满无获，即著从严参办。委参领富森布前锋校春龄承领饷

---

① 《清文宗实录》卷330。
② 同上。
③ 《清文宗实录》卷341。

银，中途遇劫，虽经受伤，究属疏于防范，交部议处。① 由于园庭
的破坏，再加上这一时期内忧外患不已，清廷已经顾不上三山五园
的管理和修缮，以致窃贼进入园中行窃。

同治五年（1866）十一月，巡视西城御史恩崇等奏"拏获潜
入禁城园庭行窃贼犯请饬部严讯"一折，据称该城副指挥汪榁于十
一月二十六日，在海淀老虎洞地方，会同营汛团防，拏获贼犯倭大
等多名。经审讯，该犯等供称："叠次冒充官役，潜进神武门，从
西河沿出琉璃门，由咸安宫马道上城，转至午门西南角配亭下，偷
窃铜瓦。并潜往圆明园，由北墙越进，偷窃碎铜。"② 朝廷批示：
"禁城园庭重地，极宜严肃，该犯等竟敢潜进偷窃，不法已极。倭
大即倭和，陈五即魏五，李九即春和，并窝留之关继善、销赃之范
黑子、供出之营兵德玉，及在关继善铺内借住之王拴劳，均著交刑
部，严行审讯，按律惩办。在逃之关大、阎五，著步军统领衙门、
顺天府、五城一体严拏，务获归案讯办。此外有无另犯不法之案，
贼伙恐不仅此数人，并著刑部严切根究。各处直班官弁人等何以均
漫无觉察，实属玩泄，著该管衙门查明严加惩办。"③

同治年间，掌控朝政大权的慈禧太后一度要重修圆明园，但遭
到恭亲王奕訢强烈反对。同治十二年（1873）十月，谕内阁："御
史沈淮奏请暂缓修理圆明园一折，现在帑藏支绌，水旱频仍，军务
亦未尽藏。朕躬行节俭，为天下先，岂肯再兴土木之工，以滋繁
费？该御史所奏虽得自风闻，不为无见，惟两宫皇太后保佑朕躬，
亲裁大政十有余年，勋劳倍著而尚无休憩游息之所以承慈欢，朕心
实为悚仄。是以谕令总管内务府大臣设法捐修，以备圣慈燕憩用资
颐养，但物力艰难，事宜从俭。安佑宫系供奉列圣圣容之所，暨两
宫皇太后驻跸之殿宇，并朕办事住居之处，略加修葺，不得过于华

---

① 《清穆宗实录》卷39。
② 《清穆宗实录》卷190。
③ 同上。

靡。其余概毋庸兴修，以昭节省。将此明白通谕中外知之。"① 在慈禧、慈安两宫皇太后控制下，同治帝虽然在谕旨中认可不应大兴土木以滋繁费的弊政，但迫于慈禧太后的压力，又不得不要求略加修葺，以资圣慈颐养。

为此，同治十三年（1874），同治帝曾多次前往圆明园查看园囿现状及重修工程的准备工作。三月甲寅，"上幸圆明园，还宫"。② 四月辛巳，"上幸圆明园，诣文昌阁拈香，还宫"。五月壬子，"上幸圆明园，还宫"。六月甲戌，"上幸圆明园，还宫"。③

经过实地考察，尤其是在大臣们的反对之下，同治十三年七月，同治帝谕令停止了圆明园的重修工程："前降旨谕令总管内务府大臣，将圆明园工程择要兴修，原以备两宫皇太后燕憩，用资颐养而遂孝思。本年开工后，朕曾亲往阅看数次，见工程浩大，非克期所能蒇功。现在物力艰难，经费支绌，军务未尽平定，各省时有偏灾。朕仰体慈怀，甚不欲以土木之工重劳民力，所有圆明园一切工程，均著即行停止。俟将来边境乂安，库款充裕，再行兴修。因念三海近来宫掖殿宇完固，量加修理，工作不至过繁，著该管大臣查勘三海地方，酌度情形，将如何修葺之处奏请办理。"④ 八月辛未，又谕："前降旨令总管内务府大臣将圆明园工程择要兴修，嗣朕以经费支绌，深恐有累民生，已特降谕旨，将圆明园一切工程即行停止。并令该管大臣查勘三海地方，量加修理，为朕恭奉两宫皇太后驻跸之所。惟现在时值艰难，何忍重劳民力，所有三海工程，该管大臣务当核实勘估，力杜浮冒，以昭撙节而恤民艰。"⑤

就这样，同治年间圆明园的重修工程因工程浩大且内忧外患而放弃。事实上，在同治朝内忧外患、资金困难之外，还有一个不可

---

① 《清穆宗实录》卷358。
② 《清穆宗实录》卷364。
③ 《清穆宗实录》卷367。
④ 《清穆宗实录》卷369。
⑤ 《清穆宗实录》卷370。

忽视的原因，就是圆明园的残破日甚一日，以致重修的工程浩大，造成这种情形的根本原因固然是当时英法联军的破坏，另外也与后来周边旗民对园中残存建筑的不断破坏密不可分。而这种官民陆续私自搬运园中木材、石料的情形是恭亲王等反对重修圆明园一派所默许和乐见的。此后，三山五园所剩下的政治性活动就只剩下黑龙潭昭灵沛泽龙王之神、玉泉山惠济慈佑灵渡龙王之神、昆明湖安佑普济沛泽广生龙王之神，以及圆明园惠济祠、河神庙等处龙王庙的祭祀拈香了。①

尽管已成废园，但光绪二十二年（1896）九月十五日李鸿章却因"擅入圆明园禁地游览，殊于体制不合"，而被"交部议处"。②

三　颐和园与晚清政治

同治年间，重修圆明园虽然未能如愿，但慈禧太后并未放弃为自己营建园囿的念头。光绪年间，在慈禧太后的授意下，利用残存建筑较多的清漪园进行重修，并将该园改名为颐和园。

光绪十四年，由于清漪园改建为颐和园，自咸丰十年因兵燹之灾而荒废的三山五园略微恢复了一些生机。不过，此时三山五园的中心已经不是圆明园，而是曾经的清漪园，只不过慈禧太后将其改名为颐和园。

光绪十四年（1888）二月，谕内阁："朕自冲龄入承大统，仰蒙慈禧端佑康颐昭豫庄诚皇太后垂帘听政，忧勤宵旰十有余年，中外乂安，群黎被福。上年命朕躬亲大政，仍俯鉴孺忱，特允训政之请。溯自同治以来，前后二十余年，我圣母为天下忧劳，无微不至，而万几余暇，不克稍资颐养，抚衷循省，实觉寝馈难安。因念西苑密迩宫庭，圣祖仁皇帝曾经驻跸，殿宇尚多完整，稍加修葺，可以养性怡神。万寿山大报恩延寿寺为高宗纯皇帝侍奉孝圣宪皇后

① 《清穆宗实录》卷370。
② 《清德宗实录》卷395。

三次祝嘏之所，敬踵前规，尤征祥洽。其清漪园旧名，谨拟改为颐和园，殿宇一切亦量加葺治，以备慈舆临幸。恭逢大庆之年，朕躬率群臣同申祝悃，稍尽区区尊养微忱，吁恳再三，幸邀慈允，钦奉懿旨。自垂帘听政以后夙夜只惧，如临渊谷，今虽寰宇粗安，不遑暇逸之心，无时少弛，第念列圣敕几听政，问民疾苦。凡苑囿之设，搜狩之举，原非若前代之肆意游畋，此举为皇帝孝养所关，深宫未忍过拂。况工用所需，悉出节省羡余，未动司农正款，亦属无伤国计。但外闲传闻不悉，或竟疑圆明园工程，亦由此陆续兴办，则甚非深宫兢惕之本怀。盖以现在时势而论，固不能如雍正年间之设正朝，建公署，即使民康物阜，四海乂安，其应仰绍前猷，克光令绪者，不知凡几。尤当审时度势，择要而图，深宫隐愿所存，岂在游观末节，想天下亦应共谅。惟念皇帝春秋鼎盛，此后顺亲之大，尤在勤政典学，克己爱民，不可因壹意奉亲，转开逸游宴乐之渐。至中外大小臣工，尤宜忠勤共励，力戒因循浮靡积习，冀臻上理，庶不负深宫殷殷求治之苦心。"① 光绪十五年（1889）三月戊辰，慈禧太后幸颐和园，阅神机营水陆各操，又诣龙王庙拈香。②

光绪十六年（1890），御史吴兆泰奏请停止颐和园工程，结果被议处。谕批曰："颐和园殿座即系从前大报恩延寿寺，为高宗纯皇帝侍奉孝圣宪皇后三次祝嘏之所，殿宇一切，均系旧有工程。朕仰维慈禧端佑康颐昭豫庄诚寿恭钦献皇太后垂帘听政二十余年，宵旰忧勤，不遑暇逸。朕亲裁大政，自应倍隆颐养，以冀稍尽孝思，是以将原有工程量加修葺，恭备慈舆临幸，藉资养性怡神。并拟于大庆之年，敬踵乾隆年间成宪，躬率群臣，同伸祝悃。此朕区区尊养微忱，庶几仰报万一，并非创兴土木，自侈游观。光绪十四年二月所降谕旨甚明，天下臣民当已共喻，该御史备员台谏，岂独未知？乃辄以工作未停，有累圣德，并以畿辅被灾决河未塞等词摭拾

---

① 《清德宗实录》卷252。
② 《清德宗实录》卷268。

渎陈。是于朕孝养之心，全未体会，实属冒昧已极。吴兆泰著交部严加议处。"① 不仅如此，颐和园的工程款还似乎有了保障。光绪十七年（1891）二月，总理海军事务衙门还奏称：颐和园工程用款，拟由海防捐输项下挪垫。②

光绪十七年，颐和园工程渐次竣工，准备迎奉慈禧太后驻跸。四月，谕内阁："前经降旨修葺颐和园，恭备慈禧端佑康颐昭豫庄诚寿恭钦献皇太后慈舆临幸。现在工程将次就竣，钦奉慈谕，于四月二十八日幸颐和园。即于是日驻跸，越日还宫，从此慈驾往来游豫。颐养冲和，数十年宵旰勤劳，稍资休息，孺怀实深庆慰。所有一切应行事宜，著各该衙门敬谨豫备。"又，四月二十八日慈禧太后驻跸颐和园，光绪帝于前一日先往只候跪接，王公百官均穿蟒袍补褂于三座门外跪送。光绪帝于当天还画舫斋。五月初一，皇太后由颐和园还西苑，王公百官，仍穿蟒袍补褂于三座门外跪接。③

此后，慈禧太后长期居住于颐和园的乐寿堂。但当时的颐和园与一般意义上的奉养皇太后的作用还不一样。身为皇太后的慈禧太后垂帘听政，手握朝政大权，因此颐和园在实际上成了光绪时期的京城政治副中心。

光绪十九年（1893），清廷在内忧外患中开始筹办慈禧太后的六旬大寿。二月，总办万寿庆典王大臣世铎等人会同礼部，就次岁皇太后六旬万寿自颐和园还宫时，金辇由何处乘御以及跸路经由之处等事宜请旨。朝廷答复，光绪帝恭奉慈禧太后还宫当天，由颐和园东宫门外彩殿乘辇，经由石路，至倚虹堂少坐，进西直门、地安门；至西华门内咸安门外彩殿降辇，乘轿还宫。光绪帝由东宫门外率王公百官跪送，扶掖金辇，至牌楼乘骑导引，由石路乘轿先行，

---

① 《清德宗实录》卷289。
② 《清德宗实录》卷294。
③ 《清德宗实录》卷296。

在西华门内跪迎，王公百官在西华门外跪迎。①

颐和园是晚清最高统治者在紫禁城之外最重要的政治和外交活动中心，是中国近代历史的重要见证与诸多重大历史事件的发生地。

光绪二十六年（1900），颐和园再次遭到八国联军抢掠。慈禧太后西逃西安，回京后又再度重修颐和园。光绪二十七年（1901）七月，慈禧太后懿旨："颐和园圆明园一带，何日交收，即行电奏。交出后，著奕劻加派得力官兵小心守护，严防土匪窃盗，毋稍疏虞。"② 全权大臣庆亲王奕劻等奏："京城内外地面交清，接收布置大概情形。报闻。"总管内务府大臣世续奏："洋兵撤退，接收颐和园日期，并现查情形。报闻。"襄办京畿善后营务事宜候补侍郎胡燏棻奏："各国联军退尽，地面一律交回。现调姜桂题、马玉昆两军，分布京城内外镇扎各情形。"③ 光绪二十九年（1903）三月，慈禧太后懿旨："所有颐和园铁路，著暂行缓修。"④ 光绪三十三年（1907）八月丁丑，慈禧太后"幸颐和园驻跸"。这是实录所记载光绪皇帝与慈禧皇太后最后一次驻跸颐和园。

四　宣统与三山五园

宣统溥仪即位后，清王朝已是风雨飘摇。光绪三十四年（1908）十一月，隆裕皇太后懿旨："皇帝尚在冲龄，一时未能临幸颐和园，著该管大臣饬令司员等将殿座陈设妥为封存看守，其轮船电镫官役著即撤销差使，所有船镫各项物件，交管理颐和园大臣派员接收看管。"⑤ 由于编练禁卫军的需要，原来已经荒废的畅春园西部原阅武楼的阅兵场地被军队使用。宣统元年五月甲子，贝勒

---

① 《清德宗实录》卷 321。
② 《清德宗实录》卷 485。
③ 《清德宗实录》卷 486。
④ 《清德宗实录》卷 513。
⑤ 《清宣统政纪》卷 3。

载涛等奏："畅春园等处附近地方民种官地，一律收回，恳恩赏给银两，以示体恤一折。"又奏："在阅武楼及西花园基址酌改操场一片，均著依议。"①

宣统退位时，经南北议和，颐和园可由退位皇帝继续使用。宣统三年（1911）十二月，内阁进呈议和条件，关于大清皇帝优礼之条件，其中第三款即"大内宫殿或颐和园，由大清皇帝随意居住"。后来，在正式退位诏书的附录优待条件中也明确："大清皇帝辞位之后，暂居宫禁，日后移居颐和园。"

对外交往也是帝王在三山五园理政的一项重要内容。乾隆五十八年（1793），英国使臣马戛尔尼，受英国王派遣出使中国，乾隆曾在圆明园正大光明殿安放他带来的礼物，并招待他在宏雅堂住宿。六月十六日，英使船队的先遣探水船抵达天津，六月二十二日，英船大小五只由天津镇道派船引至拦江沙外停妥。因英使船吃水深，难以在内河行走，故雇南船四十只，由天津运往通州，然后起旱。英使的礼物到了通州，原拟尽送热河避暑山庄，后因英使提出所带礼物高大精密，需要一个月之久才能安装完毕，乾隆考虑到，若安装需时一月，待安装完毕已过了万寿之期，不如择其轻巧易于安装者送到热河，高大不易安装者，则"就近送京，以省劳费"，并决定将扣留京之"八件贡品，于（圆明园）正大光明殿及长春园澹怀堂各分设四件"，以便让匠人在那里安装，待祝寿毕，再回京观览。英使船队，在完成出使任务后，于九月初起程回国。②

乾隆、嘉庆时，皇帝亦曾经在圆明园召见属国的使臣。例如，嘉庆十二年（1807）十月庚午，嘉庆帝"幸圆明园，南掌国使臣叭竜官鼎叭竜洒吗叭官洪等于神武门外瞻觐"。③

---

① 《清宣统政纪》卷14。
② 参见方裕谨《圆明园与英使马戛尔尼来华》，《圆明园》学刊第三期，1984年。
③ 《清仁宗实录》卷186。

嘉庆二十一年（1816），英使阿美士德访华，同样因礼仪问题，而使原本计划在圆明园的觐见被取消。七月初八，谕："朕以远国小臣，未娴仪度，可从矜恕，特命大臣于尔使臣将次抵京之时，告以乾隆五十八年尔使臣行礼，悉跪叩如仪，此次岂容改异？尔使臣面告我大臣以临期遵行跪叩，不致愆仪，我大臣据以入奏。朕乃降旨于七月初七令尔使臣瞻觐，初八于正大光明殿赐宴颁赏，再于同乐园赐食，初九陛辞，并于是日赐游万寿山，十一日在太和门颁赏，再赴礼部筵宴，十二日遣行。其行礼日期仪节，我大臣俱已告知尔使臣矣。初七日瞻觐之期，尔使臣已至宫门，朕将御殿，尔正使忽称急病，不能动履。朕以正使猝病，事或有之，因只令副使入见，乃副使二人亦同称患病，其为无礼莫此之甚！朕不加深责，即日遣令归国。"①

清代属国亦多在圆明园觐见皇帝，嘉庆二十二年（1817）九月，嘉庆帝幸万寿山，越南国使臣胡公顺等三人于藻园门外瞻觐。② 嘉庆二十四年（1819）九月，御勤政殿，南掌国使臣叭竜鲊吗等二人、暹罗国使臣啷窝汶巡尔霞握不突等三人、土司穆玶宣慰司丹紫江楚等六人，于阶下瞻觐，"命随往同乐园赐食"。

无论是正月上元节，还是万寿节，凡属国使臣亦与王公大臣一起在山高水长观看烟火、杂技等表演，并在同乐园观戏后一同赐宴。例如，道光三年（1823）八月万寿节，道光帝御正大光明殿，皇子及王以下文武大臣官员蒙古王贝勒等并暹罗国使臣行庆贺礼，礼成，御同乐园，赐皇子王公大臣蒙古王贝勒等并暹罗国使臣食。③

---

① 《清仁宗实录》卷 320。
② 《清仁宗实录》卷 334。
③ 《清宣宗实录》卷 58。

第二节　军事操演

为保持满洲人"国语骑射"的传统,清统治者们可谓煞费苦心。康熙二十年(1681),康熙帝恢复了古代狩猎制度,在塞外设木兰围场。每逢秋天便率领皇子皇孙、八旗子弟进行木兰秋狝。木兰秋狝之外,为能经常阅视八旗的训练和战斗力,清朝历代皇帝又规定在南苑以及京西园庭等地进行有针对性的军事操演。比如像玉泉山大阅、畅春园阅武楼、香山演武厅、西厂校射、圆明园水操、山高水长校射等,这些都是皇帝在园居理政期间、为保持八旗骑射能力和军事战斗力的军事操演。

一　玉泉山大阅

玉泉山"大阅"主要在康熙时期举行。据实录记载,康熙二十一年(1682)八月后,康熙帝便经常前往玉泉山驻跸,但第一次玉泉山大阅是在康熙三十一年(1692)九月。这一时期正值西北用兵之际,康熙帝连续数年在玉泉山举行大阅兵,反映了当时他对八旗战斗力的重视。

康熙三十一年(1692)九月二十六日,康熙帝幸玉泉山大阅。开始检阅前,八旗前锋、护军、骁骑及火器营兵皆擐甲胄分翼排列,首先由身披铠甲的康熙帝骑马从右翼至左翼检阅所有参加大阅的列阵,完毕后登上玉泉山巅,御黄幄,此时官兵皆吹角放大炮三次。然后分列式开始,骑兵、步兵齐放鸟枪,进止整肃,旗帜烜赫。看到这种情形,康熙帝问身边的喀喇沁杜楞郡王扎什:"此兵排列进止何如?"[1] 扎什回答:"此兵威武非常,洵无敌之兵也!"敖汉台吉俺答阿玉锡回答:"此兵由皇上指示训练,故阵势勇锐,

---

[1] 《清圣祖实录》卷156。

队伍熟娴，蒙古兵断不能若是整齐!"① 康熙帝谕管侍卫内大臣苏尔达等曰："朕先有谕旨，尔等练习之兵若进退不齐、队伍不整，必以军法从事，今观八旗官兵排列，放大炮鸟枪，进退之时队伍整齐娴熟，朕心甚悦!"② 康熙帝又询问总管鸟枪骑兵内大臣公长泰："尔等所练习者几种?"长泰回奏："有马上放一枪又射一箭者，有趋进时放枪不绝者，有连环旋转放枪者，有跪而放枪者，有仰卧而放枪者。"③ 康熙帝听后命鸟枪营表演了趋进时放枪不绝与连环旋转放枪两种。观看表演后，康熙帝龙颜大悦。

康熙三十二年（1693）十月二十一日，康熙帝再以大阅幸玉泉山驻跸。次日，大阅于玉泉山麓。当天阅兵有红衣大炮等火器助阵，骑步鸟枪及前锋、护军、骁骑官兵各举大纛旗帜分翼排列，康熙帝身穿铠甲，巡视完毕后登玉泉山顶黄幄。接着，鸣海螺、放炮鸣枪，先是玉泉山顶皇帝所在的幄中吹响海螺三次，接着八旗官兵吹海螺三次，然后火器营官兵放大炮三次，骑步鸟枪兵放鸟枪三次。各兵种检阅正式开始，官兵齐声发号趋进，军势威严，火炮鸟枪之声响震山谷。④ 完毕后，康熙帝命摆放靶标，亲自射箭，十发皆中。最后又命十五个硬弓侍卫表演射箭。

康熙三十三年（1694）十月十二日，康熙帝第三次举行玉泉山大阅兵。当天，火器营护军、骁骑与前锋护军、骁骑等兵种依次排列，康熙帝依旧身披铠甲，乘马遍观后，登上玉泉山巅黄幄。这次阅兵主要检阅了火器兵放炮。结束后康熙帝亲射，发十矢皆中。又命十五善射并硬弓侍卫等射箭。演戏结束后，赐八旗官兵食。⑤

康熙三十六年（1697）十二月二十四，康熙帝第四次大阅于玉泉山西南，红衣大炮、火器、马步、鸟枪军士及前锋、护军、骁骑

① 《清圣祖实录》卷156。
② 同上。
③ 同上。
④ 《清圣祖实录》卷160。
⑤ 《清圣祖实录》卷164。

分翼排列。康熙帝躬擐甲胄，登玉泉山，御黄幄。各军种鸣螺击鼓齐进，金鸣众止，如是者九次。第十次时枪炮齐发，收军归阵，队伍精严，旗帜显赫。当时一同观看阅兵的青海台吉扎什巴图尔等人"皆相顾战栗，惊叹曰天朝军威精严坚锐如是可畏也！我辈生长沙漠穷荒，不惟目未经见，即耳亦未曾闻，军威如此，所向又何敌弗克乎？"检阅完毕后，康熙帝照旧亲射，发五矢皆中。又命十五善射并硬弓侍卫等射。最后，赐八旗官兵牛羊，以示犒赏。

　　康熙玉泉山大阅基本上就是清代八旗精锐战斗力的一次集中训练，而且已经逐渐形成了比较固定的程式。到了雍正朝，雍正帝曾于六年（1728）十二月前往玉泉山大阅。① 此后，则未见实录记载玉泉山大阅。自乾隆十年后则代之以香山演武厅健锐营操演。

二　西厂阅射

　　玉泉山阅兵之外，康熙时期的另一处校射场所是畅春园的西厂阅武楼。畅春园西厂的阅射，主要是在康熙朝后期，重点是阅试武举人，一般都是连续三天。康熙四十五年（1706）十月，康熙帝御畅春园内西厂，阅试武举骑射技勇。完毕后，康熙帝又率诸皇子及善射侍卫射。②

　　康熙四十八年（1709）九月，康熙帝巡幸塞外回京后驻畅春园。壬寅，康熙帝御畅春园内西厂阅试武举骑射技勇，并谕大学士及兵部大臣等曰："八旗汉军以文职用者多，以武职用者少，嗣后武科乡会试，当令八旗汉军应考，即增额无多而精壮技勇者可得矣。"癸卯，再御畅春园内西厂，阅试武举。③ 康熙五十一年（1712）十月十一至十三日，连续三天在畅春园内西厂阅试武举骑射。第三天结束后，康熙帝谕武殿试读卷官等曰："令兵丁读书考

---

　　① 《清世宗实录》卷 76。

　　② 《清圣祖实录》卷 227。

　　③ 《清圣祖实录》卷 239。

试，诚一美事，武职虽以骑射娴熟、人材壮健为要，若不知读书，则不知兵法。今提镇等官俱简用学问优者，该管兵丁令其教习，故为兵者亦皆鼓舞而读书者多矣。"① 康熙五十二年（1713）十一月初七日，康熙帝御畅春园内西厂，阅试武举骑射技勇毕，率善射侍卫等射，上亲发五矢，皆中。初九日，再御畅春园内西厂，阅试武举骑射技勇。② 又如，康熙六十年（1721）十月十六日，上御畅春园内西厂，阅试武举骑射技勇。十七日，御畅春园内西厂，阅试武举骑射技勇。十八日，御畅春园内西厂，阅试武举骑射技勇。③ 由此可见，康熙朝后期，康熙帝在畅春园西厂主要是阅试武举人，而且时间一般是连续三天。

为实实在在地提升八旗战斗力，雍正帝很少举行阅兵等表演性质的活动，而是在畅春园西部专门设立八旗精锐营，将训练日常化。雍正帝所设精锐营位于西厂子、圣化寺一带。雍正九年（1731）二月，雍正帝谕管理旗务大臣等："朕因八旗兵丁不甚整齐，曾屡降谕旨命都统等善为训练，俾各兵丁俱成精锐，乃至今尚未整齐，此皆都统等未尝悉心训练之所致也。著传旨与八旗都统等，于骁骑营兵内择其年少无疾、骑射不堪、不能满洲蒙古言语之人，满洲蒙古每旗合派一百名，共八百名，八旗汉军合派二百名，共一千名。在西厂子、圣化寺等处设立一营，令其学习一切技艺。更于骁骑营官员内，择其年少而行走怠惰者，满洲旗分各派二员，蒙古汉军旗分各派一员，令与兵丁一同学习，使人人皆成精锐。至于八旗前锋护军内，骑射稍优、年力精壮、人材可观而未经服习勤苦之人有愿入其中学习者，亦著挑选一千名，另立一营，令其学习。其前锋参领、护军参领、副护军参领、护军校之内有愿与兵丁等一同在彼学习者，每旗各派二员。此项兵丁，诸处俱不得差遣，

① 《清圣祖实录》卷251。
② 《清圣祖实录》卷257。
③ 《清圣祖实录》卷295。

每日学习骑射。所用之马，令伊等亲身饲养，以习勤苦。营内一概不许汉语，惟习清语或蒙古语。其教习趋走超距及清语等事，于索伦新满洲乌拉齐内挑选好者，分为三四班，令其教习。"① 雍正帝的目的显然是想训练一支训练有素的精锐营，以拯救战斗力日渐衰落的八旗军。

进入乾隆朝后，阅试武举人的活动基本不在畅春园西厂举行，但阅射、操演依然不断，而且逐渐转移到了临近此地、位于圆明园西南的"山高水长"阅射。

乾隆六年（1741）五月，乾隆帝幸西厂子行围。七年（1742）十月，幸西厂子行围。十年（1745）正月，御西厂大幄次，赐外藩宴。十三年（1748）正月，又御西厂大幄次，赐外藩等宴。十五年（1750）七月，又幸西厂射虎。十九年（1754）十月，即将派出征之健锐营兵及京城前锋护军官员等，"在圆明园西厂操演"并赐健锐营官员兵丁等饭。②

乾隆二十八年（1763）正月初九日，乾隆帝大阅于畅春园之西厂，赐诸王并文武大臣、蒙古王公台吉等宴，参加的人员有：回部郡王霍集斯、爱乌罕使人和卓密尔哈、巴达克山使人阿布都尔阿木咱、霍罕使人巴巴什克、哈萨克乌尔根齐部使人塞德克勒、奇齐玉斯部使人乌克巴什颇拉特、回部喀什噶尔诸城三品阿奇木伯克阿克伯克等。宴会结束后，乾隆帝等众人观看阅兵。整个阅兵由总理演兵王大臣主持。

第一阶段是列阵。先是三声炮响，铙歌大乐作，奏《壮军容之章》，八旗领操都统等率领将校军士，甲胄出营成列。乾隆帝御幄次前帝帐，豹尾班三旗侍卫分翼左右，大帐后竖有黄龙大纛。各部院大臣也身着礼服，分翼序立。八旗传宣官则骑马，列于阅兵台下，乾清门侍卫每翼六人，骑马列于八旗传宣官之前，一切准备

---

① 《清世宗实录》卷103。
② 《清高宗实录》卷475。

就绪。

第二阶段是皇帝巡视阵容。乾隆帝身着甲胄，乘马出，兵部堂官上前奏请皇上阅视阵容。然后，乾隆帝亲阅队伍，兵部堂官在前面引导，总理王大臣、满洲上学士、内大臣、侍卫等人则前引后扈，皆擐甲乘马。皇帝巡视阅兵队伍的顺序是从左翼开始，由列阵中路行，依次经过前锋、护军、骁骑诸队而南，然后回头，依次巡视火器营、藤牌兵诸队而北。乾隆帝巡视完毕后，仍返回帟帐，升宝座，大臣、侍卫及诸执事官环列两旁。

第三阶段是分列式。兵部尚书奏鸣号角，宣布正式开始，台下蒙古画角先鸣，各旗分列之海螺以次递鸣，营阵击鼓。营中海螺毕鸣，分列之海螺以次退立于台下。此时，营中三举炮，各阵营开始行阵。每个阵营前进距离以十丈为节，鸣金则止，然后麾红旗，枪炮齐发，鸣金再止。接着，伐鼓，整列驰骤并进，鸣金麾旗，发枪炮如初。如此者九次。第十次行进时，枪炮连环齐发，无间断，鸣金三次，全部停止。

第四阶段是收阵。八旗开鹿角为入门，首队前锋、护军、骁骑营士兵依次出，其他各营士兵紧随其后，最后是火器营士兵和藤牌兵，之后关闭鹿角门。八旗分鹿角为八行，火器军结队而退，各列于初成列之地。

各队伍还原成大阅之初的队形，大阅结束。兵部尚书向皇帝跪奏大阅礼成，皇帝释甲胄，铙歌清乐作，奏《郐皇威之章》。扈从的大臣、侍卫亦释甲胄，具吉服随驾返还。最后，放炮三声，领兵大臣及将士各释甲胄归营。此次大阅结束后，乾隆帝甚为高兴，称赞军队"不负为满洲世仆，朕嘉悦焉"，并著加恩将大阅内所有兵丁每人赏给半月钱粮，其余士兵虽没有参加操演，亦著加恩每人赏给半月钱粮之半。①

---

① 《清高宗实录》卷678。

乾隆年间，在西厂建阅武楼，乾隆四十二年（1777）正月、乾隆五十三年（1788）二月，乾隆帝两次在西厂阅武楼举行大规模阅兵，其程式基本相同。

嘉庆二十一年（1816），曾修理畅春园阅武楼工程。当年议准，"修理畅春园阅武楼工程需用琉璃瓦，向例核给无色样琉璃料件，如长宽折见方二尺、内外厚二寸以内者，俱按照七样博缝例折见方尺，每尺银三钱二分六厘九毫折给。惟七样博缝厚仅一寸五分，今畅春园工程取用挂落需头、挂落阶条、押面俱厚三寸至六寸不等，若仍照向例，以七样博缝平面折给，未免工价不敷。现按照七样博缝每尺折算例价，酌加五成，其铅斤仍照定例折给"①。

道光二十二年（1842）十月，道光帝在西厂阅武楼阅圆明园八旗枪操。对于刚刚成立不久的鸟枪营，道光帝颇为满意："本日朕御阅武楼阅看圆明园枪操，步伍整齐，施放有准。该兵丁等并非操演营分，乃甫经训练一年，技艺已臻纯熟，阵式又极联络，威严矫捷，喜慰实深。可见八旗兵弁不乏人材，如能认真激励，操练得宜，无难悉成劲旅。"② 清末，西厂则成了禁卫军的营房和训练场。

三　西山演武厅健锐营操演

香山演武厅的出现，与乾隆初年大小金川战争的用兵密不可分。乾隆十二年（1747），四川大金川地区土司莎罗奔发动叛乱，当地特有的碉楼建筑使得本就地势险峻的金川地区更加易守难攻。清军屡攻不下，而且损失惨重，乾隆帝为了让军队有针对性地训练，就在香山地区仿建金川碉楼，组建了一千人的健锐营专门操演云梯攻碉的战术。

乾隆十三年（1748）七月，乾隆帝谕："我国家从前用兵，以云梯登城为要务，其时人思奋勇，建功受赏，延及子孙。今承平日

---

① （光绪朝）《大清会典》卷876《工部一五·物料二》。
② 《清宣宗实录》卷382。

久，兵革不试，旗人已不知有此艺矣。朕思金酋恃其碉极险固，正可用此破敌，即使金川无所用之，亦满洲武艺所当训练者。可于八旗前锋护军内，上三旗每旗派五十人，下五旗每旗派三十人，择其少壮勇健者演习云梯，以备遣用。交与公哈达哈、查拉丰阿、都统永兴、护军统领庆泰、副都统那穆扎勒管领训练，并令来保、傅恒、纳延泰、旺扎勒更番查阅。俟学习有进，朕亦往观。"① 乾隆提议设立健锐营无疑是有多重考虑，一是训练金川攻击碉楼的战术；二是传承八旗兵向来擅长的云梯登城技艺，保持和提升八旗兵的战斗力。同时，乾隆帝这一举措也是为了缓解八旗生计，为日益增多的八旗人口找到出路。乾隆十四年（1749）九月，乾隆帝谕："八旗生齿日繁，朕即位以来屡经施恩，但未食钱粮者不敷养赡。朕现于香山另立一营，设护军一千，操演云梯，即将此一千护军并护军校之缺，施恩全行开出，各按佐领，选其出色者挑补护军校、护军。其操演云梯护军等，照常拴养马匹外，该旗添官马一千，分给拴养。伊等既得钱粮，养赡家口，亦可各相奋勉而得上进之路。八旗满洲等皆朕世仆，当感朕曲为筹画之恩，勤习武艺，务于俭素，痛戒其奢侈恶习。"② 为了解决日益增多的八旗人口，设立健锐营，不仅可以让"伊等既得钱粮，养赡家口"，又可以"勤习武艺"。这便是乾隆帝通过健锐营实现一举两得的用意。

乾隆十四年（1749），金川战争清军取得胜利后，乾隆帝正式赐名为"健锐云梯营"。乾隆帝在上谕中说："去岁金川用兵，朕思我满洲兵向用云梯攻城，因命八旗于前锋、护军内，选择年壮人材勇健者千人，特命大臣监视操演。所选兵丁，各奋勉学习，不数月间，皆已精练，随征金川，功成凯旋。如今仍回本营，随旗行走，则伊等前功徒费。且我满洲旧日技艺，仍更废弛。若将伊等专设一营，演习技艺，均可为精锐兵丁，而于缓急之用，更有裨益。

① 《清高宗实录》卷319。
② 《清高宗实录》卷349。

即朕遇有行幸，令伊等随往围猎，学习行走，更得娴熟。候回军之日，不必令回本营，专设一营，令大臣数人管辖操演，特简大臣一人总统。"十五年（1750）铸给健锐营银关防，从而使健锐营成为常设编制。乾隆十五年（1750）六月，阅健锐营兵。① 此后，乾隆帝便时常临幸静宜园，阅视健锐营操演。有清一代，乾隆、嘉庆、道光三朝皇帝在健锐营演武厅前后共阅兵二十余次。

乾隆还写下多首阅武诗以赞誉健锐营，乾隆三十七年（1772）曾题诗："八旗子弟兵，健锐居此营。聚处无他诱，勤操自致精。一时看斫阵，异日待干城。亦已收明效，西师颇著名。"乾隆四十二年（1777）《阅武楼阅武因成六韵志事》诗曰："节前阅武甸场宽，组练生光了弗寒。可勿用仍要以备，不忘危敢恃其安。新疆旧部兹同扈，北貉西戎许并观。破险冲锋或经见，正旗堂阵俾初看。销兵气共阳和邑，训旅心殷扬觐难。示义方还颁礼赐，武臣莫重诩登坛。"② 乾隆帝还在诗中自注："迩年攻剿金川，我八旗将士越险摧坚，勇锐百倍，番众等皆见而畏慑。至若满洲兵，行阵严肃，简炼精强，则其昔时所未闻见也。"可见乾隆皇帝对这支部队的倚重。

对于健锐营官兵，乾隆帝恩赏有加。乾隆十七年（1752）三月，谕："自设立健锐营官兵以来，操演技艺甚多，今又演习水操，应加奖励。著施恩添赏养育兵缺一百，于伊等子孙内拣选挑取，以资生计。又谕：健锐营演习水操兵丁等亦照圆明园兵丁例，赏给饭食银两。"③

乾隆十八年（1753）三月，乾隆帝"为旗人筹画生计，节次加恩，将护军领催马甲养育兵缺陆续增添。但八旗生齿日繁。用度不无拮据。著加恩增添马甲一千名。归并健锐营添盖官房。拨给居

---

① 《清高宗实录》卷366。
② 《清高宗御制诗集·四集》卷42。
③ 《清高宗实录》卷410。

住"①。五月，八旗蒙恩新增马甲一千，并于健锐营建房给住。② 十月，军机大臣等议覆："京城八旗增添马甲一千名，归健锐营居住操演。查健锐营额兵，俱系前锋，增添马甲，请均作为委前锋，酌给鸟枪五百杆，火药等项照例由工部支领，每二人合给马一匹，共需马五百匹，请由京城八旗拴养官马内拨给。每旗增添委前锋参领各二员、委前锋校各五员管束，即由健锐营拣选补放。再健锐营既经添兵，静宜园官兵值班等差应请彻停。"③ 乾隆帝不断增加健锐营兵额，并给兵丁提供官房居住等举措，进一步体现了其设立此营以缓解八旗生计的考虑。这同样对京西御园附近人口及其发展产生了一定的影响。

乾隆十九年（1754）十月，西北两路用兵，应派京兵共二千名，便于健锐营内挑得一千五百名，其余五百名则在前锋护军内挑派。乾隆帝谕："现派出征之健锐营兵及京城前锋护军官员等，著于本月二十一日以前在圆明园西厂操演，并加恩赏饭。"④

在传统八旗兵战斗力日益下降的情形下，乾隆帝因边疆战事用兵之需，非常重视健锐营的建设。乾隆二十四年（1759）用兵西北之际，对健锐营官兵亦寄予厚望，并借健锐营之事谕令八旗要切实加强训练，不得便己求安，荒废技艺。"健锐营系朕新设，敕大臣等勤为操演，又时亲简阅，始能技艺娴熟，破贼立功。八旗大臣官员皆有练兵之责，果能尽心教训，则兵丁技艺自皆一律健锐，又何须另立营名乎？钦惟皇祖以讲武练兵不可疏忽，圣谕昭垂，实万万年永当遵守者。著传谕八旗大臣官员等嗣后各除便己求安之私意，惟知训练兵丁，务使技艺娴熟，不失满洲旧习，庶兵丁皆成劲旅，而风俗日以还淳，于国家之事大有裨益矣。此旨著通谕八旗，

---

① 《清高宗实录》卷435。
② 《清高宗实录》卷438。
③ 《清高宗实录》卷449。
④ 《清高宗实录》卷475。

仍于各旗演习骑射处所刊刻，永远奉行毋怠。"①

乾隆帝对健锐营的训练不仅严格，而且也很有针对性。其建设之初，是针对大小金川战役，为了能攻克碉堡，特别训练登云梯技术。乾隆十六年（1751），又开始训练士兵水战能力。乾隆十六年十月，军机大臣等议覆直隶总督方观承等奏筹办圆明园水操船只事宜：一、每年入坞苫盖、出坞油舱，照海船旧例，其银用司库存公耗羡，按年解交内务府，会同健锐营大臣经理。至船坞，于清漪园凤凰墩西南山湾处挑河一道，并于近岸建库房七间，收贮篷槁等项。另建小房三间，供随船弁兵居住看守。② 二、操演所用船只在平水行驶，因此修造年分无庸拘海船成例，但也要坚固以供驾驶；每年操演，皇帝亲临校阅。三、水操船只风篷，非海洋风篷可比，三年更换一次，绳索等件随时添修，不拘年分；统令健锐营查明，移咨天津水师营，采买南料应用。四、新船八只，需把总衔兼正舵四员、正舵工四名以及副舵工、正缭手、正掟手、正阿板、正舢板各八名。③ 以上人员皆由水师营分拨，统归健锐营约束；就近支领钱粮及操演火药；赏给把总正舵每员房三间，其余每人二间，于附近处酌建。④

健锐营兵在昆明湖操演水战之初，由于兵丁不甚熟习水性，便奉旨由广东、福建等省保送千总十员，赏戴蓝翎，在水师教习上行走。数年后，健锐营委署把总俱熟于掌舵观风，足敷操演。于是乾隆三十六年（1771）十二月己卯，军机大臣议准领侍卫大臣努三的奏报，裁去从广东、福建报送来的蓝翎千总，于把总内挑取四员委署，现在年满之蓝翎千总四员则拨回原省。⑤

乾隆中后期，健锐营官兵亦风气渐不如前，乾隆帝要求加以整

---

① 《清高宗实录》卷585。
② 《清高宗实录》卷400。
③ 同上。
④ 同上。
⑤ 《清高宗实录》卷898。

顿。四十年（1775）九月，乾隆帝谕："健锐营、火器营俱由满洲
兵丁内拣选精壮另立之营，关系最为紧要。现今管理此二营之大臣
等操练演习，固属尽心，但因日久风气渐不如前，即如在军营訾斥
将军及近日盗马之事，若不速行整顿，必至习于下流，大有关
系。"① 为加强管理，乾隆帝派舒赫德总管火器营，派福隆安总管
健锐营。鉴于舒赫德、福隆安管理之事繁多，令其二人不必轮班前
往操练，但每一月内要查看一两次，"加意整顿风俗，严行约束，
毋令为非，惟期精熟技艺"②。乾隆帝明确要求，嗣后此二营官兵
内如仍有行为不堪者，唯舒赫德、福隆安二人是问。

乾隆四十二年（1777）又规定健锐营、外火器营和圆明园兵丁
每三年举行一次军政考试，以考核士兵技艺。按照惯例，京城兵丁
每三年举行一次考核，在技能考试中，技艺较优者列为头等，赏给
银两，劣者则革退，以示惩劝。但长期以来，唯独健锐营、外火器
营、圆明园兵丁不参加三年一次的军政考验。有鉴于此，乾隆帝这
才规定嗣后健锐营、外火器营、圆明园兵丁"亦照京城兵丁举行军
政，派出王大臣考验，一体办理"。③

进入嘉庆朝后，嘉庆帝沿袭了乾隆帝的做法，在八旗战斗力日
渐衰败的情形下，健锐营和圆明园兵丁成了清军战斗力唯一可以依
赖的一部分。嘉庆九年（1804）三月，嘉庆帝谕内阁："近见圆明
园火器营健锐营兵丁与护军营兵丁人才迥异，细思其故，缘圆明园
等三营兵丁差使繁多，每日操演，聚处一营，该章京等朝夕易于约
束，无暇闲游，互相励学技艺，讲求生计，是以均有长进。护军营
兵丁散处城内，该章京等难于查管，其不值班之日，又不每日操
演，往往不知演习技艺，惟于街市闲游，饮酒赌博，渐入下流者有

---

① 《清高宗实录》卷990。
② 同上。
③ 《清高宗实录》卷1043。

之。"① 鉴于此，嘉庆帝批准了圆明园王大臣关于添设圆明园护军的奏请，"伊等皆系朕之旗仆，若坐视其不肖，实有不忍。去年管理圆明园王大臣等会奏请添设圆明园护军，朕未允准，兹念护军营护军与其城内散处，莫若酌拨移驻圆明园，每旗移驻护军或四五十名或二三十名，庶可易于约束。城内护军人少差多，不暇游惰，可渐长进，而圆明园兵数加增，足敷当差，两有裨益"②。在嘉庆帝看来，添设圆明园护军的好处一举两得，一方面增加圆明园兵数，确保御园有足够的兵丁当差，另一方面将城内护军移往圆明园，减少城内护军，这样留下的城内护军人少差多，便"不暇游惰，可渐长进"。

嘉庆十四年（1809），健锐营等军队的考核结果也说明了这一情形。当年三月，经考核，八旗满洲内外火器健锐等营兵丁共二万七千二百余名应入考验，列头等者仅六十名，其中外满洲火器营列为头等者二十四名，健锐营列为头等者十八名。对此，嘉庆帝称赞"该管大臣等平素尚能留心操演，殊属可嘉"。有喜亦有忧，圆明园八旗内务府三旗列头等者仅止三名，内满洲火器营列头等者仅止二名，八旗护军左右两翼前锋营列头等者仅止十二名。③ 对于这一结果，嘉庆帝批评说："圆明园八旗内务府三旗兵丁看守御园，向不派兵派围，伊等每日直班，无暇练习，尚有可原。至内满洲火营系专习操演营分，八旗护军左右两翼前锋虽在紫禁城进班，亦系八旗轮直，尚有闲暇操演，且时常派兵随围，乃致马步射平常至此，是该管大臣等平素不能实心训练。所有管理内满洲火器营大臣、前锋统领、八旗护军统领均著申饬。"④

但这只是表象，随着王朝衰落，寄托着统治者诸多希望、支撑

---

① 《清仁宗实录》卷127。
② 同上。
③ 《清仁宗实录》卷208。
④ 同上。

清朝立国之本"国语骑射"的健锐营也开始日渐荒嬉，战斗力几近丧失。嘉庆十六年（1811）十一月，嘉庆帝风闻近日健锐火器两营该班大臣"多不在彼住班，尚未深信"，便特谕吉纶密行查访。据吉纶奏报，健锐营自十月三十日至十一月初四日，并无大臣在彼住班，火器营初二初三两日无人住班。嘉庆帝得知后很是恼火，便立传谕该二营翼长，交军机大臣询问，令其将十月十一日皇帝进宫以后，该二处大臣住班、旷班日期逐一据实交代。据庆桂等人询问，将住班大臣的情形按日开具清单，进呈嘉庆帝。结果，这段时间内"竟有数日全不住班者，亦有闲住一两日者，其按期全班直宿者甚属寥寥"。嘉庆帝看后"殊为可恨"，严厉训斥说："健锐、火器二营特派多员管理，原令其轮直住班，藉以稽察官兵勤加训练，乃竟耽习安逸，全不以营务为事，相率旷班不到，在家高卧，眷恋妻孥，恬不知耻，习为故常。此而不加惩创，何以重职守而儆怠玩？"结果，健锐营该班日期单内，德通、庆通、敬叙三人原本应各轮班四日，均全未住班，将德通革去散秩大臣、副都统，庆通革去散秩大臣，敬叙革去散秩大臣、副都统，仍留公爵，随旗上朝。苏冲阿本月初四日该班未到，初五日始行前往，"系闻有查办之信，赶往住班"，也被革去侍郎护军统领、副都统，退出乾清门。嘉庆帝念其父德楞泰曾著军功，且止此一子，特意加恩留其侯爵，仍赏给头等侍卫，在大门上行走。在处罚完主要责任人后，嘉庆帝规定："嗣后管理健锐火器二营各员如再有旷班情事，著该二营翼长即行禀知绵恩、拉旺多尔济勒保等，随时参奏示惩，庶不致狃于积习，相率玩误。如翼长不禀，或绵恩等徇隐不奏，经朕查出，定将伊等一并惩处！"①

尽管嘉庆时期，嘉庆帝几乎每年都前往团城演武厅，阅视健锐营操演，而且重视平时纪律的建设，但清军战斗力已是日益衰落。

---

① 《清仁宗实录》卷250。

道光时期，演武厅阅视健锐营操得以继续，但次数明显减少。道光三年（1823）三月，道光帝奉皇太后御演武厅，阅健锐营操。道光十九年（1839）九月，又御香山演武厅，阅健锐营操。① 咸丰年间只有一次。咸丰二年（1852）九月，咸丰帝御演武厅阅健锐营操。② 这大概是清朝皇帝在西山健锐营阅视操演的绝响。

四 日常阅射

为强化"国语骑射"对于清代"立国之本"的重要性，清代皇帝在御园中亦时常召集王公大臣及侍卫，进行校射。

圆明园中阅看"布靶"即是京西御园日常阅射的一种。嘉庆十二年（1807）八月初四日，嘉庆帝在圆明园中阅看布靶时，庆郡王永璘因迟到敲唤东角门，章京扎昆珠、伊丰额为之开门。事后，嘉庆帝严厉批评此事，"朕阅看布靶，庆郡王永璘来迟，其咎不过罚俸，今擅敢敲唤禁门，章京等亦擅自开门，俱属不合"。结果，庆郡王永璘被革去总理行营，罚职任俸一年，扎昆珠、伊丰额则被革去办事章京侍卫班领，罚俸一年，以示儆戒。并强调以后阅看布靶时如有来迟者，即自行具奏请罪，如果仍似这般敲门呼唤而章京即行开门者，必当从重治罪。③ 贤良门内阅看"布靶"，虽为日常阅射，但从上面的事件来看，嘉庆帝也是相当重视，甚至规定如果阅射时碰巧有官员要进园谢恩，则一并在贤良门外谢恩即可，"外省应行谢恩道府人员原可进内谢恩，而各部院大臣官员遇朕在勤政殿引见，本应进内谢恩，若遇在出入贤良门阅看布靶之日，即著在出入贤良门外谢恩"④。

对朝廷礼制相当谙熟的昭梿在《啸亭续录》中亦专门记述了

---

① 《清宣宗实录》卷326。
② 《清文宗实录》卷71。
③ 《清仁宗实录》卷184。
④ 《清仁宗实录》卷318。

"射布靶"的活动："国家以弧矢定天下，凡八旗士大夫无不习弓马，殊有古风。每岁上狩木兰前，将派往扈从王公大臣、文武官员等习射于出入贤良门，上亲阅之以定优劣，其中三矢以上者，优赉有差。今上自甲戌春，命八旗护军、前锋营每旗拣选善射者百人，上亲阅视，其中优者，立为擢升，岁以为常，大有安不忘危之意。然周制有大射、燕射、宾射之别，今每春习射，及秋狝前习射，有古人燕射之意，至于春秋大射之仪尚未之备。余立朝时，每为言官等言之，初未有人奏者。然此大礼，终必有议及之日也。"①

道光朝也常在圆明园校阅八旗兵丁。道光十六年（1836）六月，谕内阁："朕于本年七月十六日起阅看圆明园八旗兵丁步射，著该管大臣等每旗由护军校委护军校护军内各拣选五十名，每日带领二十名，候朕阅看，仍著照旧每人射箭两枝。此次豫备步射之兵丁等，下次俱著毋庸豫备。朕阅看之后，将射箭兵丁花名造册咨报军机处，以备查核。"②

除了贤良门内，道光帝亦在山高水长阅看侍卫骑射。"山高水长"旧称"引见楼"，位于清代皇家园林圆明园的西南角，是圆明园四十景之一。《钦定日下旧闻考》曰："万方安和西南为山高水长楼，西向九楹，后拥连岗，前带河流，中央地势平衍，凡数顷。""其地为外藩朝正锡宴及平时侍卫较射之所，每岁灯节则陈火戏于此。"乾隆九年（1744）《御制山高水长诗》序曰：在园之西南隅，地势平衍，构重楼数楹。每一临瞰，远岫堆鬟，近郊错绣，旷如也。为外藩朝正锡宴，陈鱼龙角觝之所，平时宿卫士于此较射。③

据实录载，道光二十一年（1841）闰三月初七日，道光帝御山高水长，阅侍卫骑射。甲子，上御山高水长，阅侍卫骑射，翼日如

---

① 《啸亭续录》卷1《射布靶》。
② 《清宣宗实录》卷284。
③ 《日下旧闻考》卷81《国朝苑囿·圆明园》二。

之。① 道光二十五年（1845）正月二十日，谕内阁："满洲火器营兵丁，原为演习技艺而设，各项武艺俱应教练熟习。乃昨日山高水长阅看马枪马箭，皆甚生疏。该管营大臣僧格林沁、哈哴阿、中山、巴清德、扎勒罕泰均著交部议处，所有马枪马箭生疏之兵丁著交该王大臣等严行责惩。"② 道光二十八年（1848）九月初一日，道光帝又御山高水长，阅侍卫等骑射，翼日如之。③

道光朝八旗各兵种已形同虚设，其战斗力不堪一击。为此，道光帝效仿当年乾隆帝设立健锐营的办法，于道光十八年（1838）四月命圆明园新建一营，专门教习长矛。"圆明园三旗新建营现习长矛，添设教习二人，著桂良即饬令该省营弁罗锦川、常启云来京教演。至需用长矛，必应材质坚利，方为合用。著即在该省制造三百杆，交该弁等解送来京，以备演习。其制造银两，即于该省藩库闲款内动用。"④ 新建一营即圆明园枪营。四月，经礼部尚书奕纪等奏请，议定《圆明园三旗新建营章程》。奕纪奏报："查该营演习技艺之前锋一百二十名，向习解马，兼习长枪单刀。今拟定仍习解马，并习马上花枪，将别项技艺撤去；披甲人三百名，向习鸟枪杂技，今拟定一百五十名习长矛，一百五十名习单刀，将鸟枪等项撤去。一切事务，向派堂郎中会同三旗护军统领管理，现查正白旗护军统领广敏管辖较严，应请将堂郎中撤去，今该员总辖营务，其两旗护军统领毋庸兼管，以专责成。"改建后的圆明园三旗新营，既练习长矛，也练习单刀。又拟定了《操演章程》：每旗设立长矛单刀兵各五十名，逐日演习。三个月后，每月小操九次，大操三次，每年四季合操四次。根据合操表现，分别等第，优秀者加给公费，以示鼓励，生疏者裁去公费，学无成效者，则直接驳回本旗。

① 《清宣宗实录》卷350。
② 《清宣宗实录》卷413。
③ 《清宣宗实录》卷459。
④ 《清宣宗实录》卷308。

马上花枪项目，亦照此一体办理。此外，不论刀、矛，每十人为一队，选精熟之人为队长。所操演的进退步法，皆遵本队队长指挥。仍责成护军校二员，分领刀矛队长，专司稽查；同时，委护军参领一员，作为营长，管理操演马匹，护军参领一员作为营总，管辖弁兵，办理本旗事务。① 自雍正朝在圣化寺专设一营进行训练后，历经乾隆朝设立健锐营，到嘉庆朝设立圆明园护军，再到道光朝新建枪营专习长矛、单刀，都是清廷在面对八旗战斗力日渐衰落情形下的修修补补。

综上，三山五园中的"玉泉山大阅""健锐营阅操""阅武楼操演"以及"山高水长侍卫校射"等，都反映了清代国家政治生活中的一个重要内容，即"国语骑射"。

---

① 《清宣宗实录》卷309。

第六章　奉养东朝与祭祀典礼[*]

第一节　奉养东朝

封建历代皇帝都尊亲法祖，标榜"朕以孝治天下"而垂范天下。奉养太后，就是这一理念的仪式化象征。就清代而言，除了紫禁城内的寿康宫等专门奉养皇太后的宫殿之外，在园囿中也专门建有供皇太后颐养闲居的居处。

从康熙帝《御制畅春园记》来看，兴建畅春园的其中一个因素就是奉养皇太后，"扶舆后先，承欢爱日，有天伦之乐焉"。[①] 康熙帝在畅春园奉养过太皇太后（即孝庄太后，但次数寥寥）、皇太后（即孝惠章皇后）。康熙二十六年（1847），畅春园建成后，便立即奉太皇太后、皇太后临幸。六月初六日，康熙帝奉太皇太后、皇太后幸畅春园，一直住到七月戊寅，才奉太皇太后、皇太后自畅春园回宫。[②]

康熙二十六年十二月二十五日，作为太皇太后的孝庄太后离世，终年七十五岁。此后，畅春园在康熙朝奉养东朝就只剩下了皇太后，即孝惠章皇后博尔济吉特氏。孝惠章皇后，博尔济吉特氏，顺治帝第二任皇后，科尔沁贝勒绰尔济之女。顺治十一年（1654）五月，选满珠习礼孙入宫，封为妃，六月册为皇后。顺治十八年（1661）

---

[*]　本章第一、第二节内容由中国人民大学清史研究所杨剑利副教授撰写，特此致谢。
①　《日下旧闻考》卷76《国朝苑囿·畅春园》。
②　《清圣祖实录》卷130。

康熙帝即位后，与孝康章皇后两宫并尊，称母后皇太后，上徽号曰仁宪皇太后。康熙即位时，生母佟佳氏亦被尊奉为皇太后。佟佳氏，顺治帝妃嫔，康熙帝生母，生于崇德五年，佟图赖之女。顺治十年（1653）入宫为庶妃，顺治十一年（1654）生皇三子玄烨（康熙帝）。顺治十八年（1661）正月，顺治帝驾崩，康熙帝即位后，与孝惠章皇后两宫并尊，称圣母皇太后，上徽号曰慈和皇太后。但是她却在康熙二年（1663）崩逝，年仅24岁。因此，自康熙二年后，康熙帝所奉养的皇太后是姓博尔济吉特氏的孝惠章皇后。

无论是康熙帝前往畅春园，还是回宫，甚至外出巡幸时，都奉这位养母随行。即便不能随行，康熙帝在回到北京后的第一件事也是前往皇太后居处请安。如康熙三十三年（1694）三月初五日，头一天康熙帝刚刚结束巡幸畿甸返回京城，便奉皇太后幸畅春园。康熙三十五年（1696）六月，亲征噶尔丹，返回北京的第三天，便奉皇太后幸畅春园。住了两个月后，八月初六日，才奉皇太后自畅春园回宫。又如，康熙四十五年（1706）九月二十四日，刚巡幸塞外返京，当天便回畅春园，诣皇太后宫问安。

尤其是，每年元旦来临，康熙帝一般都奉皇太后临幸畅春园，并在那里赐宴外藩。例如，康熙三十二年（1693）正月初五日，奉皇太后幸畅春园。次日，以上元节赐外藩乌朱穆秦、喀尔喀、科尔沁、扎鲁特、土默特、杜尔伯特、鄂尔多斯、吴喇忒、毛明安、郭尔罗斯、苏尼特、阿禄科尔沁、翁牛特、蒿齐忒、阿霸、哈纳、奈曼、巴林、敖汉、克西克腾、阿霸垓等部，诸王、贝勒、贝子、公、台吉等，内大臣、大学士、上三旗都统、副都统、侍卫等宴。正月十六日上元节当天，又赐外藩诸王、贝勒、贝子、公、台吉等，及内大臣、大学士、上三旗都统、副都统、侍卫等宴。正月十六日，康熙帝奉皇太后自畅春园回宫。① 又如，康熙三十四年

---

① 《清圣祖实录》卷158。

（1695）正月十三日，康熙帝奉皇太后幸畅春园。十四日，以上元节，赐外藩科尔沁、喀喇沁、土默特、毛明安、喀尔喀、阿霸垓、巴林、敖汉、王、贝勒、贝子、公、台吉等及内大臣、大学士、上三旗都统、副都统、尚书、侍郎学士、侍卫等宴。十五日，上元节当天，再赐外藩王、贝勒、贝子、公、台吉等、内大臣、大学士、上三旗都统、副都统、尚书、侍郎、学士、侍卫等宴。正月十六日，奉皇太后自畅春园回宫。①

在畅春园时，皇太后一般都居住于春晖堂和"寿萱春永"，此处左右配殿五楹，东西耳殿各三楹，后照殿十五楹。"寿萱春永"，即康熙时皇太后所居园中寝殿名，西耳殿内额曰："松鹤延年"，联曰："璇阁香清，露华滋蕙畹；萱阶昼永，云锦蔚荷裳。"

雍正帝继位后尊奉生母为仁寿皇太后。孝恭仁皇后，乌雅氏，康熙帝妃嫔，雍正帝生母，满洲正黄旗人，护军参领、加封一等公威武之女。康熙十二年（1673）入宫，康熙十七年（1678）生皇四子胤禛，康熙十八年（1679）晋封为德嫔，康熙十九年（1680）二月初五，生皇六子胤祚。康熙二十年（1681）晋封为德妃。康熙二十一年（1682）生皇七女。康熙二十二年（1683）生皇九女。康熙二十五年（1686）生皇十二女。康熙二十七年（1688）生皇十四子胤禵。康熙六十一年（1722），雍正帝即位后，尊为皇太后，拟上徽号曰仁寿皇太后。

雍正元年（1723）正月，谕总理事务王大臣等："母后诞育朕躬，缵承大统，谨考彝章，请上尊号，母后以皇考梓宫奉移山陵之事未毕，不忍即受尊称。前据王大臣等合词虔请，敬上仁寿皇太后尊号，盛德谦光，屡辞不允。诸王大臣援引旧典，恳求再三，始蒙慈允。"②

但是，这位 64 岁的皇太后五个月后便因病去世，"崩于永和

---

① 《清圣祖实录》卷 166。
② 《清世宗实录》卷 3。

宫"。雍正九年（1731）九月二十九日，"皇后病笃，移驻畅春园，上亲往看视，逾时回宫。未刻，皇后崩逝，上痛悼不已"。次日，"辍朝五日，在京诸王以下及文武各官、公主王妃以下及旗下二品命妇俱齐集畅春园举哀，持服二十七日。在外督抚将军提镇及文武各属，免其齐集举哀制服，亦不必遣官进香"。①

虽说雍正时期还没有确定在畅春园奉养皇太后的传统，但从康熙朝以来，这毕竟是不成文的旧制，因此，雍正元年仁寿皇太后的离世，客观上也导致了畅春园在雍正朝的闲置。

再者，雍正帝是一位非常勤政的皇帝，在位 13 年期间，不仅没有一次离京巡幸之举，而且政务起居也大多在宫内，即便是自己从父皇康熙帝那里所得到的赐园圆明园也光顾不多，前三年服制期间更是一次没有去过，雍正三年（1725）八月二十七日，雍正帝才第一次"幸圆明园驻跸"②，至于畅春园，除了前往恩佑寺行礼之外，就从来没有驻跸。

乾隆即位后，皇太后即生母钮祜禄氏，满洲镶黄旗，四品典仪凌柱之女。康熙时为藩邸格格，康熙五十年（1711）八月十三日，生弘历，雍正元年封熹妃。八年，晋熹贵妃。九年，孝敬皇后崩后，摄六宫事。雍正十三年（1735）九月，弘历即位，尊为圣母皇太后，上徽号曰崇庆皇太后。国有庆，屡加尊号，曰崇庆慈宣康惠敦和裕寿纯禧恭懿安祺宁豫皇太后。

乾隆帝在京西御园奉养皇太后的地方主要有两处：一是畅春园，二是圆明园。

在圆明园，皇太后的主要居处是长春仙馆。乾隆三年（1738）正月十一日，乾隆帝初幸圆明园，先诣恩佑寺行礼，然后奉皇太后居畅春园，并规定："凡庆节，恭迎皇太后御圆明园之长春仙馆，

---

① 《清世宗实录》卷110。
② 《清世宗实录》卷35。

以为例。"① 乾隆九年，清高宗御撰《圆明园四十景图咏》中乾隆御诗序曰：《长春仙馆》循寿山口西入，屋宇深邃，重檐羊槛，透迤相接，庭径有梧有石，堪供小憩。于归时赐居也。今略加修饰，遇佳辰令节，迎奉皇太后，为膳寝之所。盖以长春志祝云。诗曰："常时问寝地，曩岁读书堂。秘阁冬宜燠，虚亭夜亦凉。欢心依日永，乐志愿春长。阶下松龄祝，千秋奉寿康。"

在畅春园，皇太后的主要居处依然是春晖堂和寿萱春永。由于雍正十余年间的闲置，乾隆三年对畅春园中供皇太后居住的春晖堂、寿萱春永进行了修缮。乾隆三年正月二十一日，乾隆帝来到畅春园，视察了修缮完毕的春晖堂、寿萱春永工程。第二天，诣长春仙馆，问皇太后安。当天，便奉皇太后居畅春园之春晖堂。②

乾隆九年（1744）正月十六日，乾隆帝诣长春仙馆问皇太后安。谕："今夕山高水长处点放烟火盒子，著外省将军、副都统大臣等及京城部院衙门、旗下满洲大臣等进内观看；著御前乾清门行走之蒙古王、额驸台吉等在两廊下坐；大臣等皆在阶下两旁列坐；准噶尔使臣图尔都，著在头班大臣后随坐。"③ 像这种场景，在乾隆四十二年皇太后去世之前，几乎是一种常例。

乾隆十六年（1751），皇太后六旬万寿。此前一年三月，乾隆帝谕令瓮山改称名万寿山，金海改称昆明湖。④ 为庆祝皇太后六旬圣寿，在京王大臣以及各省督抚都奏请在万寿山到京城西华门一路，沿途预备各种戏台杂技。乾隆十六年三月，谕军机大臣等："今岁恭逢圣母皇太后六旬万寿，在京王大臣等奏请举行庆贺盛典，于万寿山至京一路分段豫备，公祝圣寿，已经允其所请。其各省督抚，似此奏请者，自应一体准行。但伊等于奏准之后，只应先期遣

① 《清高宗实录》卷60。
② 《清高宗实录》卷61。
③ 《清高宗实录》卷209。
④ 《清高宗实录》卷360。

人进京，照在京王大臣所办及分派地方，各按段落，豫备经坛戏台之类，以展臣子祝嘏之诚。"① 四月，据总管内务府王大臣等奏称，盐政吉庆、高恒亦奏请豫备庆贺，并称"伊等各有所属商人恳与庆祝"，乾隆也允许二人同各省督抚一起，在万寿山至西直门分段备办。② 在一片阿谀奉承和相互攀比之下，各地纷纷向乾隆帝表白"祝嘏之诚"，纷纷备办礼物，要求进京为皇太后祝寿。五月，乾隆帝谕军机大臣等："今岁恭逢圣母皇太后万寿，直省督抚等奏请来京庆祝，朕均已酌量批示，并传谕停止一切进献。惟允其先期遣人赴京，于西直门至万寿山一路，分认段落，敬谨豫备。但所指段落里数甚长，办理未免多费。将来安舆所经，凡道旁一应豫备俱著取支内务府，不必伊等分办。惟自西直门至西华门一带途次，原准在京王公大臣分办，著各该督抚等即于此间公同分段豫备，计每段不过数丈许，则办理既易，而诚敬之意亦伸。所有分办之处，即令伊等遣人料理，将此一并传谕知之。"③ 在乾隆帝的指示下，自万寿山到西直门，再从西直门到西华门的沿途，在皇太后万寿庆典期间，都要张灯结彩，备办各种戏台与杂艺表演。原计划，万寿山至西直门一路由各地督抚分段认领，西直门至西华门一路则由在京王公大臣分段认领，但考虑万寿山至西直门这段路程较长，办理起来必然费用不低，乾隆帝命令这段路的庆典筹办由内务府出资；相对距离较短的西直门至西华门这一段，则由各省督抚及踊跃表达诚敬之意的商人与在京王王公大臣们一同办理。由此，可以想见乾隆十六年皇太后六旬万寿庆典时万寿山至西华门一带的盛典陈设是何等的奢华繁盛！

乾隆四十二年（1777）正月，皇太后病重，时居于圆明园的长春仙馆。当月二十三日子刻，皇太后疾大渐。乾隆帝至长春仙馆问

---

① 《清高宗实录》卷384。
② 《清高宗实录》卷386。
③ 《清高宗实录》卷388。

侍。丑刻，皇太后崩。皇太后遗诰曰："予以薄德，祗膺昊苍眷佑，列圣笃祥，诞育帝躬，丕绍鸿绪。今皇帝秉性仁孝，承欢养志，克敬克诚，视膳问安，晨夕靡间。每当巡幸所至，必披辇同行，亲见亿兆呼嵩，尊亲并笃，合万国欢，以天下养，信可谓之兼备矣。且木兰秋狝前期，必奉予幸避暑山庄，以协夏清之理，新正御园庆节，必奉予驻长春仙馆，以惬宴赏之情。至凡遇万寿大庆，必躬自起舞，以申爱敬，每当宫庭侍宴，必亲制诗画，以博欣愉，予因益怡乐康强，颐和晚景。又见皇帝神武懋昭，庙谟广运，平定准夷回部，广拓幅员。而近年征剿两金川，宵旰焦劳，运筹五载，大功幸得告成，皇帝之心始宽，予怀亦因以大慰。方谓际兹海宇乂宁，丰登迭奏，予更得长延景福，葆养天和。惟念年齿日高，未免桑榆景迫，深惕于衷。犹幸体气素强，精神未耗，期颐或可渐臻。皇帝每见予康健如常，喜形于色，讵意昨者偶遭寒疾，寖至沉痼，皇帝侍药问安，忧心时切，日叩天神保助，祈予速就痊可。予亦思调理向愈，以安皇帝之心。不期延至二十三日丑时，大数垂尽，遂至弥留。予寿已八十有六，母仪尊养四十二年，因集勋归美而三晋徽称，遇万寿祝厘而三举庆典，中外一统，五世同堂，稽之史册，实罕伦比！"这份皇太后遗诰虽不乏谀辞，但的确也反映了乾隆帝对皇太后的奉养之情。

乾隆帝本人亦称："朕自登极以来，即尊养皇太后于畅春园，迄今四十二年，视膳问安，承欢介景，所以奉懿娱而尽爱敬，为时最久。"[1] 乾隆帝所言不虚。对此，《啸亭杂录》卷一《孝亲》亦曰："纯皇（即乾隆帝）侍奉孝圣宪皇后极为孝养，每巡幸木兰、江、浙等处，必首奉慈舆，朝夕侍养。后天性慈善，屡劝上减刑罢兵，以免苍生屠戮，上无不顺从，以承欢爱。后喜居畅春园，上于乘冬季入宫之后，迟数日必往问安视膳，以尽子职。后崩后，上于

---

① 《清高宗实录》卷1025。

后燕处之地皆设寝园，凡巾帨、枇枷、沐盆、吐盂无不备陈如生时，上时往参拜，多至失声。又于园隙建恩慕寺，以资后之冥福焉。"①

皇太后去世当月，乾隆帝即令将圆明园之长春仙馆正殿、偏殿改为佛堂，将畅春园内现供佛座移往供奉，并添设佛像。② 又令将畅春园九经三事殿"易盖黄瓦"，以安奉皇太后梓宫。正月二十九日，谕军机大臣等："今日奉移大行皇太后梓宫于畅春园之九经三事殿，妥侑圣灵，盖缘畅春园乃皇祖旧居，雍正九年皇妣孝敬宪皇后丧仪，即在此安奉。朕恭奉圣母皇太后颐和养志四十余年，于畅春园神御所安，最为怡适。是用易盖黄瓦，敬设几筵，奉移成礼，所谓礼缘义起、行乎心之所安也。若圆明园之正大光明殿，则自皇考世宗宪皇帝爰及朕躬五十余年莅官听政于此，而门前内阁及各部院朝房左右环列，规模远大，所当传之奕禩子孙，为御园理政办事之所。恐万年后，子孙有援九经三事之例，欲将正大光明殿改换黄瓦者，则大不可。且观德殿及静安庄所建殿宁宫门，体制闳整，以之移奉暂安，足以备礼尽敬，何必别议改作乎？至园内之长春园及宫内之宁寿宫，乃朕葺治，为归政后所居。将来我子孙有绍美前休、耄期归政者，亦可留为憩息之地，均不宜轻事更张。若畅春园，则距圆明园甚近，事奉东朝，问安视膳，莫便于此，我子孙亦当世守勿改。著将此旨录写，封贮尚书房、军机处各一分，传示子孙，以志毋忘。"③ 乾隆帝此谕，对三山五园及其主要建筑的礼制功能定位起了比较重要的作用。将皇太后生前起居之所改建为佛堂、"易盖黄瓦"，实际上就是将这些建筑提升了其礼制的级别，从而改变了建筑的功能。乾隆帝担心，自己身后的继任皇帝若援用此例，将自己园居理政时经常使用的圆明园正大光明等殿也改为佛

---

① 《啸亭杂录》卷1《孝亲》。
② 《清高宗实录》卷1025。
③ 《清高宗实录》卷1026。

堂之类的场所，则会改变其作为听政场所的功能；继任者若要继续在御园听政，还必须另辟新殿，从而造成资源上的浪费和闲置。为避免此类事情的发生，乾隆帝特意强调，畅春园以后的功能就是奉养皇太后，而且规定后代不得效仿自己将御园中前朝帝后起居之所改建为佛堂。

乾隆四十二年（1777）二月二十日，乾隆帝就此事再次谕军机大臣等："前于正月二十九日召军机大臣等，面降谕旨，以圆明园之正大光明殿为皇考及朕躬数十年来听政之所，当传之奕禩子孙，不得援九经三事之例，改换黄瓦。至畅春园距圆明园甚近，事奉东朝，亦子孙所当世守勿改。已令记录此旨封存尚书房、军机处各一分。至于列圣列后安奉神御神位之处，礼缘义起，朕惟一奉前规，不敢不及，亦不敢有过，所应详晰训谕，俾并录存记者。如寿皇殿，安奉圣祖仁皇帝世宗宪皇帝御容。至列圣列后，向年惟除夕元旦两日，恭奉御容瞻拜于此。若恩佑寺，原奉皇祖御容，嗣于圆明园内建立安佑宫，朕即奉移皇祖御容，并奉皇考御容。至现在之恩佑寺，惟供佛像，岁时诵经展礼，盖缘神御尊严，不敢渎奉。昔我皇祖为孝庄文皇后于南苑建永慕寺，亦止奉礼佛像，用申诚敬。是以朕昨命将悟正庵改建恩慕寺，为圣母皇太后恭荐慈福，少抒哀慕之忱，并无供奉神御之事也。至养心殿之东佛堂、圆明园之东佛堂，因皇考时曾恭奉皇祖神位并恭奉孝恭仁皇后神位，是以朕亦遵奉此制而行，不敢有所损益。至避暑山庄之永佑寺，则止奉皇祖皇考御容，此皆子孙所当敬谨遵奉。又宫内之长春宫，向有孝贤皇后及皇贵妃等影堂，朕不过每岁于腊月二十五忌辰之日一临。但思列后及圣母均未有专奉圣容处所，则长春宫即岁暮亦不便悬像矣，此事著停止。列后神御俱尊藏寿皇殿内神厨，将来朕之子孙遵照安奉，亦足以昭敬慎。将此旨令皇子等一并录写存记，用志毋忘。"[1]

---

[1] 《清高宗实录》卷1027。

在这次谕令中，乾隆帝除了再次明确畅春园供奉东朝、圆明园正大光明殿作为御园听政之所，后世不得更改其用途之外，更进一步就列圣列后神御（即画像）神位如何安放的问题，做了明确规定。根据乾隆帝的规定，安奉已故皇帝御容画像的地方，在内城是寿皇殿，京西御园则是圆明园的安佑宫，还有避暑山庄的永佑寺。畅春园恩佑寺原本供奉康熙帝御像，在圆明园安佑宫建成后，则与雍正帝御像一并移置其中。新建恩慕寺也只是为已故皇太后"恭荐慈福，少抒哀慕之忱"的祈福缅怀之所，而不供奉孝圣宪皇后的御容。

从乾隆四十二年正月到四月十四日，孝圣宪皇后梓宫从畅春园九经三事殿发引之前，几乎每天乾隆帝都会到畅春园皇太后梓宫前供奠行礼。四月十四日，皇太后梓宫发引后，乾隆帝前往畅春园的次数便大为减少，即使前往，也主要是到恩慕寺、恩佑寺拈香。

进入嘉庆朝，嘉庆帝的母亲，孝仪纯皇后魏佳氏，生前为令皇贵妃，早于乾隆帝在世时就已去世，嘉庆即位后追赠皇太后。

乾隆朝前后立过三位皇后。第一个皇后是原配孝贤皇后富察氏（1712—1748），满洲镶黄旗人，察哈尔总管李荣保之女，乾隆二年以金册金宝册立富察氏为皇后，时年 26 岁。皇后性情节俭，平日冠饰皆草线绒花，不御珠翠。但皇长女、永琏、永琮先后夭折，皇后悲痛万分。乾隆十三年（1748）三月十一日，她在南巡途中，于山东德州崩逝，终年 37 岁。

富察氏去世后，在皇太后的主持下，乾隆帝又立乌喇那拉氏为皇后。乌喇那拉氏（1718—1766），满洲正黄旗人，佐领那尔布之女。乾隆帝即位之前即为其藩邸侧福晋，为雍正帝亲赐。乾隆二年（1737）册为"娴妃"，时年 20 岁。十年（1745）十一月册为贵妃，先后生下皇十二子永琪，十八年（1753）生皇五女，二十年（1755）生皇十三子永璟。乾隆帝中年以后，帝后感情日渐淡薄。三十年（1765）南巡之时，乌喇那拉氏愤然剪去头发，触犯国忌，被打入冷宫。次年（1766）七月十四日薨，终年49岁。

乌喇那拉氏被废后，后宫便由皇贵妃魏佳氏代为管理。魏佳氏（本姓魏，原属汉军正黄旗，后抬旗入满洲镶黄旗并改姓魏佳氏），嘉庆帝生母，内管领清泰之女。乾隆四年（1739）入宫，乾隆十年（1745）封魏贵人，同年晋令嫔，乾隆十三年（1748）晋封为令妃，乾隆二十四年（1759）晋封为令贵妃。乾隆二十五年（1760）生皇十五子永琰（即嘉庆帝）。乾隆三十年晋封为皇贵妃，摄六宫事。

乾隆帝在位时，本计划在禅位时再封她为皇后，但魏佳氏没能等到这一天。乾隆四十年（1775）正月二十九日去世，享年49岁。乾隆六十年（1795）八月十二日，追封为皇后，谥为孝仪恭顺康裕慈仁端恪皇后。经嘉庆、道光两朝加谥，全谥为孝仪恭顺康裕慈仁端恪敏哲翼天毓圣纯皇后。

由于嘉庆朝没有奉养皇太后的责任，因此，按照乾隆帝谕令，作为专门奉养皇太后的畅春园在嘉庆朝也没有派上用场，而是继乾隆朝后期空置二十余年后，继续闲置在那里，又不便改作他用。所以，畅春园的逐步败落是有其客观因素的。嘉庆帝到畅春园的主要活动是前往恩慕寺和恩佑寺行礼、拈香。

等到道光继位后，即便想让新获封的皇太后奉养畅春园，也已经不可能，因为此时的畅春园残破已甚；虽然有乾隆的祖制，但道光帝也无法遵守，而是以距离圆明园更近的绮春园作为奉养"东朝"之地；自此之后，畅春园原有的功能丧失，注定了畅春园颓败的命运便无可挽回了。

嘉庆帝册封的第一位皇后是孝淑睿皇后，喜塔腊氏，嘉庆帝原配妻子，满洲正白旗人，总管内务府大臣、副都统、承恩公和尔敬额之女。乾隆三十九年（1774）赐册为皇子永琰嫡福晋，年十五岁。乾隆四十五年（1780），生永琰第二女。乾隆四十七年（1782）八月初十，生永琰第二子旻宁（即道光帝）。乾隆四十九年（1784），生永琰第四女（即庄静固伦公主）。乾隆六十年（1795），乾隆帝禅位永琰，永琰改名颙琰。嘉庆元年（1796）正月，册立喜塔腊氏为皇后。嘉庆二年（1797）二月初七，病逝，得年 38 岁。嘉庆二年五月，谥孝淑皇后。道光、咸丰累加谥为孝淑端和仁庄慈懿敦裕昭肃光天佑圣睿皇后。

第二位皇后是孝和睿皇后，钮祜禄氏，礼部尚书恭阿拉女。在嘉庆帝未即位之前，为侧室福晋。嘉庆帝即位后，封贵妃。孝淑皇后崩，先封皇贵妃。嘉庆六年（1801），册为皇后。二十五年（1820）八月，嘉庆帝幸热河崩，后传旨令旻宁（即道光帝）嗣位。道光帝尊其为皇太后，居寿康宫。

道光元年（1821）五月，道光帝谕内阁："乾隆四十二年，皇祖高宗纯皇帝圣谕，以畅春园距圆明园甚近，事奉东朝，问安视膳，莫便于此，子孙当世守勿改。此旨恭录存贮上书房，朕从前曾经祗诵。惟是畅春园自丁酉年扃护以后，迄今又阅数十年，殿宇墙垣，多就倾敧，池沼亦皆湮塞。此时重加修葺，地界恢阔，断非一二年所能竣工。明年释服后，圣母皇太后临幸御园，不可无养志颐和之所。朕再四酌度，绮春园在圆明园之左，相距咫尺，视膳问安，较之畅春园更为密迩。且系皇太后夙昔临莅之区，居处游览，罄无不宜，于此尊养承欢，当于近奉东朝之旨尤相契合也。著管理圆明园大臣即将绮春园相度修整，敬奉慈愉。"① 道光三年（1823）正月十二日，道光帝初幸圆明园，诣安佑宫行礼，随后奉皇太后居绮春园。② 道光二十九年（1849），皇太后崩，享年 74 岁。

早在道光帝即位时所册立的第一位皇后是佟佳氏（孝慎成皇后），道光十三年（1833）四月去世，六宫无主。当年八月十五日，道光帝晋升全贵妃为皇贵妃，摄六宫事（代行皇后权力），实

---

① 《清道光朝实录》卷 18。
② 《清宣宗实录》卷 48。

为后宫之主。孝全成皇后，钮祜禄氏，满洲镶黄旗人，道光帝第二任皇后，咸丰帝生母，颇受道光帝宠爱。道光二十年（1840）正月，33 岁的孝全皇后暴崩，死因不明。由于孝全成皇后与道光帝感情极深，自她去世后道光便未曾再立皇后。

因此，当咸丰帝即位后，也没有奉养皇太后的任务。再加上咸丰十年（1860）英法联军的烧掠，三山五园遭到严重破坏。此后，直到慈禧太后重修颐和园，三山五园便失去了奉养皇太后的功能。

咸丰十一年（1861），咸丰帝在承德避暑山庄驾崩，大阿哥载淳（即同治帝）即位，尊孝贞显皇后钮钴禄氏为母后皇太后，又称东太后，上徽号曰慈安（光绪七年三月初十，暴崩于钟粹宫）；尊生母、懿贵妃叶赫那拉氏为圣母皇太后，上徽号慈禧。

因此，同治朝和光绪朝，虽然有奉养皇太后的任务，但由于三山五园的破坏，京西苑囿基本中断了帝后园居生活的功能。光绪十四年（1888），慈禧太后借归政退养为名，以光绪帝名义下令重建清漪园。由于经费有限，乃集中财力修复前山建筑群，并在昆明湖四周加筑围墙，改名颐和园。光绪二十六年（1900），颐和园又遭八国联军洗劫，翌年，慈禧太后从西安回到北京后，再次动用巨款修复此园。从京西园林承担奉养皇太后的功能来讲，颐和园（清漪园）是继畅春园、绮春园之后清朝皇太后最后的园居之地。

第二节　筵宴娱乐

清廷每年都有名目繁多的各种筵宴，而皇帝请客吃饭，是其通过社交活动以实现政治统治的一种常用手段。从性质上看主要分为公宴、家宴。公宴多为庆典性的，往往是君臣共进饮膳，或招待外藩首领。每遇国家大典和重要节日，都要举行大型宴会。如皇帝太后的生日举行"万寿千秋宴"，皇帝继位要举行登基"庆典宴"，外藩来朝要举行"外藩宴",打了胜仗要举行"凯旋宴",① 每当钦定书籍编纂完成要举行"修书宴",皇帝经筵礼成后要举行"经筵宴",临雍礼成后要在礼部举行"临雍宴",顺天乡试后要举行"鹿鸣宴",殿试之后要举行"恩荣宴"等。清廷大型公宴,一般在皇帝上朝办公的三大殿等地方举办。届时,设御宴于皇帝宝座前,王公大臣、文武百官、外国使臣,都要穿朝服。宴会由皇帝亲自主持。宴席过程中,要举行诸如皇帝入座、敬酒、进馔、颁赏及群臣的转宴、谢恩等仪式。同时,还有庞大的乐队依时演奏不同的宫廷音乐,吃饭时,还有各种乐舞百戏表演。② 清宫筵宴中规模最大的就是千叟宴,人数最多时达上千人,场面十分壮观。但在京西御园兴建以后,以上这些筵宴有相当一部分经常在三山五园举行。

赐宴的举办不仅仅是为了满足有限的口腹之欲,它还有着不同寻常的政治象征意义。赐宴营建了太平盛世的景象,而帝国的统一和强大是成为国际外交核心的前提和基础,对于各国的朝贡使节,清政府以丰厚的筵宴和热情招待,不仅抚慰了远使,而且宣扬了国威。③

这其中最重要的筵宴是每年正月上元节前后的一系列赐宴和娱乐活动。

康熙朝中期畅春园兴建以后,几乎每年正月的上元节赐宴都会在畅春园举行。康熙三十一年(1692)正月十三日,康熙帝奉皇太后幸畅春园。十四日,以上元节赐外藩敖汉科尔沁、阿霸垓土默特、苏尼特、乌朱穆秦、喀尔喀翁牛特、蒿齐忒、四子部落、巴林、喀喇沁、奈曼、王、贝勒、贝子、公及内大臣、大学士、上三旗都统、副都统、尚书、侍郎、学士侍卫等宴。十五日上元节当

① 参见胡忠良《满汉全席与清宫御膳》,《中国档案》2000 年第 2 期。
② 同上。
③ 王维琼:《明代的"赐宴"和"赐食"》,硕士学位论文,东北师范大学,2010年。

天，又赐外藩王、贝勒、贝子、公及内大臣、大学士、上三旗都统、副都统、尚书、侍郎、学士、侍卫等宴。① 除非外出巡幸等特殊情形，康熙时期的上元节基本在畅春园度过。

又如，康熙三十二年（1693）正月十三日，康熙帝奉皇太后幸畅春园。初十四日，以上元节赐外藩乌朱穆秦、喀尔喀、科尔沁、扎鲁特、土默特、杜尔伯特、鄂尔多斯、吴喇忒、毛明安、郭尔罗斯、苏尼特、阿禄科尔沁、翁牛特、蒿齐忒、阿霸、哈纳、奈曼、巴林、敖汉、克西克腾、阿霸垓等部诸王、贝勒、贝子、公、台吉等，及内大臣、大学士、上三旗都统、副都统、侍卫等宴。十五日上元节当天，赐外藩诸王、贝勒、贝子、公、台吉等及内大臣、大学士、上三旗都统、副都统、侍卫等宴。②

雍正朝在京西御园理政的中心从畅春园转移到了圆明园，每年正月上元节赐宴也挪到了圆明园。雍正四年（1726）正月十三日，雍正帝在完成紫禁城宫内的各种活动后，幸圆明园。十四日，以上元节赐外藩科尔沁、翁牛特等宴。十五日当天，又赐外藩王、贝勒、贝子等宴。

除了作为惯例的上元节赐宴外，雍正帝还曾在其他节日选择在圆明园正大光明殿举行。例如，雍正五年（1727）九月初九日，以重阳令节，御正大光明殿，赐诸王大臣宴及缎疋有差，"并以雍正四年重阳庆宴柏梁体诗墨帖，颁赐诸王大臣及翰詹等官、直省督抚学臣各一册"。③

进入乾隆朝，上元节依然延续了圆明园正大光明殿的赐朝正外藩筵宴的惯例。乾隆三年（1738）正月十五日，御正大光明殿，赐朝正外藩及内大臣、大学士等宴，召科尔沁和硕图谢图亲王阿喇布坦、乌珠穆沁和硕车臣亲王阿喇布坦纳木扎勒、喀尔喀和硕亲王

---

① 《清圣祖实录》卷 158。
② 同上。
③ 《清世宗实录》卷 61。

固伦额驸策凌、科尔沁多罗扎萨克图郡王沙津德勒格尔、敖汉多罗郡王鄂尔哲图、科尔沁多罗贝勒多尔济、苏尼特多罗贝勒锡里、乌珠穆沁多罗额尔德尼贝勒策布登、喀喇沁多罗贝勒和硕额驸僧衮扎卜、喀尔喀土谢图汗敦丹多尔济、扎萨克图汗格勒克雅木丕尔、喀尔喀和硕亲王丹津多尔济、苏尼特多罗都楞郡王旺沁齐斯鲁克、喀尔喀多罗郡王德穆楚克、喀尔喀多罗贝勒噶勒桑、翁牛特多罗贝勒朋素克以及鄂尔多斯多罗贝勒诺罗卜扎木素，"至御座前，赐酒，成礼"。① 上元节，正大光明殿赐朝正外藩筵已经是一种常例。

乾隆时期国力强盛，多民族大一统局面逐步巩固，加之藩属外邦的交流日益频密，因此在京西御园的各种筵宴也日益多样化。例如，在圆明园同乐园赐大学士、九卿及翰林宴。乾隆三年正月己巳，"上幸同乐园，赐大学士、九卿及内廷翰林等宴，颁圣祖仁皇帝御批《通鉴纲目》各一部，及蟒缎貂皮荷包有差"。②

乾隆时期在圆明园举办的赐宴以及观看烟火、杂技表演的这些活动，除了带有节日娱乐的性质之外，更重要的是一种民族团结、国家一统甚至天朝上国的象征。乾隆五年（1740）正月十三日，乾隆帝幸圆明园西南部的山高水长大幄次，赐准噶尔使臣哈柳等宴。谕曰："朕早欲赐尔等宴，因筵宴我诸王及外藩王之来朝者，故未暇宣召尔等。此次噶尔丹策零奏章，既属恭顺，尔等又往返再三，朕甚嘉焉。今日特命尔等入内与宴，可观览众技，不必矜持。尔等蒙古人嗜酒，无妨畅饮数杯，朕不尔责也。"十五日，乾隆帝御奉三无私殿，赐王贝勒等宴。又御正大光明殿，赐朝正外藩、左翼、科尔沁、和硕图谢图亲王阿喇卜坦、和硕达尔汗亲王、罗卜藏衮布等宴。③ 正月十六日，又御奉三无私殿，赐大学士、尚书、侍

---

① 《清高宗实录》卷60。
② 《清高宗实录》卷61。
③ 《清高宗实录》卷108。

郎等宴。①

山高水长殿前的元宵火戏，一般从正月十三日起，至燕九日（十九日）收灯，谓之"七宵灯宴"。再举乾隆三十九年（1774）为例。乾隆三十九年正月丁卯，乾隆帝御山高水长大幄次，赐蒙古王公台吉及回部郡王等宴。戊辰，奉皇太后幸同乐园，侍早晚膳，至辛巳皆如之。同日，御奉三无私殿，赐皇子诸王等宴。己巳，奉皇太后幸山高水长。又御正大光明殿，赐朝正外藩等宴，召科尔沁和硕亲王恭格喇布坦、旺扎勒多尔济等"至御座前，赐酒成礼"。②正月庚午，御正大光明殿，赐大学士尚书等宴。③

在乾隆御制诗中，几乎对每年的上元节灯宴都有吟咏。例如，乾隆三十四年（1769）正月上元前夕侍皇太后宴，诗曰："未放西楼火树枝，试镫曲宴奉慈嬉。轻阴欲让将团魄，小部都呈祝嘏辞。饤饾芳陈百岁枣，云霞辉灿九华芝。依依爱月春宵永，正是千金一刻时。"④正月十三日，举办外藩宴，诗曰："仰流鳞集贺元正，锡宴欣逢雪后晴。大幕穹窿庆云拥，西山迤逦玉屏横。镽镴君长旧臣列（都尔伯特今亦有出痘者来京贺正与旧藩无异），毨毨衣冠侍子伻（哈萨克斯坦阿卜尔比斯汗遣其子卓尔齐来京特命入宴）。正是远来近悦候，恰教南顾缱遐情（缅匪弗靖待之一岁彼无投诚之信此无赦罪之理将筹大举用系远怀）。"⑤上元节当天，乾隆帝奉皇太后，与群臣以及外藩各部共同观看烟火和杂技表演，乾隆帝御撰《上元灯词》八首之一记述了当日观看新疆维吾尔族绳技（即高空走绳索）表演的情形："掌仪回伎列绳竿，砀极都卢倒掷盘。中外一家庆嘉夜，西京底事讶奇观。"乾隆帝在诗中自注："回部杂伎掌仪司领之，与内府旗人无异矣。"正月十六日，又举行廷臣宴，

---

① 《清高宗实录》卷109。
② 《清高宗实录》卷950。
③ 《清高宗实录》卷951。
④ 《清高宗御制诗集·三集》卷78《上元前夕侍皇太后宴作》。
⑤ 同上书，《上元前二日锡宴外藩即席得句》。

诗曰："堂陛联情不可无，筵开翼节共嘉娱。芳肴旨酒聊兹会，撮矢弧弓岂彼须。玉色积斯占熟穀，金音毋尔赋生刍。连茵莫作同声颂，交儆赓歌事著虞。"① 正月十九日燕九节，乾隆帝又撰《燕九镫词》："旧闻今日燕丘仙，蓝尾元宵镫重燃。那见云中降玉辇，却看火里种金莲。镫事今春七日同，有云却喜每无风。鱼鳞傍晚敛全净，让出蟾光烛碧空。高烛虹光百道流，林丞明日火嬉收。无遑惟益励无逸，有作应知必有休。镫前适阅驿章呈，阿卜赉汗遣子诚。小分教留还待彼，博恩应与耀光明。"②

嘉庆朝几乎延续了乾隆朝的赐宴惯例，但却因长期以来的循规旧制，而出现了"漫无约束""不成体统"的现象，或是在筵宴时有人无故不到，出现了大量空桌，造成大量浪费，或是举办宴会时人声嘈杂，毫无纪律和约束。嘉庆二十四年（1819）正月，嘉庆帝谕内阁："国家每逢庆典及年节令辰，于太和殿、保和殿、正大光明殿、紫光阁、山高水长举行筵宴，皆列圣定制留贻，事关典礼，执事臣工，理应整齐严肃，以重朝仪。乃近日管宴王大臣及护军统领等，皆不先事详查，竟不演习，一任参差错误，漫无约束，实属怠玩因循。即如本年元旦，朕御太和殿筵宴，亲见殿内所列桌张空设者竟有五六十处，成何体制？岂不虑外国使臣所窃笑乎？此非承办衙门豫备过多，即系与宴人员有应入宴而未到者。且是日朕甫经起座，即闻殿内人声嘈杂，大乖体制。"③ 为了规范筵宴，杜绝此类现象的再次发生，嘉庆帝命承办各衙门就筵宴事宜妥议章程具奏，要求每次筵宴时摆放的桌张务必与参加人数相符合。"嗣后如有空设桌张，管宴大臣即行查明。若系多设，罚令该衙门著赔，仍将承办之员参处。如系与宴人员无故不到者，即将不到之员指名参奏。管宴大臣不行查参，经朕看出，惟管宴大臣是问。执事官员

---

① 《清高宗御制诗集·三集》卷78《上元后日曲宴廷臣即景得句并命赓韵》。
② 同上书，《燕九镫词》。
③ 《清高宗实录》卷353。

夫役，著该管护军统领严立门禁，先期由各衙门造送名册，届期按名放入。舁送桌张者安设毕，即先令退出门外，俟礼成、朕回宫后，再令该衙门率领人役按名点进，进殿彻桌。如有闲杂之人私行混入者，查系由何门放入，将该班官兵同本人一并擎交刑部，从重治罪。自此次正大光明殿筵宴为始，即著稽查严整，如有仍前疏略者，定行惩处不贷。"①

对于乾隆朝、嘉庆朝的各种筵宴，宗室学者昭梿在《啸亭续录》中有一番记述。如"山高水长殿看烟火"，乾隆初定制，于上元前后五日，观烟火于西苑西南门内之山高水长楼。楼凡五楹，不加丹垩，前平圃数顷，地甚爽垲，远眺西山如髻，出苑墙间，浑如图画。是日申刻，内务府司员设御座于楼门外，凡宗室、外藩王、贝勒、公等及一品武大臣、南书房、上书房、军机大臣以及外国使臣等咸分翼入座。圃前设火树，棚外围以药栏。烟火开始前，皇帝先入座，赐茶毕，"凡各营角伎以及僬侥兜离之戏，以次入奏毕"，皇帝命放瓶花，只见"火树崩湃，插入云霄，洵异观也"。这一波烟火表演后，膳房大臣跪进果盒，"凡是侍座者咸预焉"。接着是乐部表演舞灯技，"鱼龙曼衍，炫曜耳目"。各种舞灯技艺表演完后，皇帝再命燃放烟火，"火绳纷绕，君如飞电，俄闻万爆齐作，轰雷震天，逾刻乃已"。烟火表演结束后，皇帝回宫，诸大臣也依次归邸，"时已皓月东升，光照如昼，车马驰骤，塞满堤陌，洵升平盛事也"。②

又如"除夕上元筵宴外藩"，乾嘉时期由于"国家威德远被，大漠南北诸藩部无不尽隶版图"，每到年终，诸藩王、贝勒更番入朝，"以尽执瑞之礼"。皇帝在接受各藩部进献后，便于除夕日在保和殿举行宴会，一二品武臣咸侍座。正月初三日，宴于紫光阁，正月十五上元日再宴于圆明园正大光明殿，一品文武大臣皆入座，

① 《清高宗实录》卷353。
② 《啸亭续录》卷1。

"典甚巨也"。

又如"大蒙古包宴"，乾隆中期新疆平定后，天山南路回部、哈萨克、布鲁特诸部长争先入贡，这些藩部使者到京后，乾隆帝便在圆明园山高水长殿前赐宴；如果是避暑山庄，就在万树园中设大黄幄殿，可容千余人；其入座典礼，全部遵照保和殿之宴，宗室、王公皆与焉。皇帝亲自赐酒，以及新降诸王、贝勒、伯克等，示无外也，俗谓之大蒙古包宴。

又如"万寿节"，清代每逢皇帝诞辰日的万寿节，王公、大臣、文武职官等都要身穿蟒袍补服，在黎明时排班于圆明园之正大光明殿前，三品以下者排班于出入贤良门外。皇帝身着龙袍珠冠入座，鸿胪官唱排班，引导宣赞，一如大朝仪。

又如"同乐园观戏"，每年上元日及万寿节，皇帝都要召诸臣于圆明园同乐园听戏，分翼入座，特赐盘餐看馔。于礼毕日，各赐锦绮、如意及古玩一二器，以示宠眷。

每年元宵灯节前后，清朝皇室大都在同乐园举办大型灯戏活动，连唱十天大戏，并安设万寿灯。另外，凡是皇帝、皇太后的生辰，也要在清音阁唱九九大庆之戏。端午节或者后妃的生辰等节日，也要在清音阁演戏一两天、三五天不等。

看戏时，皇帝坐在楼下殿内，皇太后和其他后妃则坐在楼上。同乐园正楼之前的戏台两侧，有东西转角配楼各 14 间。楼下的东、西厢是王公大臣和外国来使的看戏之处。

关于乾嘉时期皇帝在圆明园内的看戏活动，不妨以嘉庆元年（1796）正月为例。据《敬事房礼仪档》，当月十四日，"未时，九州清晏入宴。未正一刻自后角门入藤影花丛殿内看戏。申初三刻上山高水长。酉正自后角门还墨池云"。"十五日（墨池云）卯初出后角门，清净地拜佛，入同乐园看戏。未初二刻，乘轿至宫门下轿，墨池云少坐。未初一刻十分，林虚桂境入家宴。未正一刻五分，开戏。申正一刻上山高水长，戏毕。""十六日，卯初二刻，宫门乘轿，上勤政殿后，同乐园看戏。""十七日，卯初三刻，宫门外乘轿，上勤政殿后，同乐园看戏。""十八日，卯正，宫门外乘轿，上勤政殿后，同乐园看戏。戏毕，出福园门进宫。""十九日，上交泰殿，卯正二刻开宝。巳初进福园，上同乐园看戏。未正宫门下轿，还墨云池。""二十日，卯正二刻，乘轿上勤政殿后，同乐园看戏，未正一刻由南山口宫门外下轿，还墨云池。""二十一日、二十二日、二十四日（三日记载同），卯正二刻，乘轿上勤政殿办事后，同乐园看戏。""二十五日。二十六日（二日记载同），卯初三刻，乘轿上勤政殿办事后，同乐园看戏。"①

园中买卖街上的店铺非常多。清道光年间的大臣姚元之曾如此描述："圆明园福海之西有同乐园，每岁赐诸臣观剧于此。高庙时，每新岁园中设有买卖街，凡古玩、估衣以及茶馆、饭肆，一切动用，诸物悉备。外间所有者，无不有之。虽至携小筐卖瓜子者亦备焉。"②

乾隆八年（1743），一位曾在圆明园从事建筑并受雇于乾隆帝的法国传教士 F. 阿蒂赫特（F. Attiret）也较为详细地描述了圆明园中的烟火和年节时的娱乐活动。

"当福海水面布满船只时，为让您欣赏到这一美妙绝伦的景致，我真希望您能到这里来。船被装饰得光彩夺目，有时是为了欣赏音乐，有时是为了垂钓，有时是由两个手持长矛的武士在表演格斗，有时是其他娱乐活动。特别是在美丽的夜晚，当烟火燃放的时候，它们将所有的宫殿、所有的船只和几乎所有的树照亮。中国的烟花制作水平，绝对是超过我们的。我在法国和意大利时没有见到这么漂亮的烟花，而且也不能够和中国人的烟花相媲美。"

"它有自己的街道、寺庙、货物交易市场、商店、法庭、殿堂和码头。一句话，北京城里有的这里都有，不过是缩小罢了。"

---

① 见《清代内廷演剧始末考》，原始档案来源为"敬事房礼仪档"。
② 姚元之：《竹叶亭杂记》，中华书局 1982 版，第 5 页。

"一年中有几次像商业、市场交易通常只在大城市才有的活动。在规定的时间里，每一位太监都穿上职业服装或佩有指定的某种标志，他们有的扮成店主、工匠、官员和普通士兵，有的推一辆手推车在街上转悠，还有是背着箩筐的搬运工。总之，每一位太监都有他们所从事职业的不同标志。船只抵达码头，店铺开门，商品被摆出销售。这里有四分之一的人在卖丝绸，另外一些人卖衣物，有一条街专卖瓷器，另外还有一条街卖漆器。无论您想买什么，在这里都可以买到。这个人卖各式各样的家具，那个人卖女士穿的衣物和饰品，还有的卖各类书籍，内容有供学习增长知识方面的，也有稀奇古怪的。这里也有咖啡屋、小酒馆，各式各样的都有，有高档的，也有低廉的。另外，也有人在街上叫卖各种水果及种类繁多的能使人精神振作的酒。当您经过绸布店时，绸布商人会拽住您的袖子，强迫您买一些他们的商品。这是一个自由和放纵的地方。从皇帝极普通的装束来看，您很难区别出皇帝来。为了推销自己的商品，每个人都在大喊大叫。一些人在争吵，一些人在斗殴。在这里您可以感受到一个集市的所有喧闹。这时会有官员过来逮捕闹事者，并将他们带到审判者面前，审判就在庭院进行，以严肃规定。闹事者有的以棒打脚心作为惩罚，有的则被判刑。皇帝的这种消遣活动，有时使可怜的参与者遭受极大的痛苦。在总的'表演'中，偷窃行当不应忘记。这份高贵的差事被指派给为数众多且身手灵巧、聪明的太监。他们极好地扮演了他们各自的角色。在实际中，如果他们当中有人被抓住，那将给他带来耻辱。依照'罪行'的程度和偷窃的类型，或被谴责（至少他们要忍受这种惩罚形式），或被污辱，或被打脚掌，或被驱逐。如果他们偷得很巧妙，他们就会一边大笑，一边鼓掌，受害者也没有补偿。无论怎样，在集市结束时，被'偷窃'的所有东西，都将物归原主。"

"这个集市，只是为皇帝、皇后和嫔妃们的消遣和娱乐而保留的。对亲王和达官贵人来说，通常是不被允许去参观的。当他们当中有人被恩典去参观时，也得等所有的妇女都退回她们分住的几个房间里。这里摆放和出售的商品，主要是北京城里商人提供的。商人将这些商品交到太监手里，这样卖起来更逼真一些，以致这里的交易完全不像事先安排好的。特别是，皇帝自己总是买许多东西，人们充分满足他的购买欲望。几位宫女也在那做生意，它实际上是太监生意的一部分。所有这些买卖，如果没有现实生活中的真东西掺杂在一起，那它会丧失生活的真实性，这个生活的真实性，使这个繁忙而喧闹的集市更具生命的活力，而这种娱乐活动起了较大作用。"①

帝后万寿节也是圆明园等御园中的一项重要活动。前文所及的乾隆十六年为崇庆皇太后所举办的六旬大寿庆典已经略见其概，兹不赘述。嘉庆朝以后，虽然依旧在圆明园或清漪园举办万寿节庆典，但因国力衰微，其盛况已远不如前。嘉庆帝力求节俭，简化自乾隆朝形成的庆典惯例。嘉庆二十三年（1818）十二月，谕内阁："明年朕六旬正寿，闻各部院衙门自西直门至圆明园沿途豫备建设经坛，藉申颂祝。在诸大臣情殷爱戴，自可纳其悃忱，其顺天府属绅士并各省候补候选降调人员以及缘事废员，从前亦有请建经坛之举，人多费广，未免徒事虚糜。朕花甲甫周，惟期惠及臣民，一应缛节繁文俱从省约。著通行晓谕，如该绅士废员等有呈请建设经坛者，该督抚及顺天府尹早行禁止，不准代为陈奏。俟朕七旬正寿，再当俯允所请也。"② 嘉庆帝希望能停止万寿庆典时从西直门到圆明园沿途建坛颂祝这种铺张浪费的做法。但后来由于"臣工再三呼恳"，嘉庆帝又"姑允所请"。次年十月，嘉庆帝谕内阁："朕本年六旬万寿，曾经降旨，不许建设经坛，嗣臣工等再三吁恳，由圆明园至西直门分段设坛讽经，藉伸其祝厘之悃，不得已姑允所请。各衙门并于道旁添设点缀屏蔽，间以音乐，因而都人士女，车马游

---

① 李宏为译：《一位法国传教士眼中的圆明园》，《历史档案》1999 年第 2 期。
② 《清仁宗实录》卷 352。

观，几至填街塞巷，朕殊不以为喜。"① 嘉庆帝时期国力衰退，而且内忧外患已是暗潮涌动，因此在御园举办万寿节这种铺张浪费的节日庆典已成为清廷背离社会现实、加剧社会矛盾的典型事件。"昨据都察院具奏，有陕西革生杨钟岳陈递奏章，谓京师西北山内有伏藏之贼，觊觎皇会，欲乘机萌动。人以皇会为可欣可乐，彼以皇会为可忧可惧，此等狂惑之词，固人人知其诞妄。然使彼得以藉口，亦缘诸臣踵事增华，有以启之。"② 即便如此，嘉庆帝也并未意识到问题的严重性，一方面批评都察院奏报不及时，"都察院于初四日接收此呈，即初五六两日未能具奏，初七日何以仍不奏闻？延至十一日具奏，仍系彩衣期内，亦与初七何异？实属迟延，都察院堂官俱著交部议处"。另一方面，嘉庆帝又坦然接受各部院衙门所建经坛，只是口头强调将来七旬万寿时不得再循旧例。"本日朕由御园进宫，天气晴和，诸凡顺遂，各衙门所办经坛业已建设多日，成事不说。所有经坛十三处，著每处仍赏银一千两，由广储司给领。将来朕七旬万寿时，著军机大臣存记，前一年提奏不准各衙门复行恳请建设经坛，以杜繁文而崇实意。"③

道光万寿节期间还举行各种赐宴。道光八年（1828）八月初七日，御正大光明殿，赐扬威将军大学士威勇公长龄并成功诸将士、王、贝勒、贝子、公、文武大臣及朝鲜国使臣等宴，将军长龄奉觞上寿，道光帝亲赐酒，命侍卫分觞授饮，并赏赉有差。④ 万寿节当天，道光帝御正大光明殿，皇子及王以下文武大臣官员、蒙古王、贝勒、朝鲜国使臣等行庆贺礼。又御同乐园，赐皇子及内廷王公大臣蒙古王、贝勒、朝鲜国使臣等食。⑤

---

① 《清仁宗实录》卷363。
② 同上。
③ 同上。
④ 《清宣宗实录》卷140。
⑤ 同上。

第三节　祭祀典礼

祭祀典礼也是清代京西御园政治礼制功能中的一项重要内容。

一　恩佑寺行礼

康熙帝在畅春园去世后，雍正帝为缅怀父皇，便立即命将康熙帝生前在畅春园的"清溪书屋"改建恩佑寺。雍正三年（1725）四月，恩佑寺告成，雍正帝亲诣行礼。①　雍正四年三月，敬奉圣祖仁皇帝御容于恩佑寺，安放康熙帝御容的当天，雍正帝亲诣行礼②。此次所安放的康熙帝御容乃御史莽鹄立所绘，据康熙六十一年（1722）十二月，刚刚即位不久的雍正帝谕怡亲王允祥等："朕受皇考深恩四十余年，未尝远离，皇考升遐，无由再瞻色笑，今追想音容，宛然在目。御史莽鹄立精于写像，昔日随班奏事，常觐圣颜，皇考有御容数轴，收藏内府。今皇考高年，圣颜微异于往时，著莽鹄立敬忆御容，悉心熏沐图写。"③

此后，雍正帝每年数次前往恩佑寺行礼，"自后月必展拜，或两诣三诣焉"。④　据说，在恩佑寺拈香还很灵验。雍正五年（1727）七月，雍正帝"以阴雨连绵，在圆明园斋戒虔祷，雨中步行数里，诣恩佑寺，祷于圣祖仁皇帝御容前"。不久，"雨势稍止，夜分而霁，翼日大晴"。恩佑寺供奠拈香，作为礼制，历经乾隆、嘉庆、道光三朝而不辍。

二　安佑宫供奉已故皇帝画像

安佑宫位于圆明园西北隅，建于乾隆初年，完全仿建故宫太

---

① 《清世宗实录》卷31。
② 《清世宗实录》卷42。
③ 《清世宗实录》卷2。
④ 《清朝通典》卷46。

庙。兴建安佑宫，既是为了安放雍正帝遗容，也是为了皇帝在御园居住时便于供奠和拈香。

乾隆三年（1738）三月，恭奉雍正帝神御于安佑宫，乾隆帝亲诣行礼。① 早在雍正元年时，雍正帝即推奉先殿之礼，敬奉康熙帝御容于寿皇殿，"顾犹未足以罄思慕之诚"，因此又在康熙帝生前经常驻跸的畅春园建恩佑寺，并在其中供奉康熙御容，如此一来，"苑中则诣恩佑寺，宫中则诣寿皇殿，瞻依圣容之心与起居而时切"。乾隆皇帝即位后，按照惯例，奉雍正帝御容于寿皇殿东室。三年二月，复敬奉雍正帝御容安放于圆明园的安佑宫。至五年，扩建安佑宫规模。为了礼制的统一和祭奠瞻仰的方便，于乾隆八年，便从恩佑寺迎康熙帝御容，供于安佑宫中室，奉雍正帝御容，供于东室，"于是苑中瞻仰圣容，始专礼于安佑宫"。②

乾隆二十七年（1762）闰五月，乾隆帝谕："《续文献通考》馆纂进稿本，朕阅'宗庙考'一门内，附入致祀历代帝王，及本朝臣下家庙。顾名思义，于辑书体例何居？盖既以宗庙冠部，则惟太庙时祫，典有专崇，方称经常不易。至奉先殿之礼重家庭，寿皇殿、安佑宫、永佑寺之虔奉神御，于宗庙考中敬从附载，尚为不失礼以义起之文。若搀入历代及臣下，非独其制绝不相蒙，揆之分门本意，亦复何取？即云承用宋臣马端临原编旧式，而往世儒生之识，于大典未克折衷尽善，类此者政复不少，又岂得违礼而曲泥之？朕意当于'宗庙考'专门备详定制外，其余不应附入者别立'群庙考'一门隶之，俾名义既得所安，而其书亦足垂远。馆臣可录朕旨，并登卷中。"③ 又，《啸亭续录》卷一《安佑宫》曰："安佑宫在圆明园西北隅，朱扉黄甍，一如寝庙之制，内供奉仁皇帝、宪皇帝、纯皇帝三圣神牌。上于临御园中日，行瞻谒礼，每年四月

---

① 《清高宗实录》卷65。
② 《皇朝文献通考》卷118。
③ 《清高宗实录》卷663。

八日，率领诸皇子近侍拜谒，其朔望荐熟彻馔，一如生时礼。皆隶内务府大臣承办，即古原庙之制也。"①

对于安佑宫行礼，嘉庆帝规定：无论是曾祖以下，还是曾祖以上，行礼时都应由皇帝亲自前往行礼；对于传统的奉先殿，祖辈以下，由皇帝亲诣行礼，曾祖辈以上则遣诸王轮流恭代行礼。嘉庆四年（1799）十一月，嘉庆帝谕内阁："向年恭遇圣祖仁皇帝忌辰、诞辰，皇考俱亲诣奉先殿寿皇殿行礼，而于世祖章皇帝忌辰、诞辰则遣诸王轮流恭代。盖祀事常仪，应有限制。是以恭遇忌辰、诞辰、亲诣行礼之处，近逮祖孝，而曾祖以上则遣诸王恭代，具有等差。本月十三日，恭值圣祖仁皇帝忌辰，朕若亲诣奉先殿行礼，则视皇考恭遇世祖章皇帝忌辰、诞辰遣代之礼，为有过之，朕不敢也。至寿皇殿则供奉神御，始自圣祖，与圆明园之安佑宫相等，密迩宫庭，较之奉先殿之崇祀列圣者，又有不同，每遇忌辰、诞辰，例皆陈设供品。本月十三日，圣祖忌辰，朕自应亲诣寿皇殿行礼。我世世子孙皆当永远遵照，遇祖孝忌辰、诞辰，必亲诣奉先殿行礼；至曾祖以上，则于奉先殿应遣恭代；其寿皇殿及圆明园之安佑宫，自圣祖仁皇帝以后，万世供奉，每遇忌辰、诞辰，皆应躬亲展敬，所谓礼缘义起者此也。著将此旨传谕近支诸王，并交内务府大臣敬谨存记。"② 按照嘉庆帝这个规定，圆明园安佑宫的行礼都应当由皇帝亲自前往拈香举行。

三　恩慕寺行礼

乾隆四十二年（1777）正月，崇庆皇太后去世，乾隆帝为缅怀自己的亲生母亲，特于皇太后生前的奉养之地畅春园内建恩慕寺。乾隆四十二年五月庚辰，谕："恩慕寺工程，办理甚属妥速，所有在工之监督等，著加恩交总管内务府大臣，查明议叙。"辛巳，乾

---

① 《啸亭续录》卷1《安佑宫》。
② 《清仁宗实录》卷54。

隆帝便前往恩慕寺行礼。① 恩慕寺、恩佑寺行礼、拈香，成为乾隆朝、嘉庆朝、道光朝以及咸丰十年之前，清朝皇帝的例行功课。

关于恩慕寺、恩佑寺的行礼，道光三年（1823）至十九年（1839），道光帝在每年正月的孝圣宪皇后忌辰之日，都准时前往位于畅春园的恩慕寺、恩佑寺行礼②；道光二十年后就再也没有了，按说英法联军火烧圆明园，破坏恩慕寺、恩佑寺发生在第二次鸦片战争期间，此时战争行动尚未进入京城，然而道光二十年后皇帝到恩慕寺、恩佑寺行礼的活动便停止了。以后的每年正月二十三日，即使逢孝圣宪皇后忌辰，遣官祭泰东陵，皇帝也不再亲自前往恩慕寺、恩佑寺行礼，哪怕是遣官代为行礼也没有。道光二十七（1847）、二十八年（1848）、二十九年（1849）正月，每逢孝圣宪皇后忌辰，都是遣官祭泰东陵，而不是此前的前往恩慕寺、恩佑寺行礼。

四 祈雨

在靠天种粮吃饭的传统农业社会，老天降雨与否，不仅与人们的生存息息相关，而且直接关系到一个王朝的稳定，所以祈雨活动在中国有着相当久远的历史。明清两代的天坛雩祀，就是朝廷专门为求雨举行的隆重祭祀大典。

清初沿袭明朝祭祀制度，雩祭之典分为两种："常雩"和"大雩"。常雩，古义为"每岁常行之礼，祭告天地神灵，为百穀祈膏雨"。它又包括两类：定期和不定期。定期就是每年孟夏之月，占卜日期举行致祭，即使不旱。不定期就是专门因旱而雩。而那种特别隆重的大雩礼，整个清代只举行过两次，分别于乾隆二十四年（1759）和道光十二年（1832）。

除了天坛、地坛的雩祭活动之外，清朝皇帝也常常在御园进行

---

① 《清高宗实录》卷 1033。
② 参见杨剑利《清代畅春园衰败述略》，《故宫博物院院刊》2015 年第 2 期。

祈雨。乾隆三年四月甲申，乾隆帝幸圆明园，谕大学士九卿等："朕思竭诚祈祷，在内与在外无异，用是仰遵懿旨，以慰慈怀。"①

我国历史上灾荒非常之多，在无力左右和改变自然的情况下，为求得大自然的宽容与恩赐，保佑四季平安，人们往往通过祭拜天地、供奉龙王等仪式，以求消灾避难。圆明园是水景园，自然少不了建龙王庙，就连香山静宜园多泉水，清帝也建了四座龙王庙，至今碧云寺卓锡泉旁的龙王庙仍然保存完好。当天时大旱时，乾隆帝往往会连续几天到龙王庙、黑龙潭敬香求雨，天下雨后，又要到龙王庙谢雨。若是发生涝灾，仍要去拈香。②

乾隆帝求雨常去的还有黑龙潭、玉泉山的龙王庙，以及觉生寺、广润祠。乾隆三年五月，谕："黑龙潭龙神，福国佑民，灵显素著，每遇京师雨泽愆期，祈祷必应。是明神功德，实能膏润田畴，顺成年谷，为万姓之所仰赖。昔年皇祖式廓庙貌，建立丰碑，皇考又复易以黄瓦，用昭敬礼，今应加封号，以示尊崇。著大学士会同该部定拟具奏，寻加昭灵沛泽神号四字。"③

乾隆五十九年（1794）三月，乾隆帝谕："京城旬余以来，未据奏报得雨。朕跸路所经，惟十七日晚间，在赵北口得雨二寸，十八日复在泰堡庄得雨寸许，前后共计三寸，而每日俱有大风，土脉尚不能滋润。天津地方，虽亦于十七八两日陆续得雨一二寸，连日以来风势较大，仍形干燥。看来京城及近畿一带，俱未免情殷望泽。四月初旬即届雩祭，著传谕八阿哥、阿桂如雩祭以前得雨则已，如逾时尚未得雨，即于觉生寺、黑龙潭两处设坛，令僧道分投唪经，虔诚祈祷。仍著皇子皇孙等轮往拈香，以期甘霖速霈。所有应办设坛等事，交金简、伊龄阿照例办理。"④

---

①　《清高宗实录》卷 66。

②　参见吴兆波《乾隆皇帝与圆明园》，见《北京档案》2005 年第 11 期。

③　《清高宗实录》卷 69。

④　《清高宗实录》卷 1448。

乾隆六十年（1795）四月，乾隆帝诣广润祠谢雨，增号广润灵雨祠，又诣玉泉山龙王庙谢雨。谕："朕昨日亲诣广润祠祷雨，夜间即获甘霖。本日亲往虔谢。并至静明园叩谢向曾祈雨之恩，兹幸神贶膏泽既渥。本日随行众人，未免沾湿衣履，著将御前乾清门大臣侍卫及随事之侍卫章京司员，并本日奏事之部院司员并引见人员，所有上年赏借半俸，俱著加恩免其扣还。其未经借俸之员，俱著赏俸半年。拜唐阿等上年赏借半饷，亦著加恩免其坐扣，未借者亦赏给半年钱粮。至本日误班迟到之乾清门侍卫等员，著查明宽免应得处分，已为格外加恩，不必再行赏给，以示朕行庆推恩至意。"① 如果冬天下雪少，皇帝则会祈雪。嘉庆元年正月，作为太上皇的乾隆帝"诣第一泉，龙神祠祈雪"。②

除了黑龙潭昭灵沛泽龙王之神、玉泉山惠济慈佑龙王之神和静明园龙神庙，还有清漪园昆明湖广润祠。清漪园、静明园龙神祠的拈香活动在道光、咸丰两朝也一直连续不断。

此外，还有山高水长祈雨坛活动，主要是在嘉庆朝。此后的道光帝、咸丰帝便都没有在山高水长进行过祈雨的活动。嘉庆十年（1805）六月初九日，嘉庆帝诣山高水长祈雨坛拈香。③ 嘉庆十二年（1807）三月，命于黑龙潭及山高水长设坛祈雨。十七日，上诣山高水长祈雨坛拈香。二十日，上诣山高水长祈雨坛拈香。二十三日，定亲王绵恩诣山高水长谢雨。嘉庆十二年四月十六日，命定亲王绵恩"分诣天神坛地祇坛太岁坛祈雨，并于黑龙潭及山高水长设坛祈祷"。十七日，嘉庆帝又亲诣山高水长祈雨坛拈香。④ 十五年（1810）五月十一日，命于黑龙潭及山高水长设坛祈雨，嘉庆帝亲诣山高水长祈雨坛拈香。十六年（1811）四月十一日，命于

① 《清高宗实录》卷1477。
② 《清高宗实录》卷1494。
③ 《清仁宗实录》卷145。
④ 《清仁宗实录》卷178。

黑龙潭及山高水长设坛祈雨，嘉庆帝亲诣山高水长祈雨坛拈香。

光绪五年（1879）五月，"以京师得雨，山西未沾渥泽"，清廷派克勤郡王晋祺诣黑龙潭，顺承郡王庆恩诣白龙潭，贝勒载漪诣清漪园龙神祠，辅国公载濂诣静明园龙神祠拈香。① 从实录的记载来看，静明园龙神祠的拈香，此后就停止了。光绪十四年（1888）清漪园改建为颐和园后，又重新恢复了广润祠的拈香祈雨。

五　演耕

祭先农和藉田礼在中国传统礼制中具有重要意义。自古以来，中国以农业立国，历代都非常重视藉田祀先农之礼。藉田礼是象征着一年农事开始的礼仪，在开春之时，天子亲自躬耕以劝农，号召天下百姓勤劳务农，并祈求风调雨顺，五谷丰登。

清代各朝皇帝对行耕藉礼都非常重视。其中，乾隆皇帝亲行率耕表现得更为突出，行耕藉礼次数为历代皇帝之冠，在位期间行藉田礼五十八次，其中二十九次亲行耕藉。耕藉礼主要在先农坛举行，但除此之外，乾隆帝还多次在圆明园山高水长进行演耕。乾隆三年（1738）三月十二日，乾隆帝"幸山高水长，演耕"。② 五年（1740）三月十九日，"上幸山高水长，演耕"。③ 六年（1741）三月初八日，"上幸山高水长，演耕"。④ 七年（1742）三月十九日，"上幸山高水长，演耕"。⑤ 嘉庆朝以后，无论是嘉庆帝，还是道光帝，都基本上不再在山高水长进行演耕。

---

① 《清德宗实录》卷95。
② 《清高宗实录》卷65。
③ 《清高宗实录》卷113。
④ 《清高宗实录》卷138。
⑤ 《清高宗实录》卷163。

第七章　三山五园的日常管理与运营

三山五园作为皇家园林，其管理归于服事宫廷的内务府。《钦定大清会典则例·内务府·园囿》《清实录》《清史稿·职官志》《国朝宫史》《钦定日下旧闻考》等官书中对内务府职能、机构、人员设置等有着详细的规定，由此，可以考察三山五园日常管理与经营的基本情况。

第一节　管理与服务机构

一　内务府职官机构

内务府负责管理与经营与三山五园相关的典礼、储备、财务、工程、警卫等事务。[1] 作为皇家服务机构，内务府清初即已存在。初以包衣司其事，官员主要是由上三旗（镶黄旗、正黄旗与正白旗）包衣组成，因此上三旗包衣亦常被称为内务府三旗或是内三旗，归皇帝拥有。顺治十一年，命工部设十三衙门，设八监（司礼、御用、御马、内官、尚衣、尚膳、尚宝、司设）、三司（尚方、惜薪、钟鼓）、二局（兵仗、织染）及包衣三旗牛羊群牧处，兼用外臣和宦官。康熙元年，诛内监吴良辅，复以三旗包衣设内务

---

① 参阅曹宗儒《总管内务府考略》，《文献论丛》1936 年第 10 期。

府，成为掌管"宫禁"事务的机构，承办皇家衣、食、住、行，包括起居、夜宿等事务。皇帝对上三旗包衣子弟最为信任，因为"帝王之家事，委之宫监小人，既恐蹈明代之覆辙，而朝臣外人又难与闻。惟三旗人员，世为禁旅，俨若家丁，虽自称为奴才，而内可为部郎，外可寄疆宇，其身份自非宫监可比。"

《清史稿》卷118《志》九十三《职官五·内务府》《钦定大清会典·内务府》有若干条例对内务府官秩做了规定。

总管内务府大臣是内务府的最高主管，又称少府，无员限。初制从二品，乾隆十四年，升正二品，无定员。内务府大臣与御前大臣、军机大臣、南书房、上书房翰林同为内廷官员，经常接近皇帝，权势很大。其人选由皇帝亲自从满族王公、宗室、大臣中简选亲信兼任，掌内府政令、供御诸职。属员有堂郎中、主事各1人，笔帖式36人。他们同时兼管圆明园事务，常在圆明园行走，但也往往出现不能兼顾的现象，下面的材料反映了这种情况。乾隆十一年七月庚戌，谕曰："户部尚书海望现在出差，侍郎三和、傅恒兼管内务府事，三人又俱圆明园行走，不能时常到部办事，户部不可无坐办之堂官。着将吏部侍郎雅尔图调补户部侍郎，其吏部侍郎缺由德龄调补。三和熟悉工程补工部侍郎，则两部皆得人矣。"乾隆二十九年二月戊戌，谕曰：和尔精额，"遇事推诿"，革去总管内务府大臣，不必管理圆明园事务，仍留副都统，管理万寿山、静宜园。嗣后看伊行走。若不黾勉，即将副都统一并革退。塔克图之父常明，"从前行走勤敏，伊亦行走有年，着加恩补授总管内务府大臣，其圆明园事务，着福隆安管理"。

内务府衙主要机构有广储司、都虞司、掌仪司、会计司、庆丰司、慎刑司、营造司七司，并上驷、奉宸、武备三院，机构分工细致。[①] 下将三山五园日常管理与运营相关者分述之。

---

① 参阅李典蓉《清代内务府研究综述》，《史苑》第2期，中华文史网，2004年11月2日。

广储司，康熙十六年（1677）由御用监改置，下设银、皮、瓷、缎、衣、茶六库。银库储金银，皮库储皮革、呢绒、象牙、犀角等，瓷库储瓷器及铜、锡器皿，缎库储缎、纱、绸、绫、绢、布等，衣库储朝服、便衣及八旗兵丁盔甲等，茶库储茶叶、人参、香、纸、颜料、绒线等。六库之下设有银作、铜作、染作、衣作、绣作、花作、皮作、帽房、针线房，分别承做各项物品。广储司掌六库出纳，每年由内务府大臣一人轮值管理，本司设总管六库郎中4人，其中2人由各部员司兼摄；六库郎中4人：银库2人，兼司皮、瓷二库。缎库2人，兼司衣、茶二库；员外郎18人（六库各2人，兼摄者各1人）；六品司库（六库各1人）；八品司匠6人（银、瓷、衣3库各2人）；副司库12人、库使80人，俱无品级；催长8人、副催长4人；六库笔帖式各2人。其中，内府银库是专门掌管内廷经费的机构，独立于户部银库之外，在圆明园经费紧张时，根据需要临时拨给圆明园银库银两，以维持御园的运转。

掌仪司，初名钟鼓司，顺治十三年（1656）改礼仪监，十七年（1660）改礼仪院，康熙十六年（1677）改掌仪司，宣统元年避溥仪讳，改掌礼司。职掌内庭祭祀及礼仪乐舞，兼稽太监品级、果园赋税。下设：郎中2人、员外郎6人、主事1人、催长2人、副催长2人；司俎官4人（六品），读祝官4人、学习读祝官3人，赞礼郎13人、学习赞礼郎4人（六品衔食七品俸），催长1人（八品），果房掌果、副掌果各2人、果上人12人、催长2人（正九品）。

营造司，初名惜薪司，掌内府缮修、材料准备及工匠招集事宜。下设木、铁、房、器、薪、炭、圆明园薪炭七库与铁、漆、炮三作，每年派总管大臣一人值年管理。司设郎中、员外郎、主事、委署主事、笔帖式、书吏等员。其中，圆明园薪炭库掌供圆明园所需薪炭。康熙三十五年（1696）在畅春园设柴炭库，雍正三年（1725）移到圆明园，设库掌、副库掌各2人，库守7人管理。

庆丰司，初名三旗牛羊群牧处，康熙十六年（1677）并归掌仪司，二十三年另置庆丰司。掌牛羊群牧及祭祀所用牲畜，由内务府每年派总管大臣轮值管理。额设郎中2人、员外郎5人、主事1人、牛羊、群牧值年委署主事1人（六品衔食笔帖式原俸）。

会计司，掌内府出纳，凡果园地亩、户口徭役，年终稽核后上报。下设：郎中2人、员外郎5人、主事1人、催长5人、副催长3人。

都虞司，初名尚膳监，顺治十八年（1661）改采捕衙门，康熙十六年（1677）改都虞司。掌上三旗武职官员铨选任用、官兵俸饷考核等事。设郎中1人、员外郎5人、主事、委署主事、笔帖式、催长、书吏等员。

慎刑司，初名尚方司，顺治十二年（1655）改尚方院。康熙十六年（1677）改慎刑司。掌上三旗刑名，凡审拟罪案，皆依刑部律例，情节重大者移咨三法司会审定案。对太监的刑罚以慎刑司处断为主。设郎中、员外郎、主事、委署主事、笔帖式、书吏等员。

钱粮衙门，雍正元年设，也称管理三旗银两处，掌三旗庄赋，治其赏罚与其优恤。下设郎中1人，员外郎4人，催长、副催长各3人，俱九品。

内管领处，掌承应中宫差务，并稽官三仓物用、恩丰仓饩米。内管领掌关防1人（以郎中充任）、协理2人（由员外郎充任）、内管领（正五品，道光三十五年改从五品）、副内管领各30人（正六品）、库掌19人（菜库6人，车库5人，酒、醋、房、器库各2人）、仓长13人（官三仓6人，外饽饽房3人，内饽饽房、器仓、糖仓、米仓各1人，俱无品级）。

养心殿造办处，掌制造器用。设郎中2人、员外郎2人、主事1人、六品库掌6人、副库掌10人、八品催长14人。造办处兼辖分库之一是圆明园活计处，负责存储造办处各作制成的活计，设副库掌4人，副司匠9人，俱无品级。

武英殿修书处，掌监刊书籍。设正监造员外郎、副监造副内管领、六品库掌、委署主事各1人，七品衔库掌2人。武英殿总裁满、汉各1人，由尚书、侍郎内简。提调2人，由纂修内奏充。纂修12人，协修10人，由翰林官充任。笔帖式4人。修书处人员往往被拣选到圆明园去承应差事。

御茶、御膳房，掌供饮食。设一等侍卫（正三品）、二等侍卫（正四品）、三等侍卫（正五品）、尚膳正各3人，尚茶正（正四品）2人，尚膳副、尚茶副（俱正五品）各1人，膳上侍卫13人，茶上侍卫8人（俱正六品），主事、委署主事各1人，承应长13人，庖长8人，库掌5人，库守16人。承应长以下，给虚衔金顶。皇帝驻园理政，身边供应茶水饮食之人随行侍奉。

御药房，掌内廷采办、储存、调置药品和取药。御药房成立于顺治十年（1653），所有药品出入账目须申报礼部，因常有变动而使御药房管理混乱。顺治十六年（1959），将御药房所有事务划归太医院管理。顺治十八年（1661）裁除御药房。康熙六年（1667），在太医院复设御药房。康熙十六年（1677），御药房从太医院独立出来，归内务府管理。御药房人员与御医分班侍值，或在皇帝寝宫旁的御药房宫值，为皇帝、皇后诊病；或在东华门内太医值房外值，为宫中的宫女、太监、嬷嬷等人诊病。初以总管首领太监管理，康熙三十年（1691），隶内务府。设内管领1人，副内管领2人（内管领处内题补），主事1人，七品衔库掌2人，委署主事、催长各1人。待遇不高，但却是皇帝、皇后、太后、后妃、皇子皇孙乃至宫女太监身边不可或缺之人，宫中如此，驻园亦如此。①

---

① 御药房作为负责供应宫内食用药品的机构，设有管理大臣等职官，并设配制药品的"苏拉医生"44人，所需药材，按定例给价，令药商采办。然后，必须经过主掌宫廷医疗之事的太医院医官前往视验，择其中佳品，以生药交进，才能交由御药房医生切造炮制备用。清代太医院，设于顺治元年（1644），初设院使1人，左右院判各1人，御医10—15人，吏目10—30人，医士20—40人。平日，院使、院判率所属医官，各以所专之科，分组轮流入宫，随时恭候传唤，称为"侍直"。在宫里御药房及各宫外班房侍直的称为"宫直"，在外廷直房侍直者，称为"六直"。清帝驻跸圆明园时，太医院医官自然要随驾扈从，"宫直"者在圆明园药房侍直，"六直"者在圆明园外直房侍直。遇皇帝生疾，医官要前往把脉诊视、开具药方，然后与太监一起到御药房取出药物，联名签字包封，经过纷繁复杂的备药与煎药程序后才能供皇上服用。

升平署，是太监管理皇宫内外演乐唱戏的机构，始于康熙年间，称南府，负责收罗民间艺人，教习年轻太监和艺人子弟戏曲，承应宫廷演出。道光七年（1827），改为升平署。清帝驻跸圆明园，遇有庆贺、宴饮，要召升平署人员唱戏。圆明园后湖东北面的同乐园，有清音阁3层，南有化装室5间，北有观戏楼5间。乾隆年间，每年从正月十三起在此举行酬节会，连日宴赏宗室王公及外藩陪臣并赏听戏；遇皇帝寿诞，亦在此演戏祝寿数日。光绪十四年（1888），慈禧太后以"颐养冲和"为名，在清漪园故址建颐和园。同时兴建的有为帝后驻跸颐和园时服务的宫廷机构和政府派出机构如意馆、升平署、军机处公所、外务部公所等附属建筑。因慈禧太后嗜好戏曲，她驻跸颐和园期间，由升平署总管带领全体人员在颐和园接驾，并按需从城内升平署到颐和园之间转运41辆大车的箱笼行头，极为忙碌。奉宸苑，初名尚膳监，属工部。康熙十年（1671），改属内务府。十六年（1677），并归都虞司。二十三年（1684），设奉宸苑，与圆明园、畅春园、颐和园、静明园、静宜园，为六品苑。设监管事务大臣，无定员。卿2人，正三品，掌苑囿禁令，以时修葺，备临幸。郎中1人、员外郎4人、主事1人、苑丞10人（正六品）、苑副19人（正九品）、委署苑副10人。另有笔帖式15人。郎中以下各官（笔帖式外）分掌苑囿河道的疏浚、水沟的清淤等，与三山五园的日常管理有着紧密的关系。

奉宸苑下属机构玉泉山稻田厂，职掌供内廷米粟，兼征收圆明园、畅春园、静明园等附近各处民种的稻田租赋。原隶属内务府，委司官2人管理，设笔帖式2人、领催13名、听差人4名，每年预领帑金，雇人耕种。雍正元年（1723），增设库掌1人、笔帖式2人。雍正三年（1725），改由奉宸苑管理，每年由苑委官一人协同原设库掌办理一应事务。乾隆二十五年（1760）定，每年钦派内务府总管大臣一人，协同奉宸苑管理；乾隆二十九年（1764），停派值年内务府总管大臣，由奉宸苑会同清漪园（颐和园）管理园务大臣就近管理，遂成定制。设值年员外郎 1 人，六品库掌 1 人，管理厂务；笔帖式 3 人，掌管翻译及文移档案；催长、副催长各 1 人，领催 3 人，专司征收官种、民种之地赋。圆明园、畅春园、静明园附近各处民种地亩，计水田八十一顷九十八亩、旱地五顷五十亩、蒲地二顷三十三亩，以及民租荷花地、苇草地二十九顷四十八亩，各征银有额，俱存奉宸苑作岁修之费。

武备院，初名鞍楼，顺治十一年（1654）更名兵仗局，十八年（1661）更名武备院。下设四库，北鞍库（掌御用鞍辔、伞盖、幄幕）、南鞍库（掌官用鞍辔、皮张、雨缨、绦带）、甲库（掌盔甲、刀仗、旗纛、器械）、毡库（掌弓箭、鞾鞋、毡片）。设监管事务大臣，无定员。卿（从三品）2 人，掌四库作坊，修造器械，陈设兵仗，凡车驾出入，官属服橐鞬以从；郎中 1 人、主事 2 人，掌库帑出纳，章奏文移；库掌 6 人、库守 32 人、笔帖式 24 人。其中，北鞍库设员外郎、六品库掌 2 人，委署六品库掌 1 人。伞房掌盖（正六品、乾隆四十四年赏戴蓝翎）、副掌盖（正八品）3 人。帐房处司幄（三等侍卫衔食六品俸）、副司幄（六品职衔食七品俸）3 人。因其掌御用鞍辔、伞盖、幄幕、被具等，与帝、后御驾的随行服务关系密切。

以上内务府机构，其人员设置与职掌事项，与三山五园的日用所需及运营管理密切相关。如各项物品的承做，养心殿造办处兼辖的圆明园活计处即是其一；奉宸苑负责园囿河道的疏浚、河沟的清淤；七司所掌物品出纳如饮食茶果、干鲜果品，与园囿日常运作更为密切。皇帝、皇太后、皇后、嫔妃、皇子、公主等的出行与驻园，所需物用、随行人员等等，形同宫中，内务府总管大臣要随行、御药房等一班人马要一同随往，等等。内务府承应内廷一切事务，自然也包括皇帝及其家眷在园中的所有事宜，甚至还包括对内务府官员的铨选任用、官兵俸饷、杂役勤惰的考核等等，以保证内务府人员的素质以及服务的质量。

二　内务府宦官机构

内务府中除了官员系统外，还有宦官机构。顺治元年，裁定宦官员额为千余人，并按十三衙门给太监品级。又铸铁牌立于交泰殿，严防宦官犯法干政，窃权纳贿，与外官交结。顺治十八年（1661），定以内务府大臣总管宦官。康熙十六年，设敬事房，置总管、副总管，定太和、中和、保和、文华四殿三作首领太监员数，给八品职衔。六十一年（1722），定五品总管 1 人、五品太监 3 人、六品太监 2 人。雍正元年（1723），定总管秩四品、副总管六品、随侍首领七品、宫殿首领八品。四年，定正四品总管为宫殿监督领侍衔，从四品副总管为宫殿监正侍衔，不久改五品，六品副总管为宫殿监副侍衔，七品首领为执守侍衔，八品首领为侍监衔。从这些官衔上可以看出，这些太监与各宫殿的管理密切相关，也因此与各殿主人的日常生活密切相关。

敬事房，专司遵奉谕旨，承应宫内事务及礼节如皇帝卧房事务，收覆外库钱粮，甄别调补内监，巡查各门启闭、火烛关防。最高负责人称敬事房太监，有总管 3 人（宫殿监督领侍 1 人、宫殿监正侍 2 人）、宫殿监副侍总管 6 人；委署总管无定额，执守侍充任；执守侍、首领、侍监、笔帖式各 2 人，专司掌案办事，承行内府文移，并司巡防坐更。内廷重坐更，御前更是特别重要。更头、更二唯首领及执事内监方能充任。

懋勤殿，贮藏"图史翰墨之具"，包括御制与钦定之书、正史、本朝政书、文集、儒家经典及其注释、古代资政经典著作、书画、法帖、玺印、文房四宝及赏赐档案等，以备观览。设七品首领 1 人，执守侍。八品首领 1 人，侍监。太监 10 人，专司承值御笔、收掌文房书籍、登载内起居注及御前坐更等事。在各种仪式中涉及文房器用者，均由懋勤殿太监负责陈列；皇帝外出时有"懋勤殿书车"随行，以供皇帝阅读之需。

四执事：以太监充任职使，设七品执守侍监衔首领太监、八品侍监衔副首领太监各 1 名，太监 35 名，专司皇帝冠袍带履，随侍执伞执炉，承应御用军械、收贮备赏衣服及坐御前更等事。后增首领 1 人，以侍监充任。

四执事库：以太监充任职使。设八品侍监衔首领太监 1 人，太监 20 名，专司收掌御用冠袍带履，铺设寝宫帷幔及坐御前更等事。

奏事处：雍正时设，分内奏事处与外奏事处，由御前大臣兼管，内、外奏事计 33 人。内奏事处有奏事太监、随侍太监、记档太监、使令太监，外奏事处有奏事官，遴选六部及内务府司员能书写者充任，十年一换。掌管呈递题奏本章、传宣谕令、引带皇帝召对人员，呈递各地与王公大臣贡物，排定八旗、侍卫处、各部院每日在朝轮班值日班次。军机处奏折径交内奏事处呈进，余下内外各衙门奏折交外奏事处转内奏事处呈送皇帝。

尚乘轿：设八品侍监衔首领太监 2 人，太监 32 人，专司承应皇帝乘轿、随侍及坐御前更等事。

御药局（兼太妃、太嫔以次各位下药房）：设侍监首领 2 人，专司带领御医各宫请脉及煎制药饵。

御茶房：设执守侍首领 3 人、侍监副首领 4 人（后省总管 1 人），专司皇帝备办茗饮果品及各处供献，典礼节令筵宴所用酒席等事。

御膳房：执守侍总管 3 人、侍监首领 10 人（后省总管 1 人、首领 2 人），专司皇帝膳馐、各宫馔品，及各处供献，典礼节令筵宴所用酒席等事。

鸟枪处：设八品侍监衔首领太监 1 名、太监 4 名，专司皇帝御用鸟枪、随侍、坐御前更等事。

南果房：又称内果房，隶属内务府掌仪司，设侍监首领 1 人，专司收贮皇宫干鲜果品。

掌礼司：初名钟鼓司，顺治十三年（1656）改礼仪监，十七年

（1660）改礼仪院，康熙十六年（1677）改掌仪司，清末避溥仪讳，改掌礼司。职掌内庭祭祀礼仪乐舞，兼稽太监品级、果园赋税。设郎中、员外郎、主事、委署主事及赞礼郎、司俎官、司祝、司香、司碓、笔帖式、书吏等员。

营造司：设侍监首领2人（后省1人）、无品级副首领4人（后省3人）。

銮舆卫：负责掌管皇帝皇后出行时车驾及扈从仪仗及其保管事宜。顺治元年（1644）设，初沿明制称"锦衣卫"，二年改称"銮仪卫"。宣统元年（1909）避皇帝溥仪讳，改称銮舆卫。銮仪卫总管称掌銮仪卫事大臣，正一品武官。设无品级太监首领4人，后省2人。

圆明园当差太监并另有规定。圆明园（兼长春园、静寄山庄），设宫殿监副侍总管1人、执守侍总管2人（后增1人），执守侍首领10人（后增4人）、无品级首领42人（后增9人，内有恩赏侍监首领2人）。颐和园、静明园、静宜园、盘山、畅春园、泉宗庙、圣化寺，均由圆明园总管首领等承应差务。乾隆四十二年三月乙酉，谕令福康安前往查明香山各项陈设、保宁会同嘉谟查办盘山各项陈设。香山各项陈设交与该苑丞收贮。两处所有太监全部撤回。盘山太监因人数无多，拨在圆明园当差。香山太监较多，分拨圆明园一分，清漪园、静明园一分，瀛台三海一分，令其当差。由此可见，内务府太监与五园管理运营之间的关系。

这些侍监们，与内廷最为近密。皇上、皇太后、皇后、妃嫔、皇子皇女日常生活中的承应传取，都离不开他们。各宫按照等级，各有规定，如皇太后宫，设执守侍副总管2人，侍监首领5人（后省1人），茶房、膳房、药房首领各1人（后增1人）；太妃、太嫔宫，设侍监首领各1人，膳房执守侍首领1人，侍监首领2人。太妃以下均设膳房执守侍首领1人、侍监首领2人。太监们在内廷中日日不离皇帝、太后、皇后、妃嫔的生活，帝后嫔妃们离开宫中驻跸御园，更要随侍提供服务。

三 内务府派出机构——三处管园大臣

内务府管理三山五园时，按其三种不同类型和园居功能，分设三处总管园务大臣：畅春园是康熙帝"避喧听政"之地，圆明园为雍正驻跸理政之地，同属御园，专设畅春园总管大臣和圆明园总管大臣；清帝住圆明园时就近游赏的万寿山与清漪园、香山与静宜园、玉泉山与静明园则合设三山或三园总管大臣。

1. 圆明园总管大臣

圆明园最初是康熙皇帝玄烨赐给皇四子胤禛的一处花园。康熙四十六年（1707）时已经初具规模，经大规模拓建和增饰，占地已达 200 公顷。同年，康熙帝亲临园中游赏进宴。

雍正初年，圆明园升格为"以恒莅政"的离宫，开始大规模扩建，面积由 300 亩扩至约 3000 亩，三年（1725），雍正帝驻跸圆明园，从此成为御园。乾隆帝在位 60 年，增建改建该园的众多景观，多次向东、向南拓展御园范围。乾隆二年（1737）扩建二十八景为四十景。十年（1745）至十六年（1751），在圆明园紧东侧的水磨村建成长春园；三十二年（1767），将长春园东南侧的原亲贵赐园熙春园（今清华校园西部）归入圆明园；三十五年（1770），在圆明、长春二园南拓并大学士傅恒父子赐园，定名绮春园；四十五年（1780），将绮春园西南侧的淑春园（今北大校园北部）易名春熙园，归入御园。至此，圆明园扩展成为五园，即圆明园、长春园、熙春园、绮春园和春熙园，占地面积超过 450 公顷。嘉庆七年（1802）、道光二年（1822），春熙园、熙春园分别改赐给宗亲，圆明园形成了圆明、长春、绮春三园格局。

雍正元年，专设圆明园总管园务大臣，统领圆明五园事务。圆明园总管事务大臣，有协理事务官，或奏派，或简授，无恒额。

（1）管园总领即苑丞 6 人。雍正二年，各园分置管园总领各 1

人。雍正七年，定总领为六品戴蓝翎。乾隆十六年，长春园建成，置六品1人。乾隆二十四年，改称苑丞，六品、七品兼用。乾隆三十二年，增熙春园六品1人。四十六年，增春熙园七品1人。嘉庆七年，省春熙园1人入熙春园。嘉庆十六年，改畅春园七品1人为本园苑副。咸丰十年，省六品2人。光绪三十年，省六品1人。

（2）管园副总领即苑副16人。雍正二年，置管园副总领12人。雍正七年，定副总领七品、八品兼用。乾隆八年，增七品、八品各1人。十六年，增长春园七品、八品各1人。二十四年，改称苑副。三十九年，增绮春园七品1人。四十五年，增春熙院八品1人。嘉庆七年，省春熙园1人，改为本园额缺。十六年，复省畅春园八品1人，改为本园额缺。道光二年，省畅春园4人入绮春园。咸丰十年，省七品2人、八品3人。光绪三十年，省七品1人、八品2人。

（3）委署副总领即委署苑副13人。九品衔。乾隆六年，置委署副总领2人。十六年，增5人。三十二年，改称委署苑副，复增9人。嘉庆十六年，增2人。咸丰十年，省2人。光绪三十年，省3人。

（4）主事1人。乾隆八年置。委署主事1人。乾隆二十二年增置。光绪三十年，省。

（5）银库、器皿库库掌1人：乾隆十四年置。三十八年，定为六品，增七品1人。光绪三十年，俱省；委署库掌1人。乾隆八十四年置。三十二年，增1人，三十八年，省1人；库守16人。乾隆十四年置库守6人。四十六年，增12人。咸丰十年，省2人。

（6）郎中1人、员外郎2人。乾隆二十三年，定协理事务郎中、员外郎各1人。道光二年，改畅春园郎中为绮春园郎中。咸丰十年，省。并省畅春园员外郎1人，令专司长春园事。

（7）笔帖式14人。

2. 畅春园总管大臣

畅春园位于圆明园南，原址是明神宗外祖父李伟的"清华园"，占地约 1200 亩，园内有前湖、后湖、挹海堂、清雅亭、听水音、花聚亭等山水建筑，被称为"京师第一名园"。明清易代之际，园址荒败废弃。

康熙二十三年（1684），康熙帝南巡归来，利用清华园残存的水脉山石，在其旧址上仿江南山水营建畅春园，作为在京郊"避喧听政"之所，成为北京西郊第一处常年居住的离宫。畅春园园林山水的总体设计由工山水的内廷画师叶洮负责，聘请江南园匠张然叠山理水，同时整修万泉河水系，将河水引入园中。为防止水患，还在园西面修建了西堤。从康熙二十六年（1687）二月康熙帝首次驻跸畅春园至康熙六十一年（1722）去世于园内，康熙帝每年约有一半时间居于园内。此后，雍正、乾隆等皇帝皆居于圆明园。乾隆初年，全面修缮并局部改建了原康熙帝"避喧听政"的畅春园及其附园西花园，作为专供皇太后常年园居，同时作为皇子读书居住之所。

畅春园自康熙二十九年置总管大臣，无员限，特简。其属有：

（1）苑丞 3 人，六品、七品兼用。康熙年间，置八品总领 3 人。康熙四十三年，增西花园 2 人。乾隆五年，省 1 人入静明园。二十四年，改称苑丞。三十二年，改授六品 1 人，七品 2 人。嘉庆十六年，省七品 1 人。

（2）苑副 5 人，八品。乾隆三十二年，置苑副 6 人，八品。嘉庆十六年，省 1 人入圆明园。

（3）委署苑副 6 人。俱九品衔。康熙年间，置无品级总领 10 人。康熙四十三年，增西花园 1 人。乾隆五年，省 1 人入静明园。三十二年，改委署苑副，额定 16 人。嘉庆十二年，省 2 人入圆明园。道光二年，省 4 人入绮春园。

（4）笔帖式 3 人。

（5）郎中 1 人。康熙年间置。道光二年，省入绮春园。

（6）康熙二十五年，畅春园设柴炭库，置无品级库掌 2 人，库守 8 人。

乾隆二十九年三月乙亥，又谕：畅春园、圣化寺等处，皆系奉宸苑管理。而补放官员，又系内务府带领引见。似此专管无人，遇事互相推诿，转恐贻误。自应如圆明园、静宜园，派员专管。嗣后此等地方，不必令奉宸苑管理。补放官员，亦不必内务府带领引见，着为例。今派四格、福隆安专管。三十二年，在畅春园西南建成了泉宗庙和圣化寺两座寺庙园林，并定制：皇太后园居的畅春园，其总管园务大臣兼理西花园和泉宗庙事务。

3. 三山总管大臣

乾隆八年至二十六年（1743—1761）间，相继兴工，大规模增修了康熙朝已建的玉泉山静明园，并修建了香山静宜园和万寿山清漪园，以便皇太后和乾隆帝住在圆明园时，能"几暇散志澄怀"，就近享受更多的山川园林之乐。

万寿山，辽金时期始建金山行宫，称为金山。元代时改名瓮山。乾隆十四年（1749），为祝其母六十大寿，在瓮山兴建清漪园。次年（1750），改名万寿山，建行宫，改金海为昆明湖。又次年，更名清漪园。二十九年（1764）园成。光绪十四年（1888）更名颐和园。

静宜园，初为香山行宫。金大定二十六年（1186）建香山寺，明代，仍以香山寺最为宏丽。清康熙年间（1662—1722），就香山寺及其附近建成"香山行宫"。乾隆十年（1745），加以扩建。十二年（1747）竣工，更名"静宜园"。园内大小建筑群 50 余处，有乾隆帝命名题署的"二十八景"。

玉泉山静明园，初为澄心园，康熙三十一年（1692）更名。乾隆十五年（1750）扩建，将玉泉山全部圈占，并修建了静明园十六景，二十四年（1759）年建成。

万寿山清漪园（颐和园）、玉泉山静明园和香山静宜园三座行宫御苑的修建，工程量巨大，而其运营与管理难度亦大。《大清会典·内务府园囿》中，专列"三山职掌"条目，对这三座园林的管理做出专门的规定。

"三山"共设一总管园务大臣，统领三园事务。总管大臣，无员限，特简。其属有：

（1）郎中1人。嘉庆四年，清漪园置郎中1人，协理三园事务。明善堂、观妙堂、西爽村并隶之。其园外鉴远堂、藻鉴堂、畅观堂、景明楼、凤凰墩、治镜阁、耕织图、功德寺，并该大臣遴选本处官员承办其事。

（2）员外郎3人。乾隆九年，静宜园置员外郎1人。二十二年，清漪园置员外郎1人，兼司静明园事。二十六年，增1人。

（3）苑丞17人，六品、七品兼用。其中，清漪园（颐和园）11人：乾隆十五年，初建行宫时，置八品衔委署总催1人。十六年，置总理大臣兼领静明园、静宜园事，又置六品总领1人。同年，置八品催总1人。十九年，增六品2人。二十四年，改六品总领为苑丞，改八品催总为催长。四十六年，升催长为六品衔苑丞。四十八年，升委署总催为六品苑丞，六品衔苑丞定秩六品。嘉庆五年，省1人入静明园。十年，复增六品2人。光绪十四年后，移静明园六品4人、七品6人为本园员额。三十年，省六品、七品各2人；静明园3人：康熙间，置总领1人，无品级。乾隆五年，增1人。八年，定秩七品。二十四年，改苑丞。三十四年，增六品1人。嘉庆四年，增六品1人。五年，增六品1人。道光二十三年，省七品1人。光绪十三年，增六品4人，七品6人。光绪十四年后，省入颐和园、静宜园3人。乾隆十年，置八品总领1人。十二年，增1人。十六年，定秩七品，复增1人。二十四年，改苑丞。三十四年，增七品1人。嘉庆四年，增七品2人，寻又增1人。道光二十三年，省六品1人，七品2人。

（4）苑副23人，均六品、七品兼用。其中，清漪园（颐和园）13人：乾隆十六年，置七品、八品副总领各2人。十八年，增七品6人。二十四年，改苑副。咸丰十年，省八品1人。光绪十四年后，移静明园八品8人为本园员额。三十年，省八品4人；静明园6人：康熙间，置副总领2人。三十年，增1人。乾隆五年，增1人。九年，省入静宜园1人。十八年，定秩八品。二十四年，增八品1人，改为苑副。三十四年，增八品2人。嘉庆五年，增置七品2人。道光二十三年，省八品1人。咸丰十年，省八品1人。光绪十三年，增八品8人。光绪十四年后，省入颐和园、静宜园各4人。乾隆九年，置副总领2人（其中副总领1人由静明园移入）。乾隆十年，置无品级副总领1人。十二年，增1人。十六年，定秩八品，复增1人。二十四年，并改苑副。三十四年，增八品1人。四十六年，增宗镜大昭庙七品1人。四十八年，增普觉寺七品1人。道光二十三年，省八品3人。咸丰十年，省八品1人。

（5）委署苑副7人，均九品衔。其中，静明园3人：乾隆二十四年，置委署副总领2人。三十四年，增2人。嘉庆五年，增1人。道光二十三年，省2人，静宜园4人。乾隆二十六年，置委署苑副6人。三十四年，增2人。四十年，增2人。道光二十三年，省4人。咸丰十年，省2人；清漪园（颐和园），曾于乾隆十八年置委署副总领12人，寻省6人。咸丰十年省2人。光绪三十年省4人，额员为零。

（6）笔帖式14人。

4. 御船处

属内务府虞衡司，掌管承应帝后乘船事务。乾隆十六年（1751），改圆明园、清漪园御舟事务，设御舟处，置统领大臣以次各官。御船处统领大臣，由皇帝特简，没有员额限制。另设兼管司员1人，由内务府司官兼充管理。下设司员1人，笔帖式2人，八品司匠1人。十七年，置水手97人，设八品水手催总3人，三十一年，增1人。又置八品网户催长1人，嘉庆四年增人。设网户51人，负责承应差务。嘉庆二十四年，改催总为催长。凡皇帝临幸圆明园、清漪园（颐和园）、静明园等处，皆由统领大臣率所属伺候承应。

第二节　驻防与护卫

"三山五园"地区拥有完备的军事防御体系。据《清代北京西北郊园林分布图》（《颐和园》）所绘，八旗营房及村落或围绕圆明园、畅春园、清漪园分布，或沿西山山麓一线分布于地区的西北边缘。往北应该囊括清河北岸，包括跨清河而扎营的守护圆明园的正黄旗、镶黄旗、正白旗和清河两岸的稻田区；西北包括正红旗和镶红旗等西山脚下的村落、寺庙；东面包括曾统归圆明园管理的皇家赐园和官宦园林；向南包括正蓝旗、镶蓝旗、火器营、万泉庄、泉宗庙以及广布于巴沟低地的水田；往西包括驻扎在香山行宫周围的香山健锐营、团城演武场、碧云寺、卧佛寺。

三山五园由于居住功能的差别，安全护卫除在整体上一致外，又有所侧重，如圆明园，清帝常率后妃等驻跸圆明园，在圆明园"正大光明"殿接待外国使臣，处理政事，庆节贺寿。所以，护卫级别明显高于其他诸园。以下根据档案实录以及学者研究，对诸园防护体系的布局、管理、建筑、生活、军训等做一简要梳理。①

一　治安、防盗、防火等

（一）圆明园八旗驻防

清代，北京驻扎着禁旅八旗，又称京旗，以满洲八旗为主，分左右翼驻扎北京城内。左翼四旗，镶黄旗在城东北，驻安定门内，依次而南为正白旗，驻东直门内，镶白旗驻朝阳门内，正蓝旗驻崇

---

① 本部分内容参阅常林、白鹤群《北京西山健锐营》，学苑出版社 2006 年版；韩光辉：《清代圆明园八旗驻防的设立及其户口演变与户口特征》，《清史研究》2000 年第 1 期；赵书：《圆明园八旗营房述略》，《满族研究》1994 年第 4 期。

文门内：右翼四旗，正黄旗在城西北，驻德胜门内，依次而南为正红旗，驻西直门内，镶红旗驻阜成门内，镶蓝旗驻宣武门内。京旗各佐领在行政上归本旗都统管辖，但在军事系统上，又按照兵种，将前锋、护军、马甲、步甲独立编营。其中，骁骑（马甲）营、护军营、步军（步甲）营均按旗分设，前锋营按左右翼分设。护军营与前锋营平时警卫宫禁，皇帝外出时扈从行营，是八旗兵的精锐。

　　而作为皇家御园，三山五园的护卫体系非常严密。特别是圆明园，因清帝经常前往驻跸理政，安全护卫是日常管理的重中之重，需选派精锐的亲兵、卫兵，层层设防，严密布置，以策万全。

　　1. 护军营职官设置

　　雍正二年（1724）钦定，圆明园专设八旗护军守卫，前往驻扎。其兵丁一部分是由京城八旗护军中抽调出来，另一部分是由八旗养育兵及闲散内挑补，圆明园八旗护军名额为 5700 多人（包括护军、马甲和养育兵），共有房舍 11808 间。镶黄旗营房在圆明园北，树村西。镶白旗主营房在圆明园东北隅，今圆明园东路北部西侧，设有小营房。正蓝旗营房在清华大学南侧。正黄旗营房在圆明园西北肖家河处，后又在清河南北两侧兴建了正黄旗河南新营、河北新营。正红旗在安河桥北，西临今京密引水渠，北靠龙背村。镶红旗旗营在青龙桥西下道府和功德寺之间。镶蓝旗营房在颐和园南的长河西畔，现遗址名为"老营房"。

　　圆明园护军营又设内务府三旗护军营辅佐。内务府三旗护军营，又称"包衣营"，三旗为镶黄、正黄、正白上三旗，共有兵丁 300 余人，其作用职责是掌警卫圆明园各宫门门禁。有营舍 96 间，护军参领廨舍 520 间。

　　内务府三旗护军营与八旗护军营合称为"圆明园八旗内务府三旗护军营"，简称"圆明园护军营"。八旗营每旗设营总 1 人，护军参领 1 人，副护军参领 2 人，署护军参领 4 人，护军校、署护军校各 16 人。全营有笔帖式 4 人，随本旗营总办理章奏、文移事务。

内务府包衣营三旗设营总 1 名（雍正十年增补），每旗各设护军参领、副护军参领、署护军参领各 1 人，护军校各 3 人，副护军校各 3 人。全营有笔帖式 4 人，随本营营总办理章奏、文移事务。

圆明园墙垣的昼夜巡视，由圆明园护卫营中哨子营承担。该营归正黄旗旗营管辖，全部由蒙古八旗骑兵组成，其食宿、居地与当时汉人有一定的差别，被大有庄、坡上村的汉人称"鞑子"，其营被称为"鞑子营""骚子营"。

圆明园护军营兵丁多为皇帝亲兵，具有特殊的重要性。所以，其总领人选、官员升迁、兵丁生活、管理训练乃至子弟教育等，颇为皇帝所关切。雍正十年夏四月初一，谕令果亲王等就如何扩大圆明园官兵的升迁之路，增补官员一事进行商议。议奏：从八旗现有之副护军参领内，每旗简选一员，补授护军参领，随营总办事。将副护军参领由五品升四品，护军校委署参领为五品。每旗增补护军校 4 员、副护军校 5 员。内府三旗护军于参领 3 员外，增补营总 1 员，四品。每旗另各补选 4 名笔帖式。乾隆十六年，定圆明园护军营设最高统领官掌印总统大臣 1 人统辖营务，总统大臣由王公大臣内简选若干人兼充，无具体定员。

雍正帝对御园的差役兵丁疾苦也十分关切。雍正八年八月十九日巳时，京师地震。京城内外及圆明园地方俱好。雍正帝下令，圆明园八旗兵丁，每旗各赏银一千两，以为修葺屋宇之用。

雍正三年以前，派驻三山五园的八旗兵丁往往要从京城往畅春园换班行走，十分辛苦。雍正三年八月二十七日至二十九日，雍正帝首次驻跸圆明园，便谕令内阁下，令往圆明园奏事的大臣官员，不必太早。九月朔、丁未，驻跸圆明园。庚申，谕内阁，大臣们只要实心办事即可，"似此奔走，并无关系"。若"尽心于职务，虽经年如此奔走，何益之有"。但是，"侍卫及职司看守人等，则不得不然"，因为这是他们的专职。这道谕令虽然强调的是大臣官员，同时也透露出看守园林之人早起按时奔走是其"专职"。冬十月癸酉、十一月冬至，雍正帝在天坛祭天后驻跸圆明园。雍正四年正月丙午、二月己巳、三月朔驻跸圆明园。四月甲子、五月丙辰到恩佑寺行礼毕后驻跸圆明园。

六月甲戌，针对八旗护军换班行走往返费力问题，雍正帝谕令八旗都统等说："从前八旗护军，俱由京城往畅春园换班行走。朕念其往返之间，稍觉费力，特发帑金数十万两，于圆明园附近，盖造房屋，派护军三千名居住，以供圆明园之差役。既有益于贫乏无房屋之人，而在京之护军又得免于往来行走之累。又念此三千护军，差役甚多，是以叠沛恩施，恤其劳瘁。乃在京之护军，以不得一体遍沾，致生怨望。而圆明园之护军，又以管束太严，思欲规避。殊负朕爱养兵丁之心！嗣后朕再加察看，若在京护军仍以朕加恩于圆明园之护军为过厚，朕即俱令回京，照前由京城换班行走。尔等可将此旨，遍谕护军，俾各晓悟，知朕加恩于圆明园护军之处，并非无故漫加，则彼此欢洽，无有怨言，而朕亦乐于加惠矣。"

遇皇帝或后宫驻园来往，自城至园沿途，派本园护军随班护卫，有兵丁站道护卫。光绪二十三年冬十月丙寅，谕内阁：本月初七日，（慈禧皇太后）还宫，仍回颐和园。所有恭随銮舆庆亲王奕劻，着赏给三镶玉如意一柄，圆金二疋。恭引銮舆载漪、载濂、载滢、载润、溥伟，均着赏给八丝缎二疋。载澜、载振、溥儁、均着赏给八丝缎二件。内务府大臣世续，着赏给八丝缎二件。前引提炉等官员，着各赏给纪录一次。请轿校尉，着各赏给银二两。仪驾骑驾校尉、内务府三旗执豹尾枪兵丁、八旗护军营站道兵丁、圆明园站道兵丁、步营绿营站道兵丁，着各赏给银一两，由户部给发。①这则材料反映了驻园过程中銮仪和护卫的一般情形。

2. 养育兵

圆明园有护军三千六百七十二名，马甲三百名，枪甲四百名，

---

① 《清德宗实录》卷411。

养育兵一千八百二十六名，包衣护军一百二十名，包衣马甲三十名，包衣养育兵六十名。养育兵，初称"教养兵"，为解决八旗余丁生计而设立的预备兵。顺治十七年（1660），曾从八旗余丁内挑取四千八百人训练技艺，食正兵一半饷银，是为清廷设立八旗预备兵之始。雍正二年（1724），雍正帝命正式设置八旗养育兵五千一百二十名。乾隆三年（1738），谕令原汉军养育兵与新增养育兵共一万五千九百名，均月食饷银二两；乾隆十八年（1753），养育兵增至二万六千二百余名，均改食饷银一两五钱，唯满洲、蒙古有米，汉军无米。

乾隆三十六年二月甲午，军机大臣等议覆，都统管理健锐营努三等奏称，健锐营三千兵内仅有一百养育兵缺，应请酌增等语。查京城八旗满洲、蒙古汉军共兵六万三千九百余名，养育兵共二万五千一百缺，核计每三名内。给一养育兵缺。圆明园兵共三千九百二十余名，养育兵共四百八十缺，核计七八名内，给一养育兵缺。今健锐营三千兵内养育兵共一百缺，核计三十名内，始有一缺，固应议增，即圆明园兵内亦应另增。唯京城养育兵月食饷银一两五钱，圆明园、健锐营养育兵月食饷银二两，殊未划一，应请一例定饷银一两五钱。于健锐营、圆明园兵内，均每兵四名定一养育兵缺。健锐营、圆明园饷银二两之缺，改为饷银一两五钱，尚可余养育兵饷银八千一百九十余缺，请暂存留，俟八旗余丁滋生浩繁，再行酌量均分。得旨。此项余缺，不必存留，竟按三兵人一养育兵缺。又谕：由部库拨帑，每人按月赏银一两五钱，以资养赡，此内孤子至十二岁，即令调补养育兵，其遗缺仍于四项人内挑补。如是定例办理，使八旗人等均沾朕恩，永远裨益，即每年多需数万帑金，亦不惜也。将此交八旗都统大臣等，务体朕意，妥协办理。

这些御园护军特别是养育兵，需要大量的经费与粮饷支撑，但也受到严格的管理与训练，在清末，也成为国家重要的军事力量。下面两条材料便是很好的证明：光绪二十六年七月癸丑，谕军机大臣等，所有火器营、健锐营、圆明园、内务府养育兵，着该管王大臣赶即认真挑选精壮幼丁，将名数咨交督办军务处，以备调用。①光绪二十八年九月壬申，谕军机大臣等：现在练兵紧要，着挑选八旗壮丁，交北洋大臣训练。所有八旗满洲蒙古汉军前锋营、护军营及圆明园内外火器营、健锐营、食饷兵丁，并闲散内挑选十六岁以上、二十二岁以下年力精壮者，限二十日造册咨送军机处。②

3. 兵丁教育

圆明园护军营为了培养后代，在所属旗营内设学校，以教子弟。据《清世宗实录》，雍正十年夏四月甲寅，谕果亲王允礼等："近见圆明园兵丁气象，较前甚优。圆明园之八旗及内府三旗，着赏给教习人员，令伊等子弟学习汉书。其一切事宜，著定议具奏。"寻议："设立学舍，当视营房之远近。"北部四旗镶黄、正黄、正白、镶白四旗，营房相近，较为集中，四旗合设官学1所，教习2名。正红、镶红两旗，营房相近，合设学舍1所，教习1名。正蓝、镶蓝二旗，因地势与营房相距甚远，故每旗各设官学1所，每所均有旗营总管指定的教习掌教学生学习事务。内务府三旗，原同一营，设学舍3所，教习3名。其教习人员，在八旗及内府生员内选取，给与钱粮季米，四年一换。训诲优者、咨行吏部，即以笔帖式用，劣者革退，另行选补。如此，圆明园护军特别是内务府三旗兵丁子弟的学习与考核、学舍与教习的选用等等，成为重要的管理事项。

4. 兵丁拣选与考验

圆明园兵丁管理由管理圆明园兵丁大臣负责。而督领圆明园八旗守卫禁兵事宜的大臣必须是皇帝信任的人，如雍正帝即位后令怡亲王允祥为统领。任此职的王大臣有负责考察兵丁选拔技艺优胜的职责。乾隆十三年（1748）十月戊戌，驾幸宝谛寺，阅八旗演习

---

① 《清德宗实录》卷466。
② 《清德宗实录》卷505。

云梯兵，之后驻跸静宜园。谕曰：京师护军参领、护军校、护军内，有曾经出师并骑射好者，拣选补放绿营员缺。其圆明园护军参领、护军校、护军等，非京城经制官兵，是以并未拣选。但伊等内既有可以选用之人，且差务较前有增，看来俱各黾勉将事，自应照京城一体拣选补放，以示鼓励。嗣后拣选补放绿营员缺时，将伊等入于京城各该旗，会同管理圆明园兵丁大臣等，一体拣选。

乾隆四十二年十月庚申，谕：京城兵丁，每三年举行军政。技艺较优者，列为头等，赏给银两，劣者革退，所以示惩劝也。独健锐营、外火器营、圆明园兵丁，并无考验之例。嗣后，将健锐营、外火器营、圆明园兵丁，亦照京城兵丁举行军政，派出王大臣考验，一体办理。

5. 奖惩管理

即便是皇家御园的亲兵卫兵，护军营内官兵若违背纪律，也要受到御史的弹劾，并受到严厉惩罚。光绪三年，圆明园镶蓝旗印务翼长文忠，与护军校英全、国春互相勾结，于应放各旗官兵班费等项钱文及班赏银两中，有蒙混克扣情弊，招致物议沸腾。这个文忠，依仗和怡亲王是姻亲，便以修盖该王祠堂为名，将各旗官兵俸饷借端勒扣。御史邓庆麟将此奏报给朝廷，请旨饬查。五月壬戌，上谕派宝鋆、崇绮等将邓庆麟所奏各节，确切查明，据实参办，以重营务。八月丙戌。谕内阁：据查明，此案文忠因官兵遇有管道差使，制造袍褂，划扣兵丁库银。既不将用过工价开示，又于班赏项下挪移。其为怡贤亲王修理祠堂，并有借端挪动公款，及令各官摊捐情事，至春秋两操及军政用项，重复开销，意图诈取。并于应放班费等项银两，业经具稿报销。胆敢自行挪用银七百九十余两，实属任意侵欺。文忠照所拟，即行革职，杖一百，流二千五百里，并令该管大臣严加看守。将挪用银两，勒限追缴。英全等随同文忠办事，既知侵欺银两，辄敢匿不举报，互相徇庇，英全、国春均革去护军校，杖一百，流二千五百里。该管大臣于文忠侵欺克扣情弊，失于觉察，交部照例议处。十一月壬戌，又谕：兵部奏，查明滥举卓异之大臣议处请旨等语。圆明园镶蓝旗翼长文忠侵欺钱粮，护军校国春有心徇庇，已经降旨革职惩办。该二员前经保列卓异，所有滥行荐举之该管大臣景寿、棍楚克林沁、安兴阿、托云，经兵部议以降二级调用，加恩均着改为降四级留任。八年无过，方准开复。这个案子，从五月直至十一月，涉案人员甚至荐举人员都受到严厉处罚，足见光绪初年两宫太后励精图治、广开言路之意。

二 日常稽查、巡夜与门禁

清代，京师设巡捕五营，设步军统领一人，所辖绿营兵为步马兵，负责京师日常稽查、巡夜与门禁。康熙五十三年（1714），畅春园增设巡捕营官兵 120 名。雍正元年（1723），定步军巡捕营圆明园附近处汛守之制，设八旗步军汛 50 处，以步军协尉 4 人，步军尉 12 人分辖之。每汛设领催 3 名，步军 10 名，昼夜巡警。又定巡捕营南营所属圆明园三汛（畅春园、圆明园、树村）界址。八旗步军与巡捕五营，按汛界驻守或巡防。每汛内，设有一定数量的栅栏堆拨房，并备有防火用的激筒。乾隆四年（1739），皇太后驻跸畅春园，于圆明园改设门汛 76 处，日以营总 2 人，护军参领 2 人，副护军参领、署护军参领 15 人，护军校、护军 760 人守卫，夜传更筹 10 人；畅春园增设门汛 19 处，日以营总 1 人，副护军参领、署护军参领 4 人，护军校、护军 190 人守卫，夜传更筹 8 人。如遇皇帝巡幸，以参将 1 人，于清梵寺前驻扎，各汛守卫在通衢大街，千总、把总等在偏小巷防守，严加稽查，昼夜巡逻。乾隆十年（1745），增长春园门汛 20 处，日以护军参领 1 人，副护军参领、署护军参领 4 人，护军校、护军 200 人守卫，夜传更筹 8 人。遇皇帝驻跸圆明园，增设骁骑推拨 48 处。乾隆四十六年（1781），因"额设官兵，不敷派拨，且营制亦有参差"，增京师步军统领巡捕左、右两营，合南、北、中为五营，按京城南、北、左、右分设四营，分23汛领兵1万。并因圆明园为"圣驾驻跸之处"，又将原南营改为中营，"列巡捕营之首"，管辖园庭，设参将、游击、都司各1员，增设副将1员，由提督中军兼任。辖五汛，每汛千总2员，把总4员，统制外委6员，额外外委3员。中营副将驻海淀，参将、游击和都司分别驻海淀熙春园、香山四王府和西苑挂甲屯。所辖圆明园、畅春园、树村、静宜园四汛依旧。嘉庆四年（1799），步军统领下，添设左、右翼总兵各1员。京师提督九门巡捕五营乃步军统领专辖，以中营作提标，设提督中军兼管中营，副将一员为中军，管理圆明园五汛，计有官兵3083人：其中营官83人，包括副将、参将、游击、都司各1人，共4人；守备每汛1人，五汛计4人（圆明园汛为都司）；千总每汛2人，共10人；把总每汛4人，共20人；经制外委每汛6人，计30人；额外外委每汛3人，计15人。兵卒3000人，其中圆明园汛630人，畅春园汛530人，树村汛620人，静宜园汛630人。① 这些绿营兵的职责是日常的稽查、巡夜与门禁。

第三节　日常管理与运营

一　官员补放

圆明园、畅春园、颐和园、静明园、静宜园，为六品苑。内务府职能机构七司三院中的郎中、员外郎、六品苑丞、七品苑副、八品苑副、笔帖式、委署主事六品库掌等，三年进行一次京察，交吏部照例选用。届时，由内务府三院等处堂官圈出一等京察人员，出具切实考语，带领引见。以下《清德宗实录》的几条材料可以说明这点，列举如下（亦带有奉宸苑）：光绪二年二月甲戌，引见内务府三院等处京察保送一等人员。得旨。此次内务府三院等处京察圈

---

① 《清史稿》卷130《志》一百五《兵一》。

出之奉宸苑六品虚衔八品苑丞德楞额、圆明园主事钟灵、六品库掌常庆、六品苑丞福惠，清漪园六品苑丞承善、诚英，俱著交吏部记名，照例选用，所有一等官员笔帖式达他等员，俱着准其一等加一级。光绪五年二月丙戌，引见内务府三院等处保送京察一等人员。得旨。此次内务府三院等处京察一等圈出之奉宸苑笔帖式承慧、圆明园委署主事恒龄、六品库掌明安、笔帖式德恒、清漪园六品苑丞承善、笔帖式显曾，俱著交吏部记名照例选用，所有一等官员笔帖式达他等员，俱着准其一等加一级。光绪十一年十二月丙子奉懿旨，文麟着以圆明园员外郎候补；光绪十四年二月甲午，引见内务府三院等处保送京察一等人员。得旨。此次内务府三院等处京察一等圈出之奉宸苑笔帖式文斌，圆明园主事德恒，六品苑丞贵崇、景隆，颐和园六品苑丞承善，静明园六品苑丞锡惠，静宜园六品苑丞海龄，均着交吏部记名，照例选用。所有一等官员笔帖式达他等员，均着准其一等加一级。光绪二十年正月癸卯，谕军机大臣等，圆明园郎中福惠，赏加三品衔，六品苑丞贵崇，赏加一级，员外郎盛桂、德恒，均加赏员外郎俸一年。主事联桂，委署主事恩佩，六品库掌文宝，六品苑丞铭绘、英秀、满亮、福秀，均着赏加一级；颐和园郎中廷琦，赏加三院卿衔。员外郎熙曾，赏加四品衔。六品苑丞全善、明良、裕斌、吉利、毓杰、文焕、裕祜，均加赏俸一年。同年十二月丁巳，引见内务府三院等处保送京察人员。得旨。此次京察一等钤出之颐和园六品苑丞裕斌，静明园六品苑丞锡惠，奉宸苑八品苑丞继纲，圆明园委署苑副世贵，颐和园七品苑丞济良、连吉，均着交吏部记名，照例选用。所有一等官员、笔帖式，均准其一等加一级。年已逾岁之圆明园七品苑副明裕，原品休致。① 光绪二十三年二月壬申，引见内务府三院等处京察一等钤出人员，得旨。钤出之奉宸苑八品苑丞继纲，圆明园六品苑丞富秀、

① 《清德宗实录》卷144。

七品苑副恒勋，颐和园六品苑丞裕斌，静明园六品苑丞济良，静宜园六品苑丞明诚，颐和园七品苑丞荣来，均着交吏部记名，照例选用。所有一等官员笔帖式达他等，均准其一等加一级。① 光绪二十六年二月乙酉，引见内务府三院等处保送京察人员。得旨。此次内务府三院等处京察一等钤出之奉宸苑八品苑丞继纲、圆明园八品苑副世贵、委署苑副锡良、笔帖式志衡，颐和园六品苑丞连吉、明良、显曾、七品苑副连仲，均着交吏部记名照例选用，所有一等官员笔帖式达他等，均着准其一等加一级。不到之颐和园六品苑丞荣来着该衙门照例办理。② 光绪三十二年二月辛亥，引见内务府三院等处京察一等人员。得旨。此次内务府三院等处京察一等钤出之奉宸苑笔帖式清桂，圆明园六品苑丞恒勋、六品苑副世贵，颐和园六品苑丞荣来、鋆善、笔帖式玉福，均着交吏部记名照例选用，所有一等官员笔帖式达他等，均着准其一等加一级。③

　　罗列这些资料，要说明的是，官员补放对于三山五园日常管理事务中的重要性；同样，这样的考察，也有利于这些官员在进行皇家园林管理时能够尽心尽责。

二　御舟事务管理

　　圆明园水操船只的筹办与管理便是日常管理事务之一。从乾隆十六年十月甲午军机大臣等议覆直隶总督方观承等奏筹办圆明园水操船只事宜档案可见，圆明园水操船只有关的事务管理中，涉及每年入坞苫盖与出坞油艌，"照海船旧例"；涉及用银问题，则"用司库存公耗羡，按年解交内务府，会同健锐营大臣经理。"还有船坞、篷桅收贮问题，"拟于凤凰墩西南山湾处挑河一道，并于近岸建库房七间，收贮篷桅等项。"还涉及看护问题，建"小房三间，

① 《清德宗实录》卷401。
② 《清德宗实录》卷459。
③ 《清德宗实录》卷555。

令随船弁兵居住看守"。还有船的质量与更换问题，也需要留心：一是船只，"船在平水，修造年分，无庸拘海船成例。新船虽在平水，每年操演，皇上亲临校阅，宜坚固以供驾驶，应仍照成例"。二是风篷、绳索等件的按年添补问题，因为船在湖中，如果建库房则风篷不致损坏，所以定三年更换，而绳索等则随时添修。需随时查明并"移咨天津水师营、采买南料应用"。这是一件重要的工作。三是添设新船八只，需把总衔兼正舵4员，正舵工4名，副舵工、正缭手、正掟手、正阿板、正舢板各8名，皆由水师营分拨。而把总衔4人分管舵工人等，则统归健锐营约束，就近支领钱粮及操演火药。还要解决他们的眷属问题，把总正舵每人给房三间，其他人等俱给二间，在附近处酌建。圆明园的御用船的操练与人员虽然归于健锐营约束，但是船只的检查、维护等则需要御船处各员日日留心，有专员负责并上报。此事因为涉及皇上亲临校阅等，马虎不得。

三 晨昏启闭

皇帝驻跸圆明园，设值班散秩大臣，定轮班奏事之制。乾隆三年正月甲子，初幸圆明园，到恩佑寺行礼后，到皇太后所居畅春园行礼。雍正帝居圆明园，凡庆节、恭迎皇太后御圆明园之长春仙馆，以为例。乙丑，定圆明园轮班奏事之制，谕大学士鄂尔泰等："都城西郊，地境爽垲，水泉清洁，于颐养为宜。昔年皇祖皇考皆于此地建立别苑，随时临幸，而办理政务，与宫中无异也。朕孝养皇太后，应有温清适宜之所，是以奉皇太后驻跸于此。不忍重劳民力，另筑园囿，朕即在圆明园，而敬葺皇祖所居畅春园，以为皇太后高年颐养之地。一切悉仍旧制，略为修缮，无所增加。……向来部院及八旗大臣，皆轮班奏事。自仍照旧例行。至诸臣中有陈奏事件，即行具奏，不必拘定轮班日期。"

乾隆四年十月辛丑，谕："朕驻跸南苑，部院八旗等衙门，着照圆明园之例，轮班奏事。"

乾隆二十三年二月乙丑，礼部尚书伍龄安奏，进班王大臣等，遇驾幸圆明园、南苑及驻跸热河、巡幸各省，日间多不进班，傍晚始进内宿。皇上驻跸圆明园，本处应奏事及御门等日，即五鼓出东华门，往园豫备。请嗣后驾幸各处，俱照在宫，日夜值班。值班日，禁城有应奏事，奏闻。皇上驻跸圆明园，有应奏事及御门等日，先期换班，不准黄夜擅开禁门前往。

嘉庆六年四月癸酉，赏满汉文职堂官、圆明园值日奏事之王大臣。光绪三十三年十一月壬辰，谕内阁，所有圆明园直（值）班之散秩大臣，撤去直（值）班。①

作为御园，门禁管理非常重要。除了皇帝驻跸在此，园中稀世珍宝也需要保护。乾隆三十四年（1769）于敏中等奉敕完成的《钦定重刻淳化阁帖》。乾隆三十八年，奉旨在万寿山、静明园和香山各安设一部《钦定重刻淳化阁帖》。所以，即便是值日大臣或者重臣也不能随时出入或者擅自进入。特别是圆明园，作为御园，更是不能擅自进入。光绪二十二年九月庚戌，谕内阁：本月十五日，李鸿章擅入圆明园禁地游览，殊于体制不合，着交部议处。寻议革职，得旨，加恩改为罚俸一年，不准抵销。②

四　工程管理

圆明园内有工程处，负责园内工程营造事宜。雍正即位后，拓展赐园。据内务府造办处《活计档》，雍正二年（1724）正月，奏准为圆明园扩建工程采办木植。九月，圆明园"佛楼"（乾隆九年定名曰天琳宇）内安设供器。雍正三年（1725）六月，蓬莱洲（乾隆初年定名蓬岛瑶台）西北亭上安讫铜试风旗。又在园南增建了正大光明殿，是清帝举行大典，寿诞朝贺，会见并筵宴贵胄权

---

① 《清德宗实录》卷582。
② 《清德宗实录》卷395。

臣、各族首领和外国使节之处。朝考亦在此殿。又增建勤正殿以及内阁、六部、军机处诸值房。八月，第一次驻跸圆明园。在御制《圆明园记》中写道，"即位三年，修葺亭台丘壑，辟田庐，营蔬圃，建设轩墀。又于园之南构殿宇朝署值所，御以听政。"乾隆朝更是大兴土木，使三山五园成为系统的工程。营建如此各种意趣殊异的万园之园佳境，工程量巨大，离不开圆明园工程处的监督与管理。乾隆十三年三月乙巳，谕曰：伊拉齐人甚庸劣，举止疏慢，不称长芦盐政之任，革职，令在圆明园工程处效力行走。

圆明园内有木厂。乾隆四十八年六月乙丑，谕：现在修建体仁阁，工程关系紧要。据金简奏称：与福隆安商酌，会同督办，并派员分头上紧赶办事项匠工料物等语。自应如此办理。至所奏现派员赴圆明园木厂，查量福康安、征瑞进到木料，并工部木仓现存桅木，配搭应用。由此可见，圆明园工程所需木材之多。

内务府造办处是清宫制造皇家御用品的专门机构，于康熙年间成立，由皇帝特派的内务府大臣管理，先后设有六十多个专业作坊。中国第一历史档案馆存《清宫内务府造办处档案总汇》，记录了有关皇家宫殿园囿、各类典礼活计、匠役管理。从《圆明园修建工程奏稿》《圆明园修建工程则例》《圆明园工程则例》《圆明园内工则例》《万寿山工程则例》等档案资料中，更可以管窥三山五园工程管理的烦琐与细致。

苑囿内泉源、河道、水沟的疏浚是御园日常管理的一个大工程，由内务府奉宸苑派员管理。从《静明园内疏浚泉源等工销算丈尺做法清册》中，亦可以看出工程量之巨大。

五 卫生陈设管理

众多的园林景点，宫殿、楼阁各处的陈设、亭榭、花径、走廊的洒扫，古木修整、花草培灌、饲养池鱼、物品收贮、神祠香火、古玩器皿的养护等，需要日常精心的管理，才能保持美观整洁，以备皇帝随时驻跸，是三山五园日常管理事务之一。例如，清帝驻园期间，照例是在从宫内迁来御园和从御园迁回宫内之日，上元（正月十五）日、中元（七月十五）日、清明日，皇帝生日和先皇诞辰、忌日，都要到御园祖祠安佑宫"磕头"行礼，所以御容前香烛焚修、供果陈设、卫生洒扫等就十分重要。

六　印钥管理

乾隆三十五年闰五月己未，又谕曰：都统色克慎现患眼疾，圆明园八旗事务止有福隆安一人管理，色布腾、巴勒珠尔，亦着管理圆明园八旗事务，其印务钥即着色布腾、巴勒珠尔掌管。光绪十五年四月丙戌。谕内阁，景寿奏，现在因病未痊，恳请再行赏假，并将管理事务派员署理一摺。景寿着再赏假一个月，圆明园印钥，着派奕絪暂行佩带。①

七　膳食管理

圆明园设有茶膳房，管理圆明园茶膳房等处事务。乾隆三十一年正月辛卯，兵部奏，侍郎五福家，炭户领票烧炭。前于雍正元年，停止王公炭票时，既已朦混，未经革除。及五福身为大臣，明知炭票不应请领，又不报停，以致领票办炭之人，借端滋事。应交部严议，其炭票长远停止。谕曰：五福身为工部堂官，乃于早应革除之炭票不行停止，以致匪徒认充炭户，影射生事，甚属不合。五福革去工部侍郎，降为头等侍卫，管理圆明园茶膳房等处事务，仍着严察议奏寻议，头等侍卫兼佐领五福应照溺职例革职。得旨。五福留头等侍卫之任，俟八年无过，准其开复。

八　防火安全

清帝常在园中举办筵宴。雍正五年（1727）正月十九日，圆明

① 《清德宗实录》卷269。

园筵宴，循去年例备办礼乐、摔跤及烟火等。乾隆初年定制，于"上元前后五日，观烟火于西苑西南门内之山高水长楼，楼凡五（按：应为九）楹。"① 圆明园山高水长的上元烟火盛会山，时称元宵火戏，乾隆年间例从正月十三日放灯，至燕九日（正月十九）收灯，内容包括马术、杂技、民乐、舞灯、烟火，以及维吾尔族铜绳技（达瓦孜）、外国歌曲等。其间皇帝还频频赐宴宗亲、外藩和外国来使或是赐食茶果，乾隆帝称之为"七宵灯宴"。吉祥热闹喜庆之余，安全防火等管理就凸显重要，这是三山五园管理人员紧张而繁忙的管理事务之一。

皇帝驻园处理政务，圆明园设有阿哥处，由师傅授读；也设有朝房，供朝臣办事。所以，书籍、奏折不可少，防火安全最为重要。乾隆五十二年五月乙酉，谕军机大臣等，热河文津阁所贮四库全书，朕偶加翻阅，其中讹谬甚多，已派随从热河之阿哥，及军机大臣，并部院随出之阮葵生、阿肃胡高望、嵩贵吉梦熊再行详加校阅改正。因思文渊、文源二阁所贮四库全书，其讹舛处所，亦皆不一而足，着派科甲出身之尚书、侍郎京堂以及翰、詹科道部属等官分司校阅，文渊阁书籍，在文华殿、内阁等处阅看。文源阁书籍，在圆明园朝房阅看，由伊龄阿、巴宁阿专司收发。其挖改换页等事，由八阿哥、刘墉专管。八阿哥现住圆明园，刘墉系总师傅，自必随同阿哥等，在彼居住，即着八阿哥、刘墉常川住彼，以资料理，并拣派武英殿匠役，前往圆明园承办。

九 经费来源与管理

三山五园的营建、日常运营与人员管理，必须有大量的经费支撑。以圆明园为例，始建于康熙末年，大规模营建于雍正和乾隆年间，至嘉庆与道光年间，又有局部扩建，其建造、维护和日常运转

---

① 《啸亭杂录·续录》卷1。

的费用是个天文数字，由内务府设立的圆明园银库负责掌管。根据学者梳理档案文献的研究成果，圆明园经费来源主要有三：一是内务府广储司划拨给圆明园银库的银两，共有 65 万，主要用于景观工程建造：雍正三年（1725）二月，经内务府大臣允禄奏请，由广储司取银三十万两作为修造圆明园的启动经费；乾隆二十一年（1756）十二月广储司向圆明园银库划拨 20 万两银，用于所有园内水法工程、同乐园大戏台并静明园等工应需工料银两；乾隆二十四年七月，大臣三和等奏请广储司划拨 10 万两银给圆明园银库，以供舍卫城等处工程应用；道光十一年（1831）八月，广储司从现存封贮银 40 万两中划拨 5 万银给圆明园银库，以备发放各项之需；二是圆明园土地、房地出租而收取的地租、房地租、荷租、苇租所得，用于圆明园岁修经费支出。三山五园地区的皇家园林中种植着稻米、莲藕、蔬菜和果树等，承种者要向圆明园银库缴纳租金。此外，顺天府的旗地租银一部分也解送到圆明园，如光绪三十四年（1908）圆明园接受了顺天府香河县交来的地租银；三是将银两借给盐商，收取利息，是为发商生息。所得利息银主要用于开支圆明园等处官员的饭食银，书算、匠役等公费以及山高水长差务公费等。如乾隆四十九年九月，长芦盐政征瑞便奏请领借圆明园银库现存银两，贷给殷实盐商使用，按一分起息。嘉庆五年（1800），曾将圆明园库银 10 万两交两淮盐政生息，每年得到利息银 1.2 万两。为圆明园筹集经费，遇有米价上涨年份，圆明园内的工匠籴食艰难，朝廷就把安和桥丰益仓的余米赏给圆明园工程处，圆明园工程处再让工匠们"照依市价，就近籴食"，所得银两归缴圆明园银库。此外，还有榷关与盐政上缴的盈余银、商人和官员捐献以及罚没等。①

　　盛时的"圆明园"，是清王朝的政治、权力中心，雍正、乾隆、

---

① 参阅赵连稳《圆明园经费来源问题初探》，《清华大学学报》（哲学社会科学版）2016 年第 2 期。

嘉庆、道光、咸丰五位皇帝都先后长年居住在园内理朝政，"莅官治事，一如内朝"，前后达 138 年之久，被特称为"御园"，其日常管理与运营既是皇家私事，也是国家政事之一。其管理运营与国力、国势的强盛密切相关，从前述内务府官员的设置上也可以看出。随着清王朝国势日益衰落，在嘉庆中期特别是道光朝之后，圆明五园就相继易为三园，畅春园也渐行荒废。从内务府机构人员的省并上可以看出这些转变。此外，国家财政状况日益严峻，圆明园的经费筹措渠道也越来越困难，也导致了管理与运营上的举步维艰。清人鲍源深在《补竹轩文集》中记载了咸丰十年（1860），英法联军入侵北京，"九月初，夷人焚五园三山，圆明园内外胜景，悉成煨烬"的痛心情景。圆明园三园、"三山"及畅春园的大部分皇家园林建筑都毁于劫火。又经过近百年的风风雨雨，西郊皇家诸园除万寿山在光绪朝重修并更名为颐和园、香山仍存留部分景物之外，其余多已难觅旧观园林，其管理运营亦不如鼎盛之时。

第八章 三山五园的建设和管理对海淀区域发展的影响

自康熙年间在北京西郊建设畅春园开始，到光绪年间重修颐和园，三山五园的命运几乎印证了整个清朝的兴衰。海淀镇伴随着三山五园的建设和管理逐步崛起，是国家重大工程影响区域发展的典型例证。侯仁之先生《海淀附近的地形、水道与聚落》等论著，阐述了海淀一带环境变迁的历史过程。在此基础上，我们将继续分析清代三山五园的建设和管理对海淀一带区域发展的影响。

第一节 清代建设三山五园之前的海淀

海淀见之于历史文献，迄今所知以元朝初年王恽《中堂事记》为最早，该书记载了从金中都取道昌平南口奔赴内蒙古开平的沿途见闻。元中统二年三月五日（1261年4月5日），"丞相祃祃与同僚发自燕京。是夕，宿通玄北郭。……六日丁卯午，憩海店，距京城廿里。凡省部未决事务，于此悉行决遣。是晚，宿南口新店，距海店七十里"[1]。通玄门即金中都旧城北门正中者，位于今西便门外白云观稍北；南口新店即今昌平以西2公里的辛店。二者之间的

---

① 王恽：《秋涧集》卷80《中堂事记》上，世界书局影印《四库全书荟要》，集部，第54册，第388页。

聚落海店即今海淀一带，因为处在金中都与蒙古上都开平之间的交通线上而被记录下来。从水文地理环境的历史状况以及地名产生的一般规律推断，作为水体的"海淀"是西山泉源在山前出露带聚集而成的浅水湖沼，作为聚落的"海店"应是与之同音异写的结果，后世又达成了二者用字的统一。

在元代，大都郊外的园林别墅，如万柳堂、匏瓜亭、远风台等，集中分布在城西与城南，基本保持自然状态的下马飞放泊也在城南三十里左右，西北郊的湖沼泉源尚未进入元人建设休闲园林的视野。但是，元朝已有人注意到大都西北郊自然环境的风景价值，并且给"海淀"的一部分赋予了一个极具文学色彩却又显得过于阳春白雪的名称——丹稜沜（dān léng pàn）。明代万历年间王嘉谟《丹稜沜记》写道：西湖（今昆明湖）"之东有古祠一，断碑乃元上都路制使朵里真撰文，云丹稜沜。尚余数行，余皆磨灭"①。这块断碑证实，元代已有"丹稜沜"之称。朵里真的生卒不得其详，如果他生活在元朝早期，这个命名有可能出现在此前的金代。考虑到金章宗时期西山八院等休闲之地的建设，与之毗邻的海淀一带或许已被赋予如此美名。"沜"的含义为"水边"；"稜"是田间土垄，也是唐宋人约计田亩的单位。这样，"丹稜沜"就是形容此地是野生植物开满红花的一片湖沼。侯仁之先生在 1951 年就已断言："丹稜沜一名过于典雅，一定不是原来的土名，而是后世文人所杜撰的。……作者相信，丹稜沜最初的土名就是'海淀'"②。当代排印的《长安客话》、《帝京景物略》等往往将"稜"字改为异体的"棱"，但写成"陵"字的则是延续了字体相近造成的书写讹误。

从园林史的角度大致可以认为，清代三山五园是明代北京西郊园林的直接继承者与发扬光大者。明代在西郊修建的园林别墅，以

---

① 王嘉谟：《蓟丘集》卷 39《丹稜沜记》，国家图书馆藏明刻本。

② 侯仁之：《海淀附近的地形、水道与聚落》，《历史地理学的理论与实践》，上海人民出版社 1984 年版，第 263 页。

万历皇帝岳父武清侯李伟的清华园、书画大家米万钟的勺园等最著名，关于海淀园林的诗文也随之丰富起来。这些都是历史地理与地方史研究者众所周知的常识，此处无须赘述。唯有一点仍需指出，"丹稜沜"不是海淀一带整个水域的雅称，而只是其中的一部分。王嘉谟写道：

> 帝京西十五里为海垫（引者按，即海淀），凡二：南则觞于白龙庙，又南奏于湖；北斜邻嵝峋河。又西五里为瓮山，又五里为青龙桁河，东南流入于淀之夕阳，延而南者五里。旁与巴沟邻曰丹稜沜，沜之大以百顷，十亩潴为湖，二十亩沉洒种稻，厥田上上。湖圜而骈于西，可以舟。其地虚敞面阳，有贵人别业在焉。……度而南，则为官道，东入海垫。……又南为陂者五六，沜水再潴为溪。有村一，是曰东雄，土人汲焉。始入地中，出于巴沟，自沟达于白石，以入于高粱。……溯而北，自嵝峋而北入于西湖。……沜虽小，然忽隐忽潴，连以数里，可舟可钓，足食数口，负山丛丛，盖神皋之佳丽，郊居之胜选也。[①]

这一段记载表明：作为水体的"海淀"分为"南海淀"与"北海淀"，它们位于瓮山（今颐和园万寿山）以东五里。从青龙桥上游流来的河水（即"青龙桁河"）朝东南方流去，在"海淀"西侧（即"淀之夕阳"）汇入淀中，再向南绵延五里之远。在"海淀"旁边，与巴沟相邻的一片地方叫作"丹稜沜"，面积有百顷之大，其中十亩积水成湖，二十亩在种稻，土地肥力是最上等。驾船可以到达"丹稜沜"西侧，那里地域开阔、阳光充足，有权贵的园林别墅。丹稜沜南面是一条向东通往海淀的官道，道南有五六处水

---

① 《蓟丘集》卷39《丹稜沜记》。

塘，积水汇成小溪，"东雉"村的人们在这里汲水。水从东雉村渗入地下，到巴沟复出于地上。由此流到白石桥，再并入高粱水。这条水的上源，是北面的西湖。丹稜沜的水面虽然不大，但忽而积水成溪，忽而隐入地下，有的地方可以行船，有的地方能够垂钓，堪称京都地区的美景、城外居住的胜地。

比王嘉谟稍晚些的蒋一葵，所著《长安客话》中的"海淀"一则，几乎就是《丹稜沜记》的改写，唯其指出了"水所聚曰淀"，贵人别业"都人称李皇亲庄"①。到崇祯年间，刘侗等《帝京景物略》关于海淀的描述，基本上又是对蒋一葵的承袭②。嘉靖年间的《京师五城坊巷胡同集》，记录了"海店"与"南海店"两个村落。前者在今北京大学燕南园一带，后者在今海淀路附近。到清代，乾隆皇帝称"丹稜沜本明戚清华园之迹，今畅春园其故址也"，有把"丹稜沜"视为"清华园"一部分之嫌，远不如《日下旧闻考》编辑者指出的"明李伟清华园地临丹稜沜"③。一个"临"字，准确地表示了园林与水体的位置关系。

第二节　清代三山五园的建设用地、
驻军及周边人口增长

三山五园的建设是清代在北京城市史上最值得称道的大手笔，在把中国古典园林推向巅峰的同时，也在紫禁城之外营造了另一个政治中心。围绕着皇家园林产生的建设用地、水陆交通、水源整治、驻军分布、人口增长、经济生活、社会状况等问题，对海淀的区域发展和社会面貌产生了多种影响。尽管康熙、乾隆诸帝多次强调三山五园的修建是因明之旧略作整饰，但对海淀原有村庄及其周

---

① 蒋一葵：《长安客话》卷4《郊坰杂记》"海淀"条。
② 刘侗、于奕正：《帝京景物略》卷5《西城外》"海淀"条。
③ 《日下旧闻考》卷79《国朝苑囿》"泉宗庙"。

边土地的占用是毫无疑义的事情。即使有些园林并未越出明代曾有过的地域界线，外围也必须有驻军和管理人员的住所以及其他配套设施，从而增加对土地的占用。

清代文献以及今人研究显示，畅春园占地约 1200 亩，圆明园与毗邻的长春园、万春园总面积约 5200 余亩，清漪园（颐和园）为 3900 亩，静明园为 975 亩，静宜园约 2400 亩。在畅春园、圆明园、颐和园之间，历史上还有蔚秀园、承泽园、淑春园、朗润园、鸣鹤园、镜春园、澄怀园、一亩园、自得园、熙春园、近春园、礼王园等私家园林，成为以"三山五园"为主体的北京西郊皇家园林区的点缀和衬景。《日下旧闻考》记载："畅春园在南海淀大河庄之北"①；"圆明园在挂甲屯之北，距畅春园里许"②；"长春园本圆明园东垣外隙地，旧名水磨村。就添殿宇数所，敬依长春仙馆赐号，赐名曰长春园"③。对照当代情形，大河庄已经不存，早在康熙至雍正年间，查慎行就已经指出："南海淀今为御苑，设甲兵守之。间遇上元，于此放烟火，则纵都人往观，余不得入。"④ 这就意味着，随着畅春园的修建以及八旗戍守的安排，大河庄一带已经成为兵营驻扎之所。关于长春园，乾隆三十五年（1770）《御制长春园题句》称："予有夙愿，若至乾隆六十年，寿登八十五，彼时亦应归政，故邻圆明园之东预修此园，为他日优游之地。"⑤ 圆明园东墙外既有水磨村，村落与园林之间的"隙地"也应是该村所有，否则不会称长春园一带为"旧名水磨村"。这样，长春园开工势必占据水磨村的土地，同时使该村的许多村民迁移到附近距离皇家园林稍远些的村落。1940 年《成府村志》称："乾隆初年建长春

① 《日下旧闻考》卷76《国朝苑囿》"畅春园"。
② 《日下旧闻考》卷80《国朝苑囿》"圆明园一"。
③ 《日下旧闻考》卷803《国朝苑囿》"长春园"。
④ 查慎行：《人海记》卷下，"南海淀"条。
⑤ 《日下旧闻考》卷803《国朝苑囿》"长春园"。

园，将水磨村北部圈入，住户给资迁入成府界内建房居住。"① 由此我们可以推论，清代三山五园的建设，大体都会有不同程度的村民搬迁与土地征用，只是由于缺乏具体到某个村落的资料而无法详细讨论。20 世纪 80 年代在圆明园以东还有自然村"水磨"存在，但已经只有不足五分之一的农业人口②，至今应当早已被城市化了。挂甲屯至今仍存，1927 年社会学家李景汉先生主持了对挂甲屯的社会调查，"康熙四八年圆明园建成以后，其中当差的人有在本村落户者。当西太后与光绪帝时，常驻跸于村西二里的颐和园，村民在那里当差的也不少"③。此外，皇室勋戚也在皇家园林附近建房。康熙四十六年（1707）正月十八，皇三子胤祉、皇四子胤禛等奏请于畅春园附近建房，皇帝谕称：畅春园北新建花园以东空地，赏与尔等建房。三月二十日，胤祉买得水磨闸东南、明珠子奎芳家邻近空地一块以建房屋，也被康熙帝允准④。诸如此类的行动，是改变土地用途进而挤压原有居民生存空间的另一重要因素。

皇家园林的守卫者，是清代海淀一带人口增加的主体部分。军队驻扎就需要修建相应规格和数量的营房。据《八旗通志初集》记载：雍正二年（1724）始设圆明园八旗护军，驻防在园林四周。"共盖房一万间，分为八处，每处各一千二百五十间。"其中，左翼四旗包括："镶黄旗营房，坐落树村西边；正白旗营房，坐落树村东边；镶白旗营房，坐落水磨；正蓝旗营房，坐落保福寺。"右翼四旗包括："正黄旗营房，坐落萧家河；正红旗营房，坐落安河桥；镶红旗营房，坐落东四木村东边；镶蓝旗营房，坐落蓝靛厂西

① 金勋：《成府村志》，《中国地方志集成·乡镇志专辑》第 29 册，上海书店出版社 1992 年版，第 594 页。

② 《海淀区地名志》编辑委员会：《北京市海淀区地名志》，北京出版社 1992 年版，第 88 页。

③ 李景汉：《北平郊外之乡村家庭》，商务印书馆 1929 年版，第 9 页。

④ 何瑜主编：《清代三山五园史事编年》，中国大百科全书出版社 2014 年版，第 96 页。

边。"圆明园八旗按军阶分配住房，"每处护军参领各一员，住头等房一所，十三间；每处护军副参领各二员，住二等房二所，各十间；每处护军委署参领各四员，住三等房四所，各八间；每处护军校各十员，住房十所，各六间；每处护军三百七十五名，每名住房各三间"。在圆明园八旗之外，还设有内务府掌管的圆明园包衣三旗，"包衣三旗营房，坐落水磨前边"。"每旗护军参领各一员，各住房十二间；每旗侍卫委署参领各一员，各住房十间；每旗护军校委署参领各一员，各住房八间。每旗护军校各三员，各住房六间。每旗护军各四十名，各住房三间。共盖房五百零四间。""八旗及包衣三旗，每处教场内各盖箭亭三间。"① 综合上述各项，圆明园周围的驻防官兵合计 3274 人。《八旗通志》记载："雍正二年，派出驻卫圆明园八旗满洲护军兵三千名，养育兵九十六名，包衣三旗护军一百二十名。"② 这是不包括各级军官在内的数字。"乾隆十二年，每旗增护军一百名，各添房三百间。"③ 此外，协助守护静宜园等皇家园林，也是西山八旗健锐营的责任之一。在乾隆年间，除了少量军官之外，每旗前锋校各五十人，前锋一千名，委署前锋一千名，养育兵从一百名增加到一千名④。另据《清史稿》记载：圆明园八旗及包衣三旗各级军官"凡三百三十六人。护军三千六百七十二，马甲三百，枪甲四百，养育兵千八百二十六，包衣护军一百二十，包衣马甲三十，包衣养育兵六十，凡六千四百八人"。健锐营各级军官"凡百有二人。前锋千九百六十，委前锋一千，领催四，马甲八十一，养育兵八百三十三，凡三千八百七十八人"⑤。

---

① 鄂尔泰等：《八旗通志》（初集）卷 24《营建志二》"八旗驻防衙署营房"。

② 《八旗通志》（初集）卷 27《兵制志二》"八旗甲兵二"。

③ 《钦定八旗通志》卷 116《营建志五》"八旗驻防规制一"，文渊阁《四库全书》第 665 册，台湾商务印书馆影印本。

④ 《钦定八旗通志》卷 34《兵卫志三》"健锐营"，文渊阁《四库全书》第 664 册。

⑤ 赵尔巽等：《清史稿》卷 130《兵志一》"八旗"。

随着北京城市人口的增长，编入八旗的养育兵即带有福利性质的预备兵也越来越多，这是朝廷缓解八旗余丁生计的措施之一。

皇家园林不仅需要八旗军队守卫，还有许多园户在这里服务。乾隆二十一年（1756）六月按照花名册查明，畅春园、圆明园、清漪园、静明园、静宜园、奉宸苑共有园户一千三百一十四名，其中一百四十四名冒名顶替的园户及其管理者被查处①。嘉庆十一年（1806）审理偷窃清漪园物件一案，涉案者之一"王二即宝安，系内务府正白旗汉军嵩庆佐领下人，年二十九岁，在大有庄居住，乾隆五十七年，挑补昆明湖龙王堂园户"②。光绪《大清会典》记载：除了管理园林的若干官员外，圆明园设有园户头目三十三人，园户四百五十九人，园隶六十六人，匠役九十一人，牖军五十人。他们带着腰牌进苑劳作，每日派苑丞、苑副一人按门查验。畅春园设园户八十人。颐和园设园丁一百四十人，园户二百八十人，园隶六十八人，苏拉（按，在园中担任勤务之人）四十人，庙户四人，匠役十人，牖军二百人。静明园设园丁三十五人，园户八十五人，园隶八人，苏拉二人，匠役八人，牖军三十人。静宜园设园丁三十五人，园户八十人，园隶十七人，匠役十四人，苏拉七人③。

居住在三山五园周围的园户、匠役等人员的管理，是兵部、巡城御史、有关坊铺等共同的职责。嘉庆十八年（1813），巡城御史德恒等到圆明园一带，"分界前往，住宿各处，将南海淀、陈府、水磨、萧家河、树村、清河以及三里河、马圈、挂角屯、大有庄、青龙桥等处遍加详察，明白晓谕，责令街坊邻佑互相稽查，总甲头铺据实首报。其路旁之茶棚孤庙，零星民居，俱归近村甲保管理，

① 何瑜主编：《清代三山五园史事编年》，第 386 页。

② 《遵旨审拟王二偷窃清漪园物件一案有关人员》，《清宫颐和园档案·园囿管理卷》（二），中华书局 2015 年版，第 859—860 页。

③ （光绪朝）《大清会典》卷 97《奉宸苑》。

仍取具切实甘结存案"①。次年十二月十九日（1815 年 1 月 28 日），兵部左侍郎禧恩"遵旨查明门牌"奏折称："奴才于本月十三日赴圆明园，连日分往附近园庭等处逐一细查。并因园户、匠役多有居住大有庄、坡上村、哨子营等村庄，恐其中有奸徒藏匿，随将各村门牌间数家抽查一两处。缘清梵寺迆南系西城司坊管理，迆北系北城司坊管理。自上月奉旨后门牌一律换齐，惟查对人名数目间有不符。或只写某姓数口并未一一注明者，或房主业经出外而单中仍有姓名者，或有姓名迥不相符者，或同院居住四五家而单中只有二三家者，亦有亲丁数人只写一人者。开写未能画一，办理似觉草率。伏思门牌一事，如果能核实，办理稽查，颇属有益。且哨子营东北，近接紫碧山房（引者按，圆明园四十景之一）围墙，有买（引者按，应为卖）羊头作房一所。其中人数众多，门牌中填注十三人，皆书排行，亦无名字。奴才前往点查，铺伙只有二人，其余闲人甚多。问之铺伙韩三，据称系叫来工作者，不在本铺居住。其十一人俱经外出，伊所说姓氏却相符合。奴才业经面见该处营汛官员告知，令其夜间时常差人访查。闻得各村庄有司坊捕役挨户搜查，营汛官员现亦编查户口。虽现在稽查尚严，仍恐久致弛懈合无。仰恳圣恩敕下巡城御史，督率司坊官员不时认真办理，则地面肃清，可无奸宄溷迹矣。"② 官员请求皇帝下旨加强门牌与户口的核查，以确保皇家园林周边的治安，这也是园户、匠役以及试图在园中谋得差事的闲散人口在附近村落逐渐聚集的反映。朝廷对这一带发生的盗窃、抢劫等类案件，要求在较短的期限内破获："圆明园附近之侯家庄、过街楼、水磨村、侍卫营、吉水庄、成府村、旱河桥、槐树街、蒋家胡同、杭家村、佟府村、红桥、篓斗桥、南楼门、挂甲屯、五空闸、马厂东门、一亩园、自得园、大有庄、坡

---

① 《嘉庆十八年京畿地区编查保甲史料》（下），《历史档案》1990 年第 3 期，第 42 页。

② 《北京市海淀区地名志》，第 188 页，原件藏中国第一历史档案馆。

上、松树畦、青龙桥城关、青龙桥、安河桥、丰益仓、石作村、稍子营、萧家河村、老爷庙、前河沿、树村街、二河闸三十三村庄，遇有寻常窃盗案件，二月限满无获，即行题参。持械吓禁事主强劫之案，一月限满无获，即行题参，各照本例分别议处。"① 之所以如此严格，当然是因为此举关系到皇家园林的安全。

在畅春园、圆明园、颐和园等皇家园林之间，点缀着多处王公大臣的赐园。王闿运同治十年（1871）三月作《圆明园词》，其间有自注称："初园居盛时，内廷诸臣文武侍从俱有赐居，环挂甲屯，列第相望，如乡村焉。"② 鉴于西郊园林变为紫禁城外的又一政务中心，朝廷某些机构随之在周边村落设置公所临时办公。比如，翰林院曾住挂甲屯澄怀园，户部公所设在大有庄娘娘庙附近。为了就近处理朝廷公务，不少官员在这一带购买或租赁房屋。光绪二十二年一月廿六日（1896年3月9日）翁同龢日记称："坐车访李高阳于大有庄，彼与子良同借孙莱山屋，颇明敞。子密亦来，留吃饼，又看耕烟画册、天瓶尺牍，皆极精妙。访立豫甫未值，归后豫甫来深谈，可感。看《通鉴》一本。顺道看工部公所，有屋七十余间，拟借数椽暂住，门外风景好。又看东胜厂锅伙，则陋矣。"③ 这里以字或地望相称的数人均为晚清大员，李高阳即直隶高阳李鸿藻，子良是满洲镶蓝旗刚毅，孙莱山指山东济州孙毓汶，子密为浙江嘉兴钱应溥，立豫甫系内务府蒙古正黄旗立山。过了十几天，翁同龢在二月初八（3月21日）"至娘娘庙户部公所暂住。此屋从内务府借得，户部拨茶房三名看之（本有看屋赵姓三人）。晚看军机处公所，已腾清，惟家俱极少，定居北房五间"④。除了大有庄聚集的

---

① 《钦定兵部处分则例》卷31，《续修四库全书》856册，上海古籍出版社2002年版，第721页。

② 王闿运：《圆明园词》，《湘绮楼诗文集》"诗"，第8卷，岳麓书社1996年版，第1408页。

③ 《翁同龢日记》第5册，中华书局1997年版，第2883—2884页。

④ 同上书，第2885页。

朝廷重臣之外，张之洞、荣禄住在六郎庄，袁世凯住在挂甲屯。此类人口流动虽然数量有限，对海淀建设的带动作用却不可小觑。

第三节 西郊园林交通整治与水稻种植

三山五园既是帝王休闲观景之地，更是他们处理政务的所在。由北京西直门通往"三山五园"的道路，以大块的石条铺砌。自乾隆年间到清末，这条道路的整修工作持续不断，尤其以乾隆年间成就最大。

乾隆二十二年（1757）十月谕："京师之朝阳、西直、广宁诸门外，旧有石道，于行旅车徒最为有益。乃历年既久，凸凹不平。车辆往来，每有倾侧之虞，自应亟为修整。着吉庆、范时绥前往，逐一查明勘估，奏闻修理。所有工程即著伊二人专行承办，务期坚固平稳，以便行旅。"① 但是，吉庆等人在负责石道工程的过程中犯了贪污之罪。二十六年（1761）十一月，"大学士等议奏，据内务府郎中戴保住控：侍郎吉庆、前署杀虎口监督傅察纳，承办西直门石道工程，浮销八千九百余两。审系傅察纳代吉庆弥补赔修之项，辄于奏销时浮开。吉庆系总理大员，明知冒销，不行查问，均罪无可宽，应将吉庆、傅察纳照监守自盗例拟斩监候，秋后处决。副都统傅景，接管石工，讯不知情，但挟同吉庆参奏戴保住。应照都统将军贪婪、副都统不行纠参发觉审实例，降三级调用，不准抵销。得旨：吉庆、傅察纳，俱依拟应斩，着监候，秋后处决。傅景现派驻藏，着加恩，照所降之级从宽留任，俟差竣回京，视其如何奋勉出力之处，再降谕旨"②。古今修路工程中的贪污现象极其相似，戴保住揭发了这桩虚报工程费用的案件后，工程负责人或秋后问斩或降级以观后效。四十八年（1783）四月谕："西直门等处石

---

① 《清高宗实录》卷49。
② 《清高宗实录》卷649。

道，除总理工程大臣和珅、金简外，着再派胡季堂、德成一同办理。"① 到清朝后期，道路的维护也不曾间断。道光八年十二月戊寅（1829 年 1 月 17 日）谕内阁："所有西直门至圆明园，及阜成门、西便门、福园门西南门、扇子河南岸，并佟府栅栏内外石道、桥座、涵洞等项工程，著派卢荫溥、那清安、王宗诚、王引之、贵庆、裕恩、白镕、耆英、达三闽分段落，于今冬备料，明岁分别乘时兴修。……照例保固，限内如有损坏，着落原办官赔修，并责成耆英派步军统领衙门官员，于石道甫经修竣、灰浆未干时严切稽察，不准车马践踏以致压损。"② 皇家园林的政治功能，保障了从西郊到京城之间的道路持续得到高规格的维修。

从西直门到万寿山清漪园（后称颐和园），另有沿着长河航行的水路一途。《日下旧闻考》记载："西直门外高梁桥之北，宫门五楹，正宇为倚虹堂。""高梁桥在西直门之北，其水发源于玉泉，由昆明湖秀漪桥东流注此，即长河也。乾隆十六年（1751），圣母皇太后六旬万寿，自长河至高梁桥，易辇进宫，因建是堂。"同年的《御制题倚虹堂》诗，"桥畔堂成辛未年"句下自注，明确指出此行是"自长河乘冰床至高梁桥"③。太后的生日在农历十一月二十五日，严冬的长河早已冰封。这样，一行人众离开此前所住的清漪园，由昆明湖出发，沿着自西北向东南流的长河，乘坐冰床顺势经行火器营、蓝靛厂、长春桥、麦庄桥、广源闸、白石桥、乐善园，一直滑到高梁桥下。登岸后在桥北的倚虹堂稍事休憩，即换坐车辇进宫。而在寒冰解冻之后，长河就变为舟船往来于京城与西郊园林之间的水上通道。《日下旧闻考》编纂者云："西直门为御园必经之路"，乐善园"其上游与昆明湖相接，为龙舸所必经"；乾隆帝《题乐善园》诗，

---

① 《清高宗实录》卷 1149。
② 《清宣宗实录》卷 148。
③ 《日下旧闻考》卷 77《国朝苑囿》"乐善园"。

亦称此处"地邻长河岸，来往泛烟航"①。陆上的石道与长河之上的航船与冰床，共同保障了京城内外两大政务中心之间的顺畅往来，海淀地区的交通地位和交通条件也由此得到显著提升。

水是使园林具有灵动神韵的关键因素，清代西郊皇家园林出现后，原本作为通惠河上游水源的万泉庄、玉泉山、瓮山泊之水，在接济漕运与滋润园林两方面都显得左支右绌。清代在整理玉泉水系方面取得了显著成就，本书第九章《京西水源与北京城》将予以专门讨论。在这样的背景下，西山泉水还发挥了一定的农田灌溉作用。康熙五十三年（1714），在内务府奉宸苑之下设立稻田厂，以管理西郊种稻事宜，仓廒、官署、碾坊建在青龙桥。雍正三年（1725）奏报：西郊出产的稻米每年供应宫廷不过六七百石，"今功德寺水田七顷四十四亩，瓮山水田八顷十有一亩各有奇，所得稻已敷一年之用。留此二处官种外，其六郎庄、北坞、蛮子营、黑龙潭等四处稻田地，应租与附近居民征租。所种官地停其领帑，即于地租银内动用。其用过余剩数目，于岁终具奏，稻草变价银一并入奏"。各处水田面积不等，六郎庄五顷四十八亩四分一厘，北坞九顷三十七亩七分一厘，蛮子营十顷八分三厘，黑龙潭五顷三十一亩六分九厘，石景山四顷八十二亩六厘，功德寺头圈一顷三十五亩九分八厘。"以上水田三十六顷三十六亩六分，应征银二千有四十三两五钱；旱地九顷三十二亩八分，应征银二百二十九两各有奇"②。乾隆年间整理昆明湖一带的水系，使周边种稻的水源更加充足，稻田面积也随之明显扩大。乾隆五十年（1785）之后刊行的《日下旧闻考》称："玉泉山官种稻田十五顷九十余亩。其金河、蛮子营、六郎庄、圣化寺、泉宗庙、高梁桥、长河两岸、石景山、黑龙潭、南苑之北红门外，稻田九十二顷九亩余。合官种稻田共一百八

① 《日下旧闻考》卷77《国朝苑囿》"乐善园"。

② 《清会典则例》卷167《内务府》，文渊阁《四库全书》第625册，第379—380页。

顷九亩有零，较往时几数倍之。"① 尽管此时统计的种稻地点与雍正年间有所差异，但并不影响乾隆年间北京西郊稻田面积已经显著扩展这一基本事实。

进入民国以后，这些稻田的收入成为颐和园的经费来源之一。在此期间，西苑兵营内也在大力开辟稻田，由此产生了地方政府与军队之间围绕水源问题的争执。1935 年 2 月 22 日，北平市工务局向市政府呈文："遵查西苑营市局所辖区域，原属营地，本无耕田。自民国以来，始将附近平原垦为水田，开渠引水，以资灌溉。比年以来，垦田面积日增，附近一带尽成水田。明属营产，实际等于私权。原有东、南、西三面之水沟，亦多辟为水田，以致沟身渐窄。因灌溉田苗，需要水量日多。沟与本市河流均属贯通，消耗水量既多，故下游河道一遇干旱则顿涸竭"。② 这个冲突的出现，是西郊水源已经不敷农业灌溉与城市用水之需的象征。

第四节　海淀镇的繁荣与八旗营房变为村落

金末元初的"海店"，处在中都城到居庸关之间的交通路线上。到明代李园、勺园等兴起之时，海店仍然是点缀在园林外围的村庄之一。《宛署杂记》云："出西直门一里曰高郎桥，又五里曰篱笆房、曰苇菰村，又二十里（引者按，疑为二里之讹）曰鞑子营，又十里曰北海店，其旁曰小南村。"③ 伴随着清代皇家园林与众多私园宅第的兴起，人口聚集、商业繁荣的若干聚落，连成了一个统称为"海淀"的大镇。

乾隆三十一年（1766）《创建西晋会馆碑记》称："京都之海甸青龙桥西北隅，启西晋会馆焉。其中三晋商贾一嘉会者，乃诸商贾

---

① 《日下旧闻考》卷 71《官署》，第 1187—1188 页。
② 《市工务局致市政府呈文》，《北京档案史料》2000 年第 4 辑，第 123 页。
③ 沈榜：《宛署杂记》卷 5《街道》。

创自乾隆岁次重光大荒落之吉，捐买刘姓隙地。"① 这里所谓"乾隆岁次重光大荒落"，是以岁星纪年法指称乾隆辛巳即二十六年（1761）。该年众多山西商人捐资买地修建会馆，作为本行同乡聚会之所，其地在青龙桥后营北上坡。商人与信众是宗教类社会公益活动的积极赞助者，同在乾隆三十一年，大有庄关帝庙所立"大有庄"碑，碑阴镌刻着捐资者的名称（图1）。虽然石碑因风化残缺导致部分文字漫灭，但仍然能够辨认出："郑昇瑞、弥守成、梅汇初，天德号；刘天贵、王重信、濮士弘，大有号；苏灵光、刘有思、陈善，合盛号；张定住、王明、乔腾云，永盛号；刘天禄、吴自明、刘德，大成号；彭德贵、张亮、何旺、赵景云、刘天禧……"此后碑文多有不可辨识之处，只能断续认出彭清英、吴万盛、崔增福、高□□、卢住□以及"关帝庙住持僧实禧仝立"。其中，濮士弘的"弘"字缺了最后一笔，显然是为避乾隆帝名讳所致②。

　　民国时期的《西郊乡土记》追述："大有庄，旧有天有粮店者，山左巨商也，创于前清康熙年间。乾隆时筑园万寿山，上登楼远眺，望见其储粮十余吨。上不悦，曰：'一粮店储如许粮，民何以堪？'大臣奏曰：'皇上驻跸于此，随扈大臣、官兵及修筑工匠，无不仰给于此。日食一吨，尚不敷半月之用，何言其多也？'上释然。由是人咸以官商目之，其业日见茂盛，同业者均谓其财恒足矣。"③ 所谓"山左"，指太行山以东的山东省，这是西郊皇家园林地区商人的又一重要来源。到民国时期，天有粮店逐渐衰落，"今继起无人，遂歇业焉。铺房百九十一间，或租民居，或改他业，无复昔日之观也"④。从另一个角度看来，这座具有大约二百间铺面与仓房的粮店，足以作为此地粮食贸易曾经相当繁盛的重要证明。

---

① 国家图书馆中文拓片资源库"碑帖菁华"著录《西晋会馆碑》。
② 国家图书馆中文拓片资源库"碑帖菁华"著录《大有庄碑》。
③ 关承琳：《西郊乡土记》"天有粮店"条，《都市教育》1918年第41期。
④ 同上。

图1　大有庄关帝庙碑阴拓片（截自国家图书馆"碑帖菁华"）

　　光绪年间重修清漪园并改称颐和园，负责排云殿、乐寿堂等处工程及糊饰的德兴木厂、宝龙斋、瑞祥成记、诚庆斋、兴隆木厂、天利木厂等，就住在海淀镇及附近的杨家井、大有庄、成府村等村落。大有庄极乐寺撰于光绪二十二年（1896）六月的园匠捐资修寺碑记称："高开亭助银一百两，雷子助银一百两，聚顺木场助银一百两，天德木场助银五十两，广恩木场助银三十两，天利木场助银三十两，同和木场助银二十两，毕锦堂助银十两，柬善福助银四百零五两。共享木匠工料银三百十八两七分，瓦作工料银三百七十二两四钱三分一厘，油作工料银百二十两整。开光使费银三十四两四钱七分九厘，以上通共享银八百四十五两有零。"① 上述种种记载，都是三山五园建设带动周边地区商人聚集、商业繁荣的标志之一。

在清代中后期至民国初年，海淀镇除了南大街、西大街、苏州街、海淀大街之外，还有榆树林、太平庄、永辛庄、小车居、大开、墨幡居、杨家井、龙凤桥西、莺房、泄水湖、彩和坊、太平庄街、法院街、黄庄西、苏公家庙、太平院、兽医桩、羊圈、前官园、后官园、堆房居、银丝沟、军机处、西栅栏、娘娘庙、辛庄、前辛庄、善缘桥、八家村、下洼子、大坑沿、槐树街、果子市、驴市口、香厂子、双桥东、双井、西上坡、金龙馆、菜库、南栅栏、桃园等50余条街巷胡同②。1919 年刊行的《大中华京兆地理志》称：海甸（淀）"为京西第一繁盛之市场，有中国银行、邮政支局、电报局。街道自东至北，为万寿山之通衢。夹道市廛，与京师无异。凡京师所有，海甸无不有之。辽金元明以来，即为巨镇。康乾之盛，驻跸圆明园之时，海甸贸易，早已发达。及颐和园兴工以后，引见人员，或在海甸旅宿，以备早朝，是以京官多营别业于此。近年多退职人员，避嚣于此。房租日用，比京师稍廉。水泉清例（引者按，应为洌），编（引者按，应为遍）地无苦水。东有蝎子湖，广数亩，附近农田，资以灌溉。旧日世族，住灯笼库，朱门碧瓦，亦渐见颓废矣"③。清代以三山五园为主体的西郊园林建设，需要经济与社会的多种支撑条件，这就为海淀一带提供了迅速发展的机遇。民国初年关承琳记载，在清代西苑兵营北侧、颐和园宫门前的营市街，"原名宫门市场。东西街，分南、北、中三股。北倚马路，南面营房，各商列肆，游者以军人为多。澡堂、戏园、饭庄，一如京式。极东有阅武楼，耸然矗立，形若城门，石额镌合璧字有'呼塔刻图'者，闻系昔年阅看兵操之所。今前面已筑建兵营。循楼而西，列一营市街，西达宫门。此楼虽圮，观

---

① 碑记镶嵌在大有庄极乐寺大殿前廊墙壁上。
② 《北京市海淀区地名志》，第 90 页。
③ 林传甲：《大中华京兆地理志》，武学书馆 1919 年版，第 283 页。

之亦可以见当日尚武之象也"①。商业随着人口聚集而兴旺，不论军人还是其他消费者，都是市面繁荣的推动力量。

三山五园周边的居民既有旗户也有民户，满族的传统习惯在这里表现得比较典型。进入民国前后，旧传统的延续与新风俗的渐进并存于社会生活中。关承琳《西郊乡土记》描述说："三山一带居民，旗户居营房，民户居村落，亦有旗民同处者。道一风同，旗汉结亲，无异城内。旗署营汛各军饷，同谓之钱粮。安和桥（引者按，即今安河桥）东有丰益仓，原支兵糈于此。每至饷期，村民望之若渴。非内亲家当'摆牙喇'（引者按，满语意为护军），即外戚家当护军，或绅士、章京为姻娅。遇秋收，则旗营遣子弟或帮家看地，或帮舅家收粮，休戚相关，安危与共，三营五汛直同一家。妇女均系天足，行礼以请安为普通，婚丧礼节，亦同城内。交谈之际，偶加普通官话，以为致敬之辞。如称子弟为'阿哥'，称妇人母家为'担摊'，谓公共处所曰'榻摊'，谓差曰'乌布'之类。称官长，则营长曰'噶拉达'，汛守曰'总爷'。职业除务农外，以充营汛公差、游缉队者为多，间有在外馆营商者，亦有捕获鱼虾者。三营各设工厂，工艺亦略见发达。各学校有地方学董，学生颇见踊跃。各校开露天学校时，则女生为多，乡间风气亦渐开通。农人做工，喜唱田歌，近闻荷锄者口中颇有'多来密伐'等字。各村无不有庙，无庙不奉关壮缪，俗呼'老爷'，村塾亦多设于老爷庙中，且祀典最隆。每年旧历六月二十四日为祭期，村中首事约合村住户上祭，焚香礼拜，酌酒食肉，谓之'享克食'。鞭炮齐鸣，颇极一时之盛。问之，则曰每年一定之科门，盖年例也。妇女善骑，为城内所不及。至蓝靛厂，访问穆姓者，须读'穆'如上平声。若云'和穆萧尹'之'穆'，则不之知。克、色等姓亦然，亦习惯也。"② 随着清朝的结束，以满汉两族为主体的民族交流与融合加

---

① 《西郊乡土记》"营市街"条，《都市教育》1917 年第 27 期。

② 同上书"村俗"条，《都市教育》1918 年第 34 期。

速进行，并且反映在经济生活、语言习俗、文化教育、社会风尚、宗教信仰等许多方面。

　　辛亥革命带来的社会政治的巨大转折，促使八旗营房的功能发生了根本变化。清代散布在圆明园四周的八旗护军驻防地，聚落形态与周边村庄没有多大差别，但其性质与功能却是真正的军营。只是在清朝灭亡之后，它们才演变为村落，村名与原来所驻防的旗分相同。圆明园以东和东南，有蓝旗营、厢白小营，圆明园、颐和园以北有正白旗、厢白旗、厢黄旗、正黄旗、正红旗等村落，只是其中的"镶"被改为同音的"厢"。在香山东麓健锐营八旗军驻防地，形成分布更为密集的以八旗为名的村落。这样，西起香山山麓，东到圆明园遗址以东，北起青龙桥，南到四季青，形成了一个以"××旗"为特征的地名群（图2），记录了它们由八旗营房转变为普通聚落的历史过程。

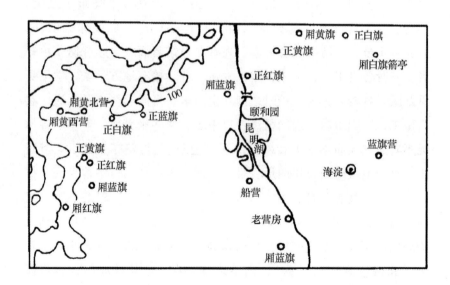

图2　圆明园及香山附近以八旗营房为名的村落

资料来源：尹钧科《北京郊区村落发展史》，北京大学出版社2001年版，第271页。

第五节 三山五园兴衰对周边村落的社会影响

清代三山五园的建设及其兴衰变迁，对周边村落具有显著影响。揭示这个过程，需要进行极为详细的社会调查，或者参阅熟悉乡土风物的当地人士根据亲身经历、口碑与书面材料编撰的方志类文献。现有材料初步显示，不少村民依赖为皇家园林服务为生，各园的园户通常在村中居住，八旗营房分布在村庄附近，朝廷供养的兵丁在俸银充足时不失为相对富裕的消费者，由此吸引着更多的人口向这些村落聚集，带动了经济繁荣与村落拓展。当圆明园、颐和园等在晚清被外国侵略者焚毁，八旗兵丁生计艰难乃至民国年间失去朝廷俸银，也就是俗话所说的"铁杆庄稼倒了"之后，园林和兵营对乡村人口的吸引力不复存在，外来人口乃至本村的若干居民纷纷搬到别处，有些兵丁则被迫来到村中依靠双手谋生，由此引起小范围内的人口迁移与经济衰退。进入民国以后，旗人有意隐瞒自己的民族出身，空出的营房、宅第或普通民居，成为直隶、山东等地遭灾百姓的避难之所，进而影响到村民的民族、来源与分布状况，在经济生活与风俗习惯方面也有所改变。兹将民国时期编撰的《成府村志》以及社会学家在挂甲屯、黑山扈、马连洼、东村所做的调查择取一二，只需以"述而不作"的方式连缀于后，就足以认识三山五园的兴衰对周边村落产生的社会影响。

（一）成府村之例

《日下旧闻考》记载："陈府村有紫竹林、碧霞宫、太平庵"，"碧霞宫铁磬一，有嗣教弟子郭庆元万历二十八年造等字。太平庵相传系旧刹，本朝重加修葺"①。由此看来，"陈府村"最晚应当形成于明代，此地即今海淀区谐音异写的"成府"，位于圆明园东

---

① 《日下旧闻考》卷99《郊坰》。

图3 民国时期海淀一带（选自王华隆《北平四郊详图》）

南。出生于成府村一个营造世家的金勋先生（1883—1976），在1940年撰写了《成府村志》，记录了晚清至民国时期成府村一带的社会面貌。这个区片包括的主要街巷有：北河沿、侍卫营、成府街、大成坊、书铺胡同、赵家胡同、沙土窝、前吉祥、后吉祥、红葫芦、蒋家胡同、太平庵、刘家胡同、新胡同、沟沿、槐树街、枣树院、吉永庄、薛家胡同、桑树园、闻家胡同、前罗锅、后罗锅、牛子胡同、喜洋胡同、杨树胡同、柳树井等。这部颇为难得的村志，从多方面展现了三山五园的崛起与衰落对于周边村庄发展的显著影响。兹摘录如下：

> 侍卫营之难民：侍卫营在本村横街东口外，东界成府三旗营房，西界兴隆寺，南与成府相连，北界长河南岸。在清代各帝住圆明园时，保驾御前侍卫人员，均住成府侍卫营，咸丰之

役以后始废之。至光绪十六年，文安县大水为灾，湮没村镇，均逃往北京。每拨难民必有数千之多，推车担担，提男抱女，或骑驴骡，或坐大车，及手推小车子载着行李，逃往京西者为多。文安怕水，可是离开水又不能生活。平生以水内出产为食，男人熟习种稻，妇人皆能编席。经官府将此项难民迁入侍卫营官房居住，及京西各处官房，大有人满之患①。

三旗营房在成府东北，与本村连界。该旗为内务府包衣三旗，有东门西门，无南北门。营内大街南为正黄旗，街北为正白旗、镶白旗，兵丁为护军营，由正副参领统辖，皆充内廷护军。每月每人供职五天，其余二十五天在家做生意。该营户口都有一技之长，闲人很少。有当裱糊匠的，当厨茶行的，或做小本经营的。人性和蔼，规矩很多。

蓝旗营房，按蓝旗在成府东南不足一里远，该旗属圆明园八旗正蓝满。该旗分四门，北门内有关帝庙颇壮丽。该营皆以当兵为事，做生意人很少，故无可记载之事。

新宫门各官房住户数十家，有聚信义□（引者按，原书不清）三花炮作，阜成门花炮史记出学。技术精奇，但好酒失事，醉后鞭打生徒，或骂街寻事。因此生意衰落，一败涂地。

书铺胡同，在清代咸丰间，即现在海甸竞进书社，铺长李退厂之叔父在此胡同开过书铺，故得名。

路北三门均为金姓，曾充天利木厂铺长，名荣山，字书田。原瓦匠、木匠出身，由修东陵后起家。蒙本厂东家安联魁给予三厘股儿，承应南北海、颐和园及万寿典景与东西两陵一切工程。至民国元年，寿七十一岁病终。

路南高台阶一户，为李艺臣，俗称烧头儿李。为人性贪，爱小便宜，曾充颐和园苑副。该夜班时所领蜡烛，点残之剩蜡

---

① 《成府村志》，《中国地方志集成·乡镇志专辑》第29册，第617—618页。

头儿尽用纸包好，下班日子携往家内，听差园役皆恨之①。

蒋家胡同……再西路北有三座大门，均为安姓住宅。按，安姓为东安县人，经营天利木厂，曾于同治间重修圆明园中路九州清晏。工头安鹏，性好武，曾中武举人。子孙繁衍众多，是为一代之福人。

槐树街胡同，中间路南为忠和局油画作刘姓，颐和园之油饰彩画工程大半是忠和局承作。

太平庵后身有刘家胡同，再北为燕家锅伙，即义成木厂商人燕某。在咸丰初间，圆明园工程岁修粘补活计很多。其子燕桂，为畅春汛千总。因咸丰庚申之役，八月二十三四日，法国军队在海甸沟串土匪，放火抢夺。千总燕桂战死，阖家十六口自焚殉难。至今海甸杨家井北口路南有肉球坟，即燕家殉难之地②。

墨尔根王园东墙路北为天和木厂王记③，在同治十二年间承修万春园天地一家春。天和木厂原名天和局，商人为王家瑞、王口（引者按，原书不清）连二人合作。至清殁为大烟所累，家败人亡④。

（二）挂甲屯之例

挂甲屯位于圆明园西南、颐和园以东稍北。《明太宗实录》记载，永乐四年（1406）八月癸卯，"北京行部言：宛平、昌平二县，西湖景东牛栏庄及清龙、华家、瓮山三闸水，冲决堤岸百六十

---

① 《成府村志》，《中国地方志集成·乡镇志专辑》第29册，第625页。
② 同上书，第626页。
③ 墨尔根王园，亦称墨尔根园、睿王园，即圆明园附属之淑春园，因曾是多尔衮后裔睿亲王仁寿的宅园而得名。满语"墨尔根"意为"睿"，多尔衮被皇太极赐爵"墨尔根代青"，旋改"墨尔根"，封和硕睿亲王。
④ 《成府村志》，《中国地方志集成·乡镇志专辑》第29册，第630页。

丈。命发军民修治"①。西湖景（昆明湖）以东的牛栏庄，即今北京海淀的六郎庄；周围的清龙、华家、翁山三闸，在今青龙桥、挂甲屯、万寿山一带。华家屯、牛栏庄以谐音改为挂甲屯、六郎庄，是在清初民族矛盾尖锐的背景下，汉族人民通过流传在民间的杨家将故事寄托愤懑之情的结果。《北京市海淀区地名志》称："清雍正营建圆明园，把后华家屯居民强行迁走，前华家屯幸而保留下来。百姓们借传播杨家将抵抗异族的事迹来表达反清复明的情绪，把华家屯改为挂甲屯，意为杨六郎挂甲之处，并自修南北两门楼，把挂甲屯三个大字镶嵌在门楼上。"② 修建圆明园迁移部分村民于史有征，而谐音改名则是大背景下汉族民众约定俗成的群体行为，仅仅在海淀周边就有一批这样的村落名称③。至于门楼镶嵌村名之类，不免有浓重的演义成分，这里无须再论。

1927 年，社会学家李景汉先生（1895—1986）组织燕京大学社会学系的学生，在挂甲屯选择了 100 户家庭，进行了社会调查，为今天认识三山五园与周边人群在政治、经济、社会发展等方面的密切关联，留下了宝贵的基础资料。兹择要摘举如下：

> 康熙四八年圆明园建成以后，其中当差的人有在本村落户者。当西太后与光绪帝时，常驻跸于村西二里的颐和园，村民在那里当差的也不少。咸丰时在村的东端建蔚秀园，赐与咸丰的七弟，故俗称七爷花园。村的南端原为六公主园，建于道光年间，约在光绪一八年赏归庆王为花园。光绪二九年袁世凯为军机大臣时在村中建袁家花园，后有王怀庆在村北亦建花园。本村在乾隆年间颇为繁盛，曾有不少的铺户。其中一小堂老药

---

① 《明太宗实录》卷58。
② 《北京市海淀区地名志》，第 102 页。
③ 尹钧科、孙冬虎：《北京地名研究》，北京燕山出版社 2009 年版，第 278—281 页。

铺专制开胸顺气丸，四远驰名，至今尚存，据店主说买卖远不及从前。自圆明园焚毁后，本村的景象亦随之改变，庚子以来尤形衰落。①

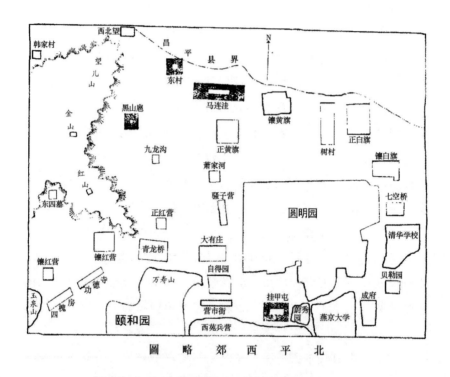

图4 挂甲屯、马连洼、黑山扈、东村的位置

资料来源：根据李景汉《北平郊外之乡村家庭》附图改绘。

在李景汉调查的100户居民中，有10家"是因为家主在军队做事，军队调到西苑兵营后，家眷也随着搬到附近的挂甲屯居住，其中有几家山东人就是这样来的"②。

---

① 《北平郊外之乡村家庭》，第9页。
② 同上书，第13页。

当前清时北京西北一带地方八旗的营房很多，这些住官房、吃皇粮的旗人都是手头宽裕，优游自在，不屑于学习任何职业。因此，附近各村的汉人或当差，或开小生意，或耍手艺，都很容易谋生，过舒服日子。庚子以后旗人失去充足的给养，住的官房亦因年久失修，日渐颓坏。饱食暖衣尚不能维持，更无余资可以消遣。及民国成立，彼等所依赖的政府津贴完全取消，遂陷于极苦的境遇。因此他们也有离开营房搬到汉人的村庄来住，借以谋生的。从前满汉的界限现在已完全化除。挂甲屯原为汉人居住的村庄，现在也有旗人的家庭百分之一五。当调查的时候询问到种族一事，往往旗人不愿告知他们在旗，有的回答道还提在旗做什么！说时显出无限的感慨。追忆他们已往的尊严和现在的景况比较起来，不得不使他们伤心。何况旗人向来最讲礼貌排场，最会言谈酬应。为要顾全面子，所以不欲提起在旗一层。但调查的人有时从他们的姓名、说话的口气或职业就能看出来。①

二十年前（引者按，时当清光绪末期）北京附近四郊的居民多吃老米，即仓内贮藏后粜出的白米。八旗的俸米停止发给后老米亦不久绝迹，又因挂甲屯住户的经济状况不如从前的富裕，村民于是渐用粗粮。现在普通人家最常用之米面，以玉米面占大多数，每斤价约五分三厘左右。②

（三）黑山扈、马连洼及东村之例

在进行挂甲屯调查稍后，李景汉先生又指导学生完成了黑山扈、马连洼、东村64个家庭的社会、经济调查。这三个村落彼此为邻，处在圆明园西北。三山五园对这些村落发展的影响，与成

①　《北平郊外之乡村家庭》，第13—14页。
②　同上书，第44页。

府、挂甲屯等村落大体类似而且同步。

关于"居民的种族来源"的调查显示："三村向来即为汉人居住之村庄，而附近居住者多属旗人。村之东面为正黄旗、镶黄旗，再东为正白旗、镶白旗等营房；西南（引者按，应为东南）为圆明园；南为正红旗、镶红旗等营房，再南为颐和园；西面山坡上营房之炮台及敌楼等基址尚存。在三村调查之六四家中，只发现一家为旗人。据村中老人云，在二百年前三村居民极少，康熙四十八年圆明园建成以后住户逐渐增加，多在园中及营房中当差或作小买卖，靠旗人吃饭。自七十年前，圆明园被焚毁后，村中居民大有变迁。大多数的老住户即移居别处。自宣统以来旗人渐失给养，三村之老住户又大受影响。他们作不惯劳力的苦工，逐渐搬到他处。至今七十年前的老住户尚在本村居住者不到十分之一。但近三十年来，在京兆、直隶、山东等处屡有水旱兵灾，遂有很多的难民逃到三村落户，多以种地或往山中打石为业。在调查的六四个家主中，生在本村者占四九人，生在京兆其他地方者八人，生在直隶者六人，山东者一人。"①

正如侯仁之先生指出的那样："海淀镇的起源，本是一个农业聚落。其日后的发达，实在是由于附近一带园林的开辟。"② 海淀与西郊皇家园林的兴衰，与各类人群在这个区域的社会活动互为表里，印证了政治因素对于北京城乡发展的决定性作用。生活在晚清至民国时期的震钧（1857—1920）描述说："海甸，大镇也。自康熙以后，御驾岁岁幸园，而此地益富。王公大臣亦均有园，翰林有澄怀园，六部司员各赁寺院。清晨趋朝者，云集德胜、西直二门外，车马络驿。公事毕，或食公厨，或就食肆。其肆多临河，举网得鱼，付之酒家，致足乐也，故彭咏莪有《与陈硕士饮海甸酒楼》诗。当是时，百货非上者不往，城中所用，乃其次也。自庚申（引

---

① 《北平郊外之乡村家庭》，第91页。
② 侯仁之：《海淀附近的地形、水道与聚落》，《历史地理学的理论与实践》，第269页。

者按，咸丰十年，1860）秋御园被毁，翠辇不来。湖上诸园及甸镇长街，日就零落。旧日士夫居第，多在灯笼库一带。朱门碧瓦，累栋连甍，与城中无异。后渐见颓废，无复旧时王谢燕矣。迨乙酉（引者按，光绪十一年，1885）秋，余往游于长堤上。遇老园户为言当日事，且指山上某处为先帝所最喜临幸，某处为扈跸诸臣所坐起，大有连昌宫老人谈天宝之概。乙酉冬，有诏：天下今已太平，可重修清漪园，以备临幸，改名颐和园。于是，轮蹄复集。然官民窘乏，无复当年欢趣矣。"① 林传甲《大中华京兆地理志》也有类似的分析，他们都以自己的经历或见闻反映了海淀等村镇紧随西郊园林变化的兴衰过程。

乡间村落由于与重要历史活动或历史人物相关联而被载入史册，通常是随机性的小概率事件。正因为如此，几代都在成府村生活的金勋撰写的村志，深入平民阶层从事社会调查的李景汉所取得的收获，就成为我们从微观角度认识海淀一带社会变迁的宝贵材料。但是，仅有这些依然不能窥其全豹，目前也只能据此做出定性的描述而不是定量的分析。

上述讨论表明，自康熙年间开始的三山五园建设与管理，一直持续到清朝完结。在满足帝王休闲之外，西郊皇家园林尤其是畅春园、圆明园、颐和园，在不同时期承担了作为紫禁城之外的另一个政务中心的功能。这样，西郊与京城之间的水陆通道得以巩固和畅通，供应京城与园林用水的玉泉山水系得到卓有成效的系统整理。西郊的部分村落和土地被征用为园林用地，土地功能的变化促使部分村落的人口自发流动或被强制搬迁。守卫三山五园的八旗军队驻扎在皇家园林四周，在园中从事劳作的园户、匠役及其他各类人员，也往往居住在周边村落。在人口的自然增殖之外，这些人员成为促进区域人口增长的主要因素。他们既是为皇家服务的劳动者，

---

① 震钧：《天咫偶闻》第 9 卷《郊坰》，北京古籍出版社 1982 年版，第 200—201 页。

又是周边村民眼中的消费者。不仅园林附近的村落多有在园中谋生者，来自其他地方的商人也到此经营各类大小生意，从而带动了乡村经济的发展，直接推进了海淀等"巨镇"的崛起。

人口和经济的增长导致村镇建筑规模的扩大，这就使得街巷增多，聚落形态也有所改变。周边村落的经济与社会发展，有赖于它们对三山五园在较大程度上的依存关系。当作为主导一方的皇家园林相继在咸丰十年（1860）被英法联军焚掠、光绪二十六年（1900）再遭八国联军破坏之后，周边村落的社会衰退、人口迁移、经济萧条，几乎成为必然的规律。庚子之变过后重新整修颐和园，依然对海淀一带村镇具有经济、人口、社会面貌等方面的带动作用。进入民国以后，失去往日功能的八旗兵营成为诞生新村落的基础。在这个意义上，香山东麓到海淀一带大量以八旗为名的村落，就是清代在堪称古典园林顶峰的三山五园之外，留给今人的另一笔历史文化遗产。在当代北京地区城市化浪潮中如何对它们的建筑肌理、文化遗存加以科学保护，业已成为一个应当引起政府和社会关注的重要问题。

第九章　京西水源与北京城

北京西山地区植被丰富，水源丰沛，山水风光俱佳，自古以来就是园林、别墅、寺庙、行宫之胜地。汇聚了西山地区山泉、湖沼以及丰富降水的京西水源，更是北京城市水系的源头和主脉。它以玉泉山水为主体，汇聚了香山诸泉、碧云寺卓锡泉、樱桃沟水、万安山诸泉等山涧泉流以及永定河古清河河道中的万泉庄等浅层溢出泉水，金、元以后又上承一亩泉、白浮泉等京西北水源，下引长河、高梁河、昆玉河，构成了自元明清以来北京城市水系的上源，被称之为"帝都之龙脉"，北京城的"文化之源"。京西水系的来源及变迁，不仅与三山五园的形成、发展及其深厚文化底蕴的积淀密切相关，而且也是北京城市发展史的一个重要内容，深刻影响着北京城市空间的布局及其发展，非常值得深究。

第一节　西山脚下丰富的水源及行宫别墅的兴起

玉泉山系西山东麓支脉，这里正是永定河冲洪积扇的山前溢出带，地下水间断露出，泉流密布，所谓"玉泉山沙痕石隙随地皆泉"①。比较著名的有玉泉、迸珠泉、裂帛泉、试墨泉、涌玉泉、

---

① 《日下旧闻考》卷85，《国朝苑囿》"静明园"。

宝珠泉、静影涵虚泉等十几处。无名小泉，则遍布山麓，难以计数。其中玉泉出水量最大，裂帛泉、静涵泉次之，宝珠、涌玉诸泉又次之。金朝时的具体记载已很难见到，但仅凭四五百年后人们的记载，也可说明这里泉水丰沛的景象。据明代《帝京景物略》对"玉泉山"条的描绘：

> 山根碎石卓卓，泉亦碎而涌流，……去山不数里，遂湖，裂帛湖也。泉迸湖底，伏如练帛，裂而珠之，直弹湖面，涣然合于湖。……湖方数丈，水澄以鲜，……去湖遂溪，缘山修修，岸柳低回而不得留。……径寺登山乎，望西湖，……大河悠悠，小河箭流，高田满冲，低田满罏。……山旧有芙蓉殿，金章宗行宫也……

流水淙淙、湖光山色的景象跃然纸上。随后又附录了许多同时代文人以玉泉山为题的诗作，如吉水人胡广、安福人邹缉，分别有诗云：

> 玉泉之山下出泉，泉流萦折如虹悬。却带西湖连内苑，直下通津先百川。微风动时碧波麇，明月夜映清光圆。此中会见古人影，故碣记得金元年。
>
> 嶂雾岩云涌玉泉，长流未似瀑流悬。声惊素练鸣秋壑，光讶晴虹饮碧川。飞沫拂林空翠湿，跳波溅石碎珠圆。传闻绝顶芙蓉殿，尤记明昌避暑年。①

玉泉山水有两大特点，一是水量大，二是水质优。元朝人赵著说："燕城西北三十里有玉泉，泉自上而出，鸣若杂珮，色如素

---

① 《帝京景物略》卷7《西山下》。

练"。清朝乾隆则称："联历品各泉，实为天下第一"，撰写了《御制玉泉山天下第一泉记》，刻于石上，立在泉旁，并亲自题写"天下第一泉"碑。在玉泉山西南山岩脚下，还有一处石壁上"迸珠泉"，旁边也有乾隆题的诗句："清蒲戢戢石磷磷，错落倾来万斛珍，最是松风萝月下，夜深仿佛见鲛人。"可见玉泉山水的盛名。据 1934 年《北京河道整治计划》记载，玉泉山泉水群总流量在枯水期可达每秒 2 立方米，丰水期则可约两倍于此。1959 年 8 月的月平均流量尚有 2.59 立方米[①]。

除了玉泉山脚下，往北一点的西山山麓沿线还有很多这样出水丰沛的泉脉。比如香山一带的泉水也十分丰富，它由南北两个断层形成，南面一条在今香山公园东宫门以南的山沟里；北面断层在香山与碧云寺之间。香山泉水的特点是所在地势较高，分布广泛，往往构成流泉飞瀑相间，云雾蒸腾笼罩的奇景。而瓮山（今万寿山）后面也有一连串的泉眼，如玉龙泉、双龙泉、青龙泉、月儿泉、柳沙泉等，再往北去直到今昌平境内先后又有冷泉、温泉、黑龙潭、马眼泉、沙涧泉、一亩泉、双塔河、虎眼泉、白浮神山泉等[②]。这些泉水或流出涓涓溪流，汇成小河穿行于山间沟谷；或者积聚成潭、汇潴成湖，连带成串地散布在从西向北弯转的山坳坡脚下。如今的昆明湖是其中之一，受瓮山阻挡，玉泉山诸泉的部分水流在此潴留，形成了一片半月形湖泊，其西北岸以青龙桥、功德寺为界划一圆弧，东南岸在今龙王庙一带，位置相对于今偏西北，面积也比现在小得多。金章宗在此修建金山行宫，以此湖为主体的别墅也叫金水院，"金湖"、"金海"之类的名称大致自这时出现。元代以后又有"瓮山泊"、"七里泊"等称呼。

需要指出的是，受地形走势的影响，金朝以前这一带的泉流水

---

① 北京市水文地质工程地质公司编：《北京泉志》，北京市水文地质工程地质公司 1983 年版，第 17—18 页。

② 《日下旧闻考》卷 89《郊坰二》。

脉都是向东流向今六郎庄、万泉庄（即巴沟低地）一带，汇合万泉庄诸泉朝着海淀聚集；或者向东北经今青龙桥、肖家河等地流向清河谷地，与南边的高梁河水系并不相连，因而也不是流向城里。昆明湖的前身——"金湖"或"金海"，作为一个天然湖泊，只是发挥着给金朝皇帝的行宫提供水源、点缀风景的作用。

由于西山一带山明水秀，距城又不远，很早就被王朝统治者所看中。我们所见到的历史文献中除了描绘西山一带水景优美外，还都提到了历代在此构建别墅行宫的事。辽代在玉泉山建起了北京西北郊最早的皇家园林——玉泉行宫。金代又建芙蓉殿，金章宗完颜璟先后多次行乐于玉泉山泉水院，其华美绮丽直到明清时仍为人所津津乐道。所谓"玉泉垂虹"被纳入燕京八景之一，也正是自金章宗始。清朝乾隆皇帝则将其改名为"玉泉趵突"，这是后话。元、明时期也都将玉泉山作为皇帝游幸之所。元世祖忽必烈在此建有照化寺。明英宗朱祁镇又建上、下华严寺。清康熙十九年（1680）将原有行宫、寺庙翻修一新，总名"澄心园"，后改称"静明园"。乾隆时也曾"几余临憩，略加修葺"①，规模壮丽的玉泉山静明园因此而名扬四方。又如在香山，金世宗时就修建了香山行宫；章宗曾频繁游幸玉泉山、香山，仅《金史·章宗本纪》中记载的就各有7次。金朝皇帝钟情于这里的重要原因也在于其丰富的水源和优美的山水环境。据称，由金章宗时流传下来的京西名胜"八大水院"——清水院、香水院、金水院、泉水院、圣水院、灵水院、潭水院、双水院都在西山山麓，且都以水为主题。如明昌元年（1190）修建的金水院，就建在由玉泉山下诸多泉水流至金山（今万寿山）下汇成的"金湖"（又称瓮山泊、七里泊，今昆明湖前身）之畔；而泉水院是围绕玉泉山和玉泉涌出的湖泊为主体的建筑群。

---

① 《日下旧闻考》卷85《国朝苑囿》"静明园"。

第二节 金朝时期京西水源与城市水系的中转连接

顺着西山水系往下，在高梁河水域，金朝还有一处著名的园林群落——太宁宫（或作大宁宫，又称北宫、北苑）。它是中都城东北的离宫，建成于金世宗大定十九年（1179），次年四月发生火灾，修复后更为寿宁宫、寿安宫。章宗明昌二年（1191）四月改称万宁宫。这片包括宫殿园囿在内的风景区，宫殿壮丽，碧波浩渺。时人赵摅《早赴北宫》诗云："苍龙双阙郁层云，湖水鳞鳞柳色新。绝似江行看清晓，不知身是趁朝人。"金世宗、章宗长期在此避暑，处理国政，甚至不顾礼制的要求。太宁宫以西的西园，有瑶光台（今北海公园团城）、琼华岛（今北海公园琼华岛）。瑶光台上的瑶光楼金碧辉煌，飞檐重叠、斗拱交错，面对着古高梁河河道汇聚的大片水域，是金朝皇帝纳凉赏月之所。元代郝经《琼华岛赋》，有"瑶光楼起，金碧钩连，断霓饮海，颉地颃天"之句。琼华岛在金代又称寿乐山，堆砌着玲珑剔透、千姿百态的艮岳（太湖石），相传是海陵王营建中都时取自北宋东京汴梁。琼华岛山顶的广寒殿，与正南的瑶光楼相对。金末蒙古军队占领中都，太宁宫遭到破坏。《长春真人西游记》载，成吉思汗二十年（1225）五月，丘处机登上琼华岛赋诗云："地土临边塞，城池压古今。虽多坏宫阙，尚有好园林。绿树攒攒密，清风阵阵深。日游仙岛上，高视八纮吟。"历经战火之后，园林之胜依然可观。当忽必烈感到中都旧城已经不适合作为元朝的都城时，选定营建中都新城（后称大都新城）的地点，就是中都东北郊以太宁宫为中心的园林风景区。享誉世界的元大都在此崛起，并为明清北京城奠定了历史基础，对北京的城市发展产生了深远的影响。

金朝修建高梁河畔的太宁宫时，可能一是为了丰富白莲潭（今积水潭至三海一带的水域）的水源，扩大其湖面；二是为了能够从这里更方便地前往玉泉山行宫，把两处行宫紧密联系起来，在这前后不仅有计划地扩大、疏浚了玉泉山水流往"金湖"的天然渠道，增加了其水源和蓄水量，还首次开凿了从"金湖"通往高粱河上源的人工渠道，把西山水系引向东南，汇入太宁宫旁的白莲潭，从而沟通了与高粱河水系的联系。这条人工渠道，就是起自今颐和园南门到紫竹院湖、被称为"南长河"的河道。

高粱河原是古永定河的一条古河道，今人所称的高粱河仅是它由今紫竹院东流至高粱桥东的一段遗存。三国魏嘉平二年（250），驻守蓟城的征北将军刘靖为部队屯田之需，利用高粱河之古河道，造戾陵遏，开车箱渠，对灌溉当地农田发挥了巨大作用。北齐河清三年（564），斛律羡担任使持节都督幽、安、平、南（营）、北营、东燕六州诸军事，幽州刺史。于第二年即天统元年（565），"又导高粱水北合易京，东会于潞，因以灌田，边储岁积，转漕用省，公私获利焉"①。从渠道的经行路线看，应当是利用了车箱渠故道但延长了其引水渠道，从而扩大了灌溉面积，获得了更大的经济效益。有人据此猜想，连通高粱水和昆明湖前身的渠道是否就在此时开凿？

姚汉源先生在《元以前的高粱河水利》一文中曾有如下推测：

> 高粱河与温榆河水系最接近的是清河主要支流万泉河。若自今老山（石景山东十二三里）以北车箱渠上向东北开渠分引，自今蓝靛厂至昆明湖之间穿过京密引水渠或长河，可在六郎庄，巴沟村之东接万泉河，由万泉河入清河通温榆河。或更在上游分引入瓮山泊（今昆明湖西半）通清河，也可更往北引入南沙河上游。另外由今北护城河段向北引入清河，地形上也

---

① 《北齐书》卷17《斛律羡传》，中华书局1997年版，第227页。

是可能的。①

这里提供了"导高粱水北合易京，东会于潞"的几种设想，并非认定"沟通瓮山泊和古高粱水道的长河，最可能在这时开通了"②。况且，姚先生所推想的那条渠道路线：自老山以北沿着车箱渠向东北——自今蓝靛厂至昆明湖之间穿过京密引水渠或长河——在六郎庄、巴沟村之东接万泉河——由万泉河入清河、通温榆河，与今天的长河是两码事。他明确提出的是"穿过京密引水渠或长河"。

那么，"沟通瓮山泊和古高粱水道的长河"到底是什么时候开通的？侯仁之先生结合地理空间的布局进行了较为科学的推断：

> 根据间接史料的推证，可以知道今日万寿寺前长河河道最初的开凿就是在太宁离宫修建的时候。其原因在于高粱河小，给水不足，因此只有开凿新河，导引玉泉山水转而东南，用以接济高粱河的上源，结果就接近了今日长河河道的形势。③

他比较了海淀台地南北地势的高低，认为在正常情况下，海拔约 50 米的瓮山泊一带的湖水，应当顺着地势流向海拔 40 米以下的清河洼地和海拔 50 米以下的巴沟低地。如果要引到今紫竹院一带，必须穿越地势较高（约海拔 52 米）的海淀台地边缘。因此判断，从今昆明湖到紫竹院西墙外万寿寺的河道（也就是今人所称长河的

① 姚汉源：《元以前的高粱河水利》，《水利水电科学研究院科学研究论文集》第 12 集（水利史），水利电力出版社 1982 年版。

② 蔡蕃：《北京古运河与城市供水研究》第二章，北京出版社 1987 年版，第 18—19 页。

③ 侯仁之：《海淀附近的地形、水道与聚落》，《侯仁之文集》，北京大学出版社 1998 年版，第 124 页；同书第 394 页《北平金水河考》一文中，还有对此论断更深入的分析。

上段），应为人工开凿。他说：

> 假使此段河道不加开凿，那么昆明湖水纵有强固的东堤以
> 提高其水位，也断无向东南流入北京城的可能。

理论上分析如此，从操作性上考虑亦非难事。这一段河道长
度不过五六公里，从海拔 50 米的昆明湖一带穿过海拔 52 米的土
坡汇聚今紫竹院附近的泉水，只需开凿两米多深的河道，工程量
并不是很大。在挖濠筑城、大修离宫别墅的金代，这是完全可以
做到的。

金人的初始目的可能是为了使高梁河上源的水量更加丰沛，
白莲潭水域面积更大，并兼顾周边农田的灌溉。"引宫（太宁宫）
左流泉灌田，岁获稻万斛"①；金章宗承安二年（1197），"敕放
白莲潭东闸水与百姓溉田"；三年，"又命勿毁高梁河闸，从民灌
溉"②。这些利用高梁河水灌溉的实例充分证明，增加高梁河上源
确实有着很大的水利效益。但后来起到的作用就远非这样单一
了：它首先方便了从太宁宫到西山行宫的联系，助推了西山皇家
园林的兴起；其次是沟通了高梁河水系与西山水系，为京城漕运
开辟了新的水源，使以玉泉水为主源、昆明湖为核心的西山水系
开始成为助推北京城发展壮大的主动脉。昆明湖的地位也由此上
升到京城水脉枢纽之一的位置，从一个天然湖泊变为重要水利工
程的端点。

不仅如此，金朝后来在漕运水源困难的情况下，还远引了昆明
湖以北黑龙潭、一亩泉一带的水增强后续能力。对此，清代学者赵
翼《廿二史札记》推测："京师至通州闸河，本元时郭守敬所
开，……然此河不自守敬始。"他接着援引《金史·韩玉传》的记

---

① 《金史》卷 133《张觉附张仅言传》。
② 《金史》卷 50《食货志五》。

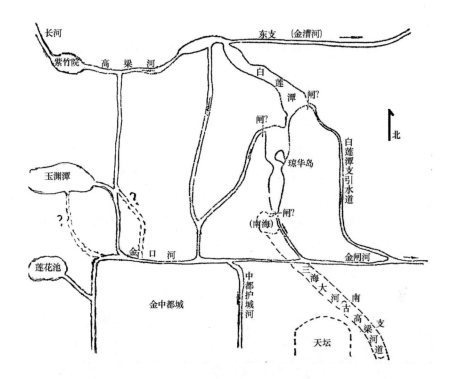

图1　金代高梁河水系与闸河沟通示意图①

载"泰和中，（韩玉）建言开通州潞水漕渠，船运至都。升两阶，授同知陕西东路转运使事"②，据此判断出"是此河实自玉始。……盖玉所开河本用一亩泉为源，而守敬乃用白浮泉耳"③。一亩泉，因出水量大能汇聚一亩地左右水面而得名。据《元史·河渠志》记载，它位于昌平县"孟村"，"经双塔店而东，至丰善村（今存）入榆河"④；清光绪《昌平州志》则说，"一亩泉在北新立屯（今辛力屯）东，南流经皂角屯（今皂甲屯）西明太傅珠

---

① 据蔡蕃：《北京古运河与城市供水研究》第二章第 34 页图改绘。
② 《金史》卷 110《韩玉传》。
③ 赵翼：《廿二史札记》卷 28，王树民《廿二史札记校证》本，中华书局 1984 年版，第 638 页。
④ 《元史》卷 64《河渠志一》。

墓前，入南沙河。"① 一个说它是今北沙河的上源，一个说它是南沙河的上源。孟村地名今无考，但据以上两条记载及《日下旧闻考》所转引的其他旧文献材料佐证，一亩泉的位置大致在今海淀与昌平交界的辛庄、辛力屯以东至双塔村、白水洼之间，当时具体是从北沙河入还从南沙河入温榆河？尤其是，金代的状况如何？这些都有待进一步考证。但有一点可以肯定，当时的一亩泉出水量巨大，是构成温榆河上源的重要水源。因此，和玉泉山附近的泉流一样被截留、引入到补充高粱河水源的范围里。正是有了这开创性的建议而且后来实践证明效果也不错，所以韩玉得以"官升二阶"。赵翼虽然是从《元史·郭守敬传》的叙述语气中倒推出金朝韩玉引用了一亩泉的结论，但对比前因后果，的确是很有道理的。

能够导引这么远范围的水源，其先决条件就是那条人工开凿的长河。韩玉实施引水方案时不仅对它进行了开浚和扩大，还将瓮山山后包括一亩泉在内的诸多泉流也一并引而向南注入瓮山泊。有了这众多西山泉水的接济，高粱河才有足够的水力灌注闸河浮舟通漕。

第三节　元代漕运及城市布局的新水源

元大都的建成，是北京建都史上的重要篇章。不仅都城中心从莲花池水系迁移到了水域更为广阔的高粱河水系，更有以积水潭水域（金朝称白莲潭，今什刹海一带）为中心展开都城布局、广集水路助力漕运、沟通京杭大运河并将其终点纳入城中的壮举，这是元朝在古代北京水利开发史上的高峰之作。这一高峰之作的核心，就是郭守敬领导开凿的通惠河工程。

---

① 缪荃孙等：《光绪昌平州志》之《山川纪第四》，北京古籍出版社 1989 年版。

随着元朝统治疆域的扩大，元大都日益成为全国政治中心，城市规模已远非金中都可比，原来供应金中都的莲花池水系显然已无法满足新大都城的需求。郭守敬通过对北京地区水资源及地形的详细勘查，提出导引温榆河上源诸泉水济漕，以金朝韩玉所引渠道为基础，继续向东开挖白浮瓮山河，引昌平白浮泉水西行，从上游绕过地势低洼的沙河、清河谷地，循西山之麓转而东南，沿着平缓的坡降，一路收集所有大小泉流，大致沿今京密引水渠的走向聚入瓮山泊；再从瓮山泊扩浚长河、高粱河至和义门（今西直门）水关进入大都城，汇聚到积水潭；然后从积水潭出万宁桥，沿皇城东墙外南下出丽正门东水关，转而东南至文明门（今崇文门以北）外，与旧闸河相接，下至通州高丽庄、李二寺河口，全长164里。这项巨大的水利工程为大都城开辟了前所未有的新水源，几乎将西山的山泉水脉一网拢尽。正是有了这广大范围的西山泉水的接济，瓮山泊的水量大大增加，通惠河才有足够的水力浮舟通漕。因此，河运畅通，大都城内的积水潭成为新的漕运码头——大运河的终点。当看到江南的漕船成群结队驶来，积水潭上桅杆林立、舳舻蔽水的盛况时，元世祖忽必烈兴奋地赐此河名"通惠河"[1]。从至元三十年（1293）该河通航至元末约50年间，浩浩荡荡的船队曾络绎不绝地穿行于大都城内。

通惠河工程的实质就是进一步向北并向东延伸引水线路，接引了更多西山、北山泉流的高粱河，把大都城的水源供给范围远远扩大到了西北环山脚下；从北到西沿山而成的巨大扇形区域内的大小水脉，都通过高粱河这节"扇柄"源源不断地汇入城里，赋予了新大都成长的动力。高粱河水系从西北至东南斜穿整个大都城，通过它，元大都不仅在皇城宫苑的布局上充分展现了街道、建筑的方正严谨与河流的弯转灵动之间的平衡、协调，还完

---

[1]　见《元史》卷64《河渠志一》以及卷164《郭守敬传》。

美地实现了前朝后市、漕粮入城的宏伟设想。积水潭的南半部被圈入皇城，造就了皇家苑囿，还专门开辟御用水源——金水河；北半部则被改造成运河码头，成为城市的交通枢纽和商业中心，由高粱河作为基干接引而成的通惠河，使得漕运的船队可以直抵大都的心脏。此后，明、清北京城仍主要依赖这条水系提供水源，延续至今的京城水系格局也由此奠定。因此说，元朝完成了北京城从莲花池水系向高粱河水系的重大转折，高粱河水系从此成为北京城的水源大动脉。

高粱河上的积水潭对于元大都的意义，亦远远超出了莲花池之相对于古蓟城和金中都。它发挥着三重功能：一是其城市规划建设的重要水源依据，提供护城河、皇城宫苑、漕运和灌溉等一并用水；二是其城市景观布局的重要调节，它像一颗巨大的明珠，镶嵌在都城中心，为元大都的庄严增添了灵动；三是它大都城内的"水库"，既接纳积存上游西北山区的来水，又可调节供应下游通惠河的漕运水量；四是第一座北京城里的码头，通过漕运船队，南来北往的各种物资汇集于此，造就了其东岸至鼓楼周边繁华的贸易市场，商脉绵延至今。

值得一提的是，随着上游水源的增加与湖底湖岸的扩浚，元时的瓮山泊湖面扩大，俗称大泊湖，游船络绎不绝，周边苑囿名胜云集。明朝时，正德皇帝在大泊湖畔建"好山园"行宫，昆明湖除称"金海"外，又称"西湖"或"西湖景"。因其周长约有七里，亦作"七里泊"，明朝皇帝的游船可从城里顺着长河直抵护圣寺（今功德寺）。明人诗中有"见西湖明如半月"，被誉为"壮观神州今第一"。这一时期的西湖位置，仍然偏向今昆明湖的西北。（附图——明末西湖附近水道意想图）

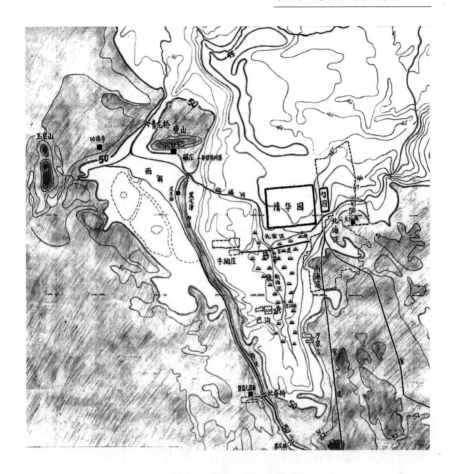

图2　明末西湖附近水道意想图①

第四节　明清玉泉水系格局的完成

明朝以后，玉泉山至海淀一带皇家与贵族私人的园林持续兴盛，西山周围和海淀、万泉等处湿地的水脉被纷纷引入各座宅园，渐渐改变和影响着这一带的水系格局。到明末，白浮泉水断流，西

---

①　截自侯仁之先生手绘《明末海淀附近水道意想图》，《侯仁之与北京地图》，北京科学技术出版社2011年版，第19页。

湖只能依赖玉泉诸水的灌注。加之明清之交时局动荡，西湖失于疏浚，渐有泥沙淤塞和山水泛滥之象。随着清朝政权的稳固和社会经济的复苏，从康熙年间开始，新一轮的皇家园林修建热潮兴起。在明代李伟的清华园故地，康熙帝修建了畅春园，到晚年在畅春园以北创修圆明园。此后，又有相互毗连的长春园、绮春园（后改万春园）等皇家园林，以及赐予朝廷勋臣的规模较小的若干园林。

万泉河一带水系的变迁就是受园林影响而导致的一个典型代表。万泉河导源于万泉庄西南巴沟低地。这里与挂甲屯、成府村至水磨村一带，是永定河"洪积扇"边缘的泉水溢出带，地下深层含有丰富的岩溶水，常形成喷流而出的泉或地下暗河，积成沼泽和湖泊。因而，早在元代，人们就将这片地区称作海淀，意为水聚之处广如海。明代，自万泉庄平地涌泉，奔流汩汩，淀之大以百顷，沃野平畴，澄波远岫，绮合绣错。文人雅士有感于水乡的诗情画意，将它称作"丹稜片"。

由于巴沟低地的上游，被东、西、南三面形成的台地所环绕，众多泉水汇成的万泉河只能流向低于此处的北方，蜿蜒穿过无数湖泊和湿地，东折北转，最后流入清河。在它流经的区域，除了水田，直至明代，尚有很多未开发的洼地和沼泽。明后期，一些权贵和名士始于海淀一带辟园林、造别墅，其中著名者有万历年间武清侯李伟所建的清华园和太仆寺少卿、书法家米万钟所建的勺园。时人称"李园壮丽"，"前后重湖，一望漾渺。园中牡丹多异种，以绿蝴蝶为最，开时足称花海。在都下为名园第一，若以水论，江淮以北亦当第一也"[①]。米园则被誉为"曲折""不俗"。

清代，康熙二十三年（1684）为在清华园基址上建畅春园，首次系统整治万泉河水系，把南面万泉庄的泉水顺天然坡势导引而北，水从西北角的闸口处，流入畅春园内，再从园的东北角流出，

---

① 《日下旧闻考》卷79《国朝苑囿》，转引自《明水轩日记》。

构成一个完整的水系：水面以岛堤划分为前湖和后湖两个水面，外围环绕着萦回的河道。经此整治，其旧园前俗称"菱角泡子"的一溪水变为通畅的河道，这座离宫御园不但得到万泉河的充沛水源，而且因园内泉流、池沼的疏浚，复使万泉河北流的水量也得以增加，康熙亲自撰写的《畅春园记》称"弥望涟漪，水势加胜"。

畅春园的北面，万泉河河道左近，明代也曾建有私家园林。康熙四十八年（1709），将其中的一座废园赐给皇四子胤禛建新园，这即是后来的清代北京西郊最大的一座离宫御园——圆明园。雍正所撰《圆明园记》称："在昔皇考盛祖仁皇帝听政余暇，游憩于丹棱沜之涘，饮泉水而甘。爰就明戚废墅，节缩其址，筑畅春园。熙春盛暑，时临幸焉。朕以扈跸，拜赐一区。林皋清淑，波淀渟泓，因高就深，傍山依水，相度地宜，构结亭榭，取天然之趣，省工役之烦。槛花堤树，不灌溉而滋荣；巢鸟池鱼，乐飞潜而自集。盖以其地形爽垲，土壤丰嘉，百汇易以蕃昌，宅居于兹安吉也。园既成，仰荷慈恩，锡以园额曰圆明。"[1]

雍正年间，将番邸赐园改建为离宫御苑，面积扩大到200余公顷，其基础工程也是围绕着整治水环境进行的。除了利用万泉河水源，还扩展了原赐园的北、东、西三面，将多泉的沼泽地改造为水网地带，形成许多小型水体，由纵横交错的河渠相串缀。原赐园东面的湖泊开拓为福海，沿其四周开凿河道。原赐园北墙外，由西至东，新开拓了一条狭长地带，为的是充分利用这里丰富的地下泉。经整治，喷涌而出的泉水汇为一长渠，与园内水系相通。扩大了园内水源供应，也增添了万泉河的流量。

导引泉流、整治湖泊是园林建设的基础，但这就使得原来作为通惠河上游水源主体的万泉庄、玉泉山、瓮山泊之水被更多地引向西北、东北一带的园林区，而往东南流的城市用水和漕运用水则显

---

① 《日下旧闻考》卷80《国朝苑囿》"圆明园"。

得捉襟见肘。

为了解决漕运和京城用水问题，必须规划整理西郊山麓的水源，改变其无序分流的状态。因此，清朝廷决定大力开浚瓮山泊，广辟水源。乾隆十四年（1749），派遣臣工考察玉泉山水系。依据调查结果撰写的御制《麦庄桥记》称："水之有伏脉者其流必长"，"如京师之玉泉汇而为西湖，引而为通惠，由是达直沽而放渤海。人但知其源出玉泉山，如志所云巨穴歕沸随地皆泉而已。而不知其会西山诸泉之伏流，蓄极溢涌，至是始见，故其源不竭而流愈长"。"盖西山、碧云、香山诸寺皆有名泉，其源甚壮，以数十计。然维曲注于招提精蓝之内，一出山则伏流而不见矣。玉泉地就夷旷，乃腾迸而出，潴为一湖。"① 从历史源流及其与京城水系的关系角度，乾隆帝指出了西湖（瓮山泊）的重要作用和意义。于是，该年冬，颁诏疏浚西湖。

首先，是大规模整治和保护玉泉山麓的各处泉眼和水渠，将众多山泉汇集于玉泉湖。玉泉湖西岸的玉泉水量充足，据乾隆帝考察，"西山泉皆伏流，至玉泉山势中豁，泉歕跃而出，雪涌涛翻"，颇似济南趵突泉。他将原燕京八景之一"玉泉垂虹"改为"玉泉趵突"，并撰《玉泉山天下第一泉记》，镌刻于泉旁石碑上，称"近岁疏西海为昆明湖，万寿山一带率有名泉，溯源会极，则玉泉实灵脉之发皇，德水之枢纽"。"故定名为天下第一泉，命将作崇焕神祠以资惠济，而为记以勒石。"② 泉眼之北的龙王庙历史悠久，乾隆十六年（1751）重新加以修葺，御笔题额"永泽皇畿"，颁布上谕称"京师玉泉，灵源浚发"，"畿甸众流环汇，皆从此潆注"，并命将此处龙王祭祀列入祀典，其品式规格视同黑龙潭。

然后就是西湖本身的疏浚工程，它包括三项：一是扩大西湖

---

① 《日下旧闻考》卷99《郊坰九》。
② 《日下旧闻考》卷8《形胜》。

的水域。原西湖东岸与瓮山中央部位相对，疏浚后，湖面向东扩展至畅春园外的西堤，北抵瓮山东麓。原东岸上的龙王庙成为湖中岛屿，即乾隆帝所说的"西堤此曰是东堤"。东堤北端建三孔水闸，称"二龙闸"，调控湖水的东泄流量。由于具备了灌溉条件，东堤与畅春园间的低洼地辟为水田，乾隆帝称"堤与墙间昔弃地，引流种稻看连畦"。又在湖西部筑南北走向的大堤，称作西堤。堤外，将原零星小河泡开凿为一浅水湖，称"养水湖"。二是开凿西湖西北部溢洪干渠，整治瓮山后河道。湖之西北角新开河道，经瓮山西麓，通过青龙桥，沿元代白浮堰引水故道，与清河相连。青龙桥下设闸门，以作尾闾，视水之盈缩，以时启闭。绕经瓮山西麓的河道，复分一支渠，兜转而东，将山北麓零星河泡连缀成河，称作"后溪河"，又名"后湖"。自瓮山东北麓再分为三股，东流汇马厂诸水，入圆明园内①。三是利用疏浚西湖的泥土，修整瓮山。原本呆板平直的山体，经重新堆筑后增添了跌宕起伏的山势。

有关这次治水工程，乾隆帝在《万寿山昆明湖记》中作了总结："夫河渠，国家之大事也。浮漕利涉灌田，使涨有受而旱无虞，其在导洩有方而潴蓄不匮乎！是不宜听其淤阏泛滥而不治。因命就瓮山前，芟苇葖之丛杂，浚沙泥之隘塞，汇西湖之水，都为一区。经始之时，司事者咸以为新湖之廓与深两倍于旧，踟蹰虑水之不足。及湖成而水通，则汪洋潆沇，较旧倍盛。""昔之城河水不盈尺，今则三尺矣。昔之海甸无水田，今则水田日辟矣。""湖既成，因赐名万寿山昆明湖，景仰放勋之绩，兼寓习武之意。得泉瓮山而易之曰万寿云者，则以今年恭逢皇太后六旬大庆，建延寿寺于山之阳故尔。"②并谕：以万寿山（原瓮山）行宫为清漪园，设总理园务大臣，特简无定额，兼管静明园、静宜园事务，铸给图记。至于

---

① 《日下旧闻考》卷84《国朝苑囿》"清漪园"。
② 同上。

瓮山泊改为昆明湖，则是因为开拓后的湖面水域辽阔，乾隆帝欲仿效汉武帝在长安昆明池训练水军的故事。从乾隆十六年（1751）开始，命健锐营兵弁在昆明湖定期举行水操，调福建水师官员担任教习，建大型战船十六艘。

此外，乾隆二十四年（1759）在"养水湖"西南开辟了"高水湖"，成为汇集玉泉山水源的又一蓄水湖，与"养水湖"同为昆明湖的辅助水库。乾隆帝在《影湖楼诗》序中，说明了开拓此湖的缘由："迩年开水田渐多，或虞水不足，故于玉泉山静明园外接拓一湖，俾蓄水上游，以资灌注。"湖成后，昆明湖水源更加充足，周边环境一如江南水乡。

为保障昆明湖具有稳定充足的水源，富有智慧的设计者还采用了铺设引水石槽的技术，以汇集更多的西山泉水。卧佛寺、碧云寺附近的泉水，通过石槽导引至四王府广润庙内的石筑方池中，再从方池继续经由引水石槽东去，与玉泉山麓诸水合流后汇入昆明湖。广润庙以下地势逐渐降低，于是把部分石槽修在了土山或寺庙的墙垣之上，墙下留出门洞以方便行人通过。《日下旧闻考》称："西山泉脉随地涌现，因其势顺导流注御园以汇于昆明湖者，不惟疏派玉泉已也。其自西北来者尚有二源：一出于十方普觉寺（引者按：即卧佛寺）旁之水源头，一出于碧云寺内石泉，皆凿石为槽以通水道。地势高则置槽于平地，覆以石瓦；地势下则于垣上置槽。兹二流透迤曲赴至四王府之广润庙内，汇入石池，复由池内引而东行。于土峰上置槽，经普通、香露、妙喜诸寺夹垣之上，然后入静明园，为涵漪斋、练影堂诸胜。"① 沿着山麓铺设的引水石槽很容易被山洪冲毁，在卧佛寺与碧云寺之间开挖有效疏泄山水的排洪水道，就成为引水石槽的安全保障。为此，乾隆年间在广润庙西北两侧分别修建了泄水河道。时人描述道："四王府东北至静明园外垣

---

① 《日下旧闻考》卷101《郊坰》。

皆有土山，土山外为东北一带泄水河。其水东北流，合萧家河诸水，经圆明园后归清河。四王府西南亦有土山，土山外为西南一带泄水河。其水流经小屯村、西石桥、平坡庄、东石桥折而南流，经双槐树之东，又东南至八里庄，西汇于钓鱼台前湖内（引者按：即玉渊潭），为正阳、广宁、广渠三门城河之上游。此二泄水河皆乾隆年间奉命开浚，每夏间山水盛发，藉此南北二河分酾其势。自是，田庐道路咸蒙利赖，无复有泛溢沮洳之虑矣。"①这两条泄水河一支经广润庙北侧向东北行，过玉泉山北侧，在青龙桥注入清河上游，叫作北旱河。另一支经广润庙西侧向东南行，由玉渊潭南下东转，注入西护城河，称为南旱河。由碧云寺、卧佛寺引出的两道引水石槽相汇之前，分别采用从空中架槽引水即"跨河跳槽"技术，越过了作为泄水河道的南旱河与北旱河，石槽与附近的农田都免受洪水之害。

　　凭借重新疏浚了的玉泉山水渠，西山脚下的涓涓泉水再次源源不断地注入昆明湖；新修的闸坝则将水位拦蓄到最高以备随时之用。在昆明湖南端与长河相接之处新建了秀漪桥闸，北端汇入清河的青龙桥改建青龙桥闸，修筑新的东堤时在昆明湖东北隅文昌阁南设置了二龙闸。三座闸门随需启闭，以调节水位。一旦城内需要用水，就提起秀漪桥闸，将昆明湖水放入长河，向东南流入北京城。如果海淀诸园以及万泉庄、巴沟等御用稻田用水，则提起二龙闸让湖水东流。遇到来水过多的季节，为防止堤岸漫决，可提起青龙桥闸向北面的清河放水泄洪。经过这样一番整治，昆明湖就成为北京城最早的一座设计精巧，集蓄、排、灌功能为一体的水利枢纽。

　　值得一提的是，这次昆明湖的治理还给后代留下一座美轮美奂的皇家园林——清漪园（光绪时改称颐和园）。乾隆帝《万寿山清漪园记》称："盖湖之成以治水，山之名以临湖，既具湖山之盛

---

① 《日下旧闻考》卷101《郊坰》。

概，能无亭台之点缀?"① 也就是说，清漪园的营建是治水工程的副产品。作为清代在北京西郊建成的最后一座皇家园林，清漪园可以说是北京西郊"三山五园"这部园林交响乐的高潮。乾隆时期昆明湖漫长的沿岸不设围墙，大约295顷苑囿与周边的农田村舍浑然一体，达到了园林田野化、田野园林化，成为古都园林文化的收山之作。它将人文建筑与自然山水完美结合，使平地山水园（畅春园、圆明园）与山地山水园（静明园、静宜园）和谐地连接在一起，构成了世界上规模最大的园林区。至此，我们可以说，昆明湖及其附属河渠的疏浚、开拓，意味着以玉泉山—昆明湖为主体的西山水系枢纽的建成和最后完善，它对保障北京城市供水、改善西北部自然和人文环境发挥了巨大作用；而清漪园的建成，又赋予这一水利枢纽以园林艺韵、文化之魂，因而它是治园与治水相结合的成功典范。

第五节　古都北京的文化之源

民国以后，随着军阀混战和都城南迁，北京（时称北平）的水利及市政建设陷入困境。1928年，北平特别市政府着令工务局局长华南圭主持京西水源的疏浚、整理工作："查整理河道，业经令知该局长实地查勘，妥拟疏浚办法，并分令遵照在案。兹查西山、玉泉山居北平河道之上游，其源泉水流与本市关系极为密切，应如何节制疏浚及分配用途，著由该局妥速统筹管理。除令行河道管理处及管理颐和园事务所遵照外，合行令仰该局遵照办理。"② 随后，北平特别市工务局发表《玉泉源流之状况及整理大纲计划书》与《北平通航计划之草案》。《玉泉源流之状况及整理大纲计划书》记载了玉泉山脚下的七处泉源，"询诸山民，以今较昔，连岁泉源俱

---

① 《日下旧闻考》卷84，《国朝苑囿》"清漪园"。
② 《北平特别市市政府训令》第167号，北京市档案馆藏。

行大减。且第一泉之南部与迸珠泉之北部苇塘，全行干涸，此水量不旺之情形也"①。由此可见，民国年间西山脚下的水环境已严重衰退。以这些泉眼为水源补给的河流，有高水湖、昆明湖、长河（御河）、萧家河、护城河、城内水道等支流，该"计划书"逐一详细记述了它们的经行路线和玉泉水量"分布不敷、干涸更见"以致"城内淤水无术冲刷"的近况。为确保玉泉供给北平城的水量，随后提出"修筑青龙闸，务使严密无漏"；"开挖自玉泉至昆明湖之干沟，并不准乡人在干沟内栽种蒲苇等物，增辟颐和园后墙入水洞，以便雨后涨水得尽量泻入昆明湖"等几项措施，并建议统一相关管理机构。针对玉泉水系"源乏用广、顾此失彼"的情形，"计划书"主张"亟需将用水之地面详事勘测，拟具全盘计画，施以相当分配，务使城内外全市区均无干涝之忧"，在做好清丈用水地亩面积、整理水田征收办法之外，尤其强调工程技术的实施，包括测绘水系详图、整理大小水闸和池塘、整理泉口慎防淤塞、利用古河道从永定河引水等。应该说，该计划制订得还是较为科学而合理的，却因国力不济和社会动荡，尤其是日本侵略战争的破坏，几乎是"胎死腹中"，未及实施。

正是由于玉泉周边水源的枯竭、西郊水环境的恶化，让人们看到了北平城里河渠干涸、淤塞，遍地污水泥淖的景象。为此，华南圭在清华大学做了题为"何者为北平文化之灾"的演讲②。他把北平的缺水提升到文化的高度，说缺水实乃北平的"文化之灾"："远者党国要人，近者地方名人，对于北平文化，既有保存之空言，应再有维护之实心与实力"；至于水源对塑造城市景观的关键作用，华南圭强调："地方风景，山与水并重；无山无水固不可，有山无水亦不可。名胜如浙江之西湖，山东之趵突泉，孰非因水而著名

---

① 北平市工务局：《玉泉源流之状况及整理大纲计划书》，《中华工程师学会会报》第 15 卷第 9、第 10 期。
② 华南圭：《何者为北平文化之灾》，1932 年 12 月印行，华新民女士提供。

者？北平城内，苟无三海，则干枯之故宫，毫无佳趣；城外苟无昆明湖，则干枯之颐和园，亦无佳趣；而三海昆明之水，皆来自玉泉，则玉泉实为北京胜景之源矣。"华南圭这篇演讲的结论是："玉泉消竭，则北平文化灭绝，此为必然之结果。"第一次明确地提出玉泉水系对于京城文化塑造的重要意义。

中华人民共和国成立后，华南圭等人的京西水系整理计划等得以逐步实施，并随着官厅、密云水库及永定河水系等的全面整治，京西水源得以保持。20 世纪 70 年代后，随着整个华北地区水环境的恶化，巨大的地下水漏斗形成，玉泉山周边及西山浅山地带泉眼基本干枯。现在，京西水源主要依靠京密引水渠调用潮白河水以及南水北调工程送来的南方水。

纵观昆明湖及其周边水系的源流与变迁过程，可以清晰地看到以玉泉水系为主体的西山水源在京城水系格局中的重要地位，以及它隐藏在景观功能、水利功能之后的深刻的文化意义。总结起来有以下几点：

（1）它是"帝都龙脉"——北京城的活水源头。由它所奠定的北京城市水系格局，与"凸"字形的城市空间格局动静呼应、相得益彰，给方正、严谨、沉稳的北京城带来了隽秀、灵动、飘逸的气质，给大气、厚重的北京文化带来了自然界清新、洒脱的勃勃生机，因而也被称为北京城的"文化之源"[1]。

（2）它塑造了都城政治中心的一块"飞地"——三山五园。从辽金时期开始，西山脚下就以周边丰富的水源和优美的自然环境逐渐成为封建王朝的离宫别苑聚集区，明清以后更由于成熟的园林体系、开阔别致的居住空间、达官贵人聚集的氛围和气场，成为京城政治文化的副中心，以"三山五园"为标志的皇家园林群的政治文化属性，其源头至少可以追溯到辽金时期。

---

① 华南圭：《何者为北平文化之灾》，1932 年 12 月印行，华新民女士提供。

　　（3）以三山五园为核心的皇家园林群落以及大量的宫观寺庙、私家园林别墅等的兴建，也深刻地影响和改变着京西水源的开采和格局，使其水环境脱离了单纯自然风貌的意义，而更具有人文情怀、文化积淀和城市发展成果的标志性意义。

　　这一点对于我们正确认识京西水源及其水脉的历史文化价值，切实保护好区域自然环境与历史文化资源，充分发挥其历史人文和经济、环境的多重作用，都具有深远的意义。

第十章 三山五园与多元宗教文化交流

　　作为皇家园林中的杰出代表，清代在三山五园内布设了大量蕴含着浓郁宗教文化氛围的建筑与景点，其中既有佛教的寺院，也有道教的坛阁，还有大量的民俗信仰祀庙，生动反映了清代帝室独特的宗教文化交流。

　　清代皇家园林三山五园肇始于康熙年间，但主要完成于雍正、乾隆两代，园林中的宗教建筑也深刻地打下了这两位帝王的个人烙印。据不完全统计，在三山五园中，宗教建筑几乎占到整个园林建筑的三分之一，其中尤以佛教建筑的数量为多。五园之中随处可见风格各异的佛教建筑，点缀于红花绿叶、绿水荡漾的园林山水当中，给人以庄严肃穆的宗教文化熏陶。其渊源可追溯到追求"三教调和"的雍正，但清代在"离宫御园"中大量修建精美的佛教建筑，主要得力于"文殊菩萨化身"自诩的乾隆。

　　三山五园中规模最大、影响最广的佛教建筑，当为乾隆时期建造的清漪园（后称颐和园）万寿山寺庙群。万寿山本燕山余脉，元时名瓮山，山前即积水助漕的瓮山泊。其地风景优美，元代湖泊西北岸已建有大承天护圣寺等佛教建筑。明弘治七年（1494），孝宗乳母助圣夫人罗氏又在山前创建园静寺，由此进一步开启了内廷建寺祈寿的皇室文化。至清乾隆十五年（1750），为庆祝其笃信佛教的生母钮祜禄氏六十岁大寿，乾隆帝特意下令在清漪园的园静寺旧址上兴建大报恩延寿寺，次年将山名改为万寿山，以寄其祝寿祈福之意。万寿山采用中国造园艺术中常用的"挖湖堆山"技法，在东西两坡形成舒缓对称的人工天际线。而自乾隆十五年起，更在山的南面，以大报恩延寿寺为核心，逐步建成倚山而起的庞大佛教建筑群，并呈现出浓郁的皇家宗教文化特色。建成于清代鼎盛时期的大报恩延寿寺，大部分美轮美奂的宗教建筑在咸丰十年（1860）被入侵的英法联军烧毁，现存建筑多是光绪年间重新建造的。但依据《日下旧闻考》等文献资料，我们仍然可以大致体味到这座皇家佛寺震撼人心的宗教文化。据载，位于慈福楼西的大报恩延寿寺，为当日清漪园内的核心主体建筑，"前为天王殿、为钟鼓楼，内为大雄宝殿，后为多宝殿、为佛香阁，又后为智慧海"。其中延寿寺内"度世慈缘""作大吉祥""真如""妙觉""华海慈云"各匾额，均为乾隆帝亲笔御书。殿前勒《御制大报恩延寿寺记》碑，铺陈其"殿宇千楹，浮图九级，堂庑翼如，金碧辉映，香灯函贝叶，以为礼忏祝嘏地"之意。殿后碑亭东勒《金刚经》，西勒《华严经》，亦皆佛教内著名经典。乾隆帝认为，他创修万寿山大报恩延寿寺，旨在"礼奉万年觞敬，效天保南山之义"，"且山容清净，贞固恒久。宝幢金刹，日月常新。藉慈山之命名，申建寺之宏愿，春晖寸草之心，与俱永焉"。但更重要的是，乾隆帝认为其圣母"至仁广被，如大云起雨，一切卉木药草，随分受润"，为皇室祝寿，亦在利益天下众生。因而举凡佛教内有名的祈寿建筑，无不齐备。延寿寺之西建罗汉堂，启门三，分别称"华严真谛""生欢喜心""法界清微"，内塑阿罗汉五百尊，又有祇树园、狮子窟、须夜摩洞、善现城、鹿苑、雷音殿、舍利塔等佛教名迹。罗汉堂后之宝云阁，御书题额称"大光明藏"。又有多宝琉璃塔，勒《御制万寿山多宝佛塔颂》，所谓"黄金为顶，玉石为台，千佛瑞相，一一具足"，"一佛一宝塔，光满三千界。一塔千亿佛，神妙复如是"云云。可惜清漪园后来被英法联军烧毁，直到光绪帝亲政前夕，清廷又进行了大规模复修，并改名颐和园，以作慈禧太后退出"垂帘听政"后颐养天年之所。晚清复修后，万寿山南部的佛教建筑大致恢复了乾隆时期的布局与气韵，从山脚"云辉玉宇"牌楼开始，中轴线上自排云门、二宫门、排云殿、德辉殿、佛香阁，直至山顶智慧海，气势恢宏、层层递升的佛教建筑，启引人入胜之妙。

万寿山北麓中轴线上以香严宗印之阁为中心的佛教建筑群，则主要是仿照西藏桑耶寺建造的。《日下旧闻考》录《清漪园册》称：清漪园万寿山之北有直房，"其南为长桥，桥南佛寺三面，立坊楔内，为须弥灵境，后为香严宗印之阁，阁东为善现寺，西为云会寺"。香严宗印之阁是按照西藏桑耶寺的乌孜大殿而建的，象征佛教的须弥山，其四周为依据古印度哲学观念而形成的四大部洲和八小部洲，阁的东南、西南、东北、西北建有代表佛经"四智"的红、白、黑、绿四座梵塔，体现出浓郁的藏传佛教文化特色。但四大部洲北侧中路金刚墙下所建的九开间须弥灵境大殿，却又是以汉式为主、兼有藏式风格的寺庙建筑，成为清漪园内体量最大的建筑。清漪园万寿山佛寺这种东西对称分布、南北两麓遥相呼应、汉藏文化相互融合的整体建筑格局，既表现了乾隆帝对生母的孝敬与祝福，也充分体现出他"兴黄教，即所以安众蒙古"、维护国家统一的良苦用心。晚清清漪园被毁后，万寿山北麓只在原址改修了一层的香岩宗印之阁，其他仍基本上是瓦砾遍地。直到1980年，国家拨巨资修缮四大部洲、八小部洲和四座梵塔，才大体恢复乾隆时期的藏传佛寺原貌，但须弥灵境大殿却迄未恢复。

雍正帝自号"圆明居士"，始于雍亲王花园的圆明园中就建有多处佛殿，乾隆以后又逐渐增加，除慈云普护、月地云居、舍卫城以及法慧寺、宝相寺、延寿寺、正觉寺等佛教寺院之外，还在九州清晏、奉三无私、含经堂等起居处多设佛堂。其中慈云普护是"圆明园四十景"之一，在圆明园后湖北岸碧桐书院之西。这是一处境仿佛教名胜天台山的景区，"前殿南临后湖，三楹，为欢喜佛场。

其北楼宇三楹，有慈云普护额，上奉观音大士，下祀关圣帝君"。康熙后期初成时名为"涧阁"，作为亲王的胤禛常在此礼请法师讲经说法，并曾手抄佛经作为敬献父皇的寿礼。登基后，雍正帝又御书"慈云普护""欢喜佛场"以及龙王殿"如祈应祷"、关帝殿"昭明宇宙"诸匾额，体现了雍正帝崇信释道、"调和三教"的信仰特点。慈云普护安排有首领太监充当僧人，日常上殿念经，至晚清方与园内其他庙宇一并裁撤。其中欢喜佛场殿内供奉的是藏教密宗欢喜佛，意在祈求多子多孙。而正殿慈云普护供奉的观音菩萨，亦包含求子祈福之意。清代帝后居园时，朔望清晨常从对面的九洲清晏后码头乘船，前往"慈云普护"拈香拜佛。《圆明园四十景图咏》收《慈云普护》御制词，略谓"偎红倚绿帘栊好，莺声浏栗南塘晓。高阁漏丁丁，春风多少情。幽人醒午梦，树底浓阴重。蒲上便和南，枞枞声色参"云。又曲院风荷之西也建有供奉观音菩萨的两层佛楼，乾隆帝赐名为"洛迦胜境"。曲院是圆明园中仿建杭州西湖十景规模最大的一处，"洛迦胜境"则是仿照佛教名迹浙江普陀山而建的。普陀山又称"补陀洛伽山""补怛洛伽山"，其名源于梵语，不仅海天风光优美，更以悠久的佛教文化驰名于世，有"海天佛国"之誉，位列中国佛教"四大名山"。自唐末开始出现佛教活动，普陀山后被定为观音菩萨专供道场，"山当曲处皆藏寺，路欲穷时又遇僧"。元明以来，观音菩萨渐成中国民众最受欢迎的佛教大神，所谓"观音大士，人人本有，无方不现"。普陀山也成为广大信众顶礼膜拜的圣地，"四夷八蛮、九牧五岳之人，凡信佛乘者，不惮万里，重跰蒲伏，皈命来求现焉"①。清代在三山五园中对于观音大士的供奉，既是为了满足帝后个人的日常需要，在一定程度上其实也是广大中国民众信仰的反映。

　　圆明园内规格最高、体量最大的寺庙安佑宫，则是按照景山寿

---

① 姚广孝：《逃虚类稿》卷1《游补陀洛伽山记》，《四库存目丛书》集部，第28册，第92—93页。

皇殿之制建造，以祭奉康熙、雍正两帝神御，"于是宫中苑中，皆有献新追永之地"。附近奉佛建筑，以"清净地"为山门，"由山口入，梵刹一区，为月地云居，殿五楹。前殿方式，四面各五楹。后楼上下各七楹。月地云居之东为法源楼，又东为静室"。其主体成于乾隆初年，法源楼等则为乾隆四十年（1775）间添建。安佑宫覆黄色琉璃瓦，坊北额题"鸿慈永祜"，康熙、雍正两代神御奉安之后，乾隆多次前来行礼瞻拜。尤其是七月中元节，常亲自来此"磕头"祈福。嘉庆年间，乾隆帝的画像也供入殿内。安佑宫成为圆明园内的"皇帝家庙"，"岁时朔望，瞻礼于兹"，以皇家特有的虔诚方式表达个人孝思，同时又寓"孝治天下"的政治理念于其中。但附属佛寺也成为赏心悦目的宗教圣地，体现出浓郁的佛教文化氛围。主景月地云居正殿五楹，前有方殿，后楼七楹，供奉"三世佛"。其他各殿宇悬挂御书"安佑宫""清净地""妙证无声""大觉真源""莲花法藏""戒定慧"以及"妙群生"诸匾，构成圆明园内的"四十景"之一。乾隆誉为"琳宫一区，背山临流。松色翠密，与红桥相映。结楞严坛、大悲坛其中，鱼鲸齐喝，风幡交动。才过补特迦山，又入室罗筏城。永明寿所谓宴坐水月道场，大作梦中佛事也"。其词称："大千乾闼，指上无真月。觉海沤中头出没，是即那罗延窟。何分西土东天，倩他装点名园。借使瞿昙重现，未肯参伊死禅。"

又有舍卫城，俗称"佛城"，是依照古印度佛教圣地舍卫城的布局建造的。印度舍卫城在拉普底河南岸，为古代印度桥萨罗国的都城。相传当年由富商给孤独长者用金钱铺地之价，购得波斯匿太子祇陀在城南的花园作为释迦牟尼在舍卫国说法、驻留之所，舍卫城遂成为佛教史上最著名的"祇园精舍"所在地。圆明园舍卫城是依照佛教传说而仿建的一座小城镇，南北长 150 米，东西宽 110 米。街道呈"十"字形，四周筑城墙，辟 4 门。内建金碧辉煌的牌楼数座，有游廊相连的殿宇、房舍共三百多间，"正殿为寿国寿民，后为仁慈殿，又后为普福宫，城北为最胜阁"。圆明园舍卫城为中印佛教文化交流的结晶，同时也是国内各地佛教文化交流的见证。建成后，收藏清代从西藏、蒙古及外藩等处进贡来的珍贵佛像、法器、经文等文物，据说仅各类佛像就达到十万尊之多。因而这座由护城河环绕的"园中之城"，门楼高大，城墙厚实坚固，墙上有全副武装的士兵站岗，戒备极其森严。但每到四月初八佛诞日，舍卫城均举行规模盛大的"浴佛会"，皇帝常来看会拜佛。嘉庆帝曾三次题咏"舍卫城瞻礼"，谓"极乐道场谁得到，佛城即此可瞻依"云。有意思的是，舍卫城南城关上的多宝阁，祭祀的主神却是清代最受欢迎的关圣大帝。多宝阁三间城楼建于乾隆二十四年（1759），上挂御书"至圣大勇"黑漆金字玉匾。而舍卫城南门正对，更设置了一条贯穿南北的买卖街，俗称"苏州街"，由宫中太监扮作商人开市叫卖，整天人声鼎沸，体现出浓郁的中土市井气息。

法慧寺在长春园海岳开襟之北，"山门西向，内为四面延楼，后殿为光明性海。其西别院，有琉璃方塔"。法慧寺建筑"仿天竺式"，山门额题"普香界"。其西院五色琉璃砖塔形式独特，建造精美，塔身四周佛龛，内坐观音像，是圆明园内最高的塔。法慧寺之东为宝相寺，"山门南向，内为澄光阁，后为昙霏阁，又后崇基上有殿，为现大圆镜"。宝相寺澄光阁仿苏州天平山的高义园而建，寺内供奉的观音大士像则仿杭州天竺寺内的观音大士像。据说杭州天竺寺有一尊古木本色的观音大士像，雕工极佳，乾隆帝南巡时曾四至该寺，特命匠工肖其像造观音大士二尊，一供于宝相寺，一供于玉泉山清凉禅窟。

绮春园内西路有延寿寺，初名"双寿寺"，北山门额"竹林院"为嘉庆帝御书。前殿挂"吉祥云海"匾，可能为娘娘殿。后殿为观音大殿，悬挂"妙观察智"匾。嘉庆帝有"竹林院"诗句云："南海普陀紫竹林……妙观察智敷寰宇。"又云："竹林深处现经坛，大士如如具妙观。"其遗址在今一○一中学内。

绮春园南部正门之西有正觉寺，为圆明园唯一保存较多的古建筑，因而多得后人关注。正觉寺建于乾隆三十八年（1773），从南到北分成三进院落，有山门、钟鼓楼、天王殿、三圣殿。其后建八角亭供奉文殊菩萨。清人相传乾隆皇帝即文殊菩萨化身，因而供奉文殊菩萨于一个独立殿堂之中，称"文殊亭"。这在整个北京都是很特别的。正觉寺由喇嘛住持，俗称喇嘛庙。其藏经楼"最上楼"内，供有秘密佛、上药王佛、大轮手持金刚等，系由当年的章嘉国师亲自画样呈览。建成后，正觉寺由香山宝谛寺拨派大、小喇嘛40余名，除在寺内礼佛、念经外，朔望及初八、十三等日还应召进园赴含经堂梵香楼等处念经。正觉寺既有汉传佛像，又有藏传佛像，其"秘密佛"俗称欢喜佛，反映了清代宫苑内不同佛教文化的交流与融合。有学者甚至提到，正觉寺内的"喇嘛们都由满族人担任"。

又曰天琳宇，亦"圆明园四十景"之一。据《圆明园册》记载，日天琳宇在汇芳书院南，"西前楼下之正宇也，其制有中前楼、中后楼，上下各七楹；有西前楼、西后楼，上下各七楹。前后楼间穿堂各三楹。中前楼南有天桥与楼相属，天桥东南重檐八方者为灯亭。西前楼南为东转角楼，又西稍南为西转角楼。中前楼之东垣内八方亭为楞严坛，又东别院为瑞应宫，前为仁应殿，中为和感殿，后为晏安殿"。日天琳宇规制"皆仿雍和宫后佛楼式"，但所奉则多道教神祇。大概在雍正时期本为佛堂，但后来改供道神。乾隆帝御制《日天琳宇》序称："紫微丹地，中立一化城。截断红尘，觉同此山光水色，一时尽演圆音矣。修修释子，渺渺禅栖。踏着门庭，即此是普贤愿海。"其诗云："天外标化城，不许红尘杂。云台宝网中，时有钟鱼答。"

畅春园中的佛教寺院，主要有恩佑寺、恩慕寺、永宁寺。恩佑寺的修建，是雍正帝为其父荐福，"建于畅春园之东垣"的供佛之所。其地本畅春园"清溪书屋"，原为康熙帝来园时的"宴寝之所"，后病逝于此。雍正帝继位后，仿康熙帝于南苑建永慕寺之义，下令改建恩佑寺"以奉御容"。其正殿内奉三世佛，左奉药师佛，右奉无量寿佛。有雍正帝御书山门"敬建恩佑寺"、正殿"心源统贯"匾额。后来乾隆帝又在殿内匾额，并御书对联"万有拥祥轮净因资福，三乘参慧镜香界超尘"，规制更为齐备。恩慕寺在恩佑寺之右，"殿宇规制，与恩佑寺同"，乃是乾隆帝为其母皇太后广资冥福而建。乾隆四十二年（1777）正月，八十六岁高龄的孝圣皇太后病逝。为纪念生母，乾隆帝令在恩佑寺之侧"敬启梵宫"，曰"恩慕"，兼取前代永慕寺、恩佑寺之名，"亦志绍承家法之意云"。恩慕寺"正殿奉药师佛一尊，左右奉药师佛一百八尊。南配殿奉弥勒像，北配殿奉观音像，左右立石幢，一刻全部《药师经》，一勒《御制恩慕寺瞻礼诗》"。《药师经》是大乘经典之一，全名《药师琉璃光如来本愿功德经》。按佛教教义，人们在生前持诵《药师经》，称念药师佛名号，广修众善，死后可往生西方琉璃世界。乾隆帝在恩慕寺中主奉药师佛，并勒刻《药师经》全文，意在表达其替母祈福的孝敬之旨。故其御书楹联称"慈福遍人天，祥开佛日；圣恩留法宝，妙现心灯"，《御制恩慕寺瞻礼六韵》也提及"尊养畅春历卅冬，欲求温清更何从？天惟高矣地惟厚，慕述祖兮恩述宗"，又谓"圣德宁资冥福报，永思因启梵筵重"云。永宁寺位于畅春园之西的西花园内。乾隆年间，皇太后长居于畅春园内，乾隆帝"问安之便，率诣是园听政"。永宁寺位于西花园西北门内东书房之右，"正殿三楹，配殿各三楹后，殿五楹，内供十六罗汉"。其正殿匾额"调御丈夫"为康熙帝御书，乾隆帝又御书匾额"智光普照"，并撰联曰"宝幢时护曼陀雨，金界常函般若珠"。皇太后居畅春园时，常来永宁寺念佛烧香。寺外崇台后即为船坞，亦便于太后来往紫禁城内。永宁寺还在清代前期的统一过程中做出重大贡献。早在康熙三十年（1691），为进一步稳固北部边疆，康熙帝亲赴多伦淖尔草原召集内外蒙古王公，举行清代历史上著名的"多伦淖尔会盟"。随后应蒙古王公的要求，在其地建造规模宏大的藏传佛教寺院多伦淖尔庙。十年后的康熙四十年（1701），多伦淖尔庙建成。康熙帝再次亲临拈香礼拜，并强调要依照京城畅春园内永宁寺的模式，精心装饰多伦淖尔庙。经过半年多的准备，从京城迎请来佛像、经文及供器等，将其装修一新，后来又敕额"汇宗寺"。而正是因为汇宗寺与永宁寺之间的因缘关系，确立了汇宗寺在藏传佛教中的崇高政治地位，也大大促进了汉蒙之间的文化交流。

静宜园中的佛教寺院，有香山寺、洪光寺、昭庙、上方普觉寺即卧佛寺、碧云寺等。香山寺可上溯至李唐，金代章宗复建，始赐名"大永安寺"。元明两代重修，一度称为甘露寺，延续至清。康熙时期营建西郊皇家园林时，在附近建有香山行宫。康熙帝曾来此游玩、临幸、驻跸。乾隆初年又在原来基础上扩建，形成前街、中寺、后苑的独特寺院格局。香山寺依山而建，严整壮观，错落有致，亭台楼阁，廊桥亭树，成为香山静宜园内的最大景点。香山寺曾列西山诸寺之冠，共计五进院落，大殿前有石坊、山门、钟鼓楼等，"正殿前石屏一，中刊《金刚经》，左《心经》，右《观音经》"。屏后镌刻乾隆帝亲笔绘制燃灯古佛、观音、普贤诸像，以及御制赞语。香山寺复建后，乾隆帝常来此"结夏参摩诘，和南礼曼殊"。其寺山门内娑罗树，为香山寺著名景致，并成为古代中印文化交流的"活化石"。娑罗树是佛教徒极为崇敬的圣树，相传佛祖释迦牟尼就涅槃于娑罗树下。康熙帝《御制娑罗树歌》称"娑罗珍木不易得，此树惟应月中植。想见初来西域移，山中有人多未识。……凭教紫府仙山树，写入披香殿里香"。乾隆帝和韵诗则谓"树闻如意随求得，梵典曾标鹿苑植。层层幢节古佛前，碧眼番僧来尚识。东土西天岂定形，飞来灵鹫千云青"云。

自香山寺西北，由"十八盘"曲折而上，即达洪光寺。洪光寺为明成化年间太监郑同所建，乾隆时期复修静宜园后，与香山寺并列为内垣部分的两大古寺。洪光寺山门东北向，"内建毗卢圆殿，正殿五楹，左为太虚室，又左为香岩室"。毗卢圆殿匾额"光明三昧"、正殿后檐"慈云常荫"均康熙帝御书。香岩室为静宜园二十八景之一，康熙帝御制诗称："白云飞夏日，斜径尽崎岖。仙阜崇高异，神州览眺殊。"乾隆帝称郑同为高丽人，"相传寺毗卢圆殿，即仿其国金刚山为之者"，并赋诗称："突厦据横峦，天窗纳虚宇。树分功德林，身在逍遥所。始静恰宜听，既远犹堪觌。天女参维摩，时时下花雨。"金刚山位于朝鲜半岛东部太白山脉北段，素有"朝鲜第一山"之称。其最高峰为海拔 1638 米的毗卢峰，周围号称由 1 万多个奇秀的山峰环绕。据明代《帝京景物略》记载："（洪光）寺建自郑长侍同。长侍生高丽，其国王李裪遣入中国，得侍（明）宣宗。后复使高丽，至金刚山，见千佛绕毗卢之式，归结圆殿，供毗卢，表里千佛，面背相向也。"程正揆《登洪光寺卧松风下》诗称："上有千佛飞锡来侨居，又有万松夜沸蛟宫脊。白云芳草足趾生，杂沓群峰低百尺。"洪光寺之独具特色，正是中朝之间悠久文化交流的反映。

昭庙全称"宗镜大昭之庙"，藏文音译"觉卧拉康"，意为"尊者（释迦牟尼）神殿"。其址原为清代皇家鹿园，乾隆四十五年（1780）为接待西藏活佛班禅来京所建，故世人亦称"班禅行宫"。其建庙缘起，乾隆帝《御制昭庙六韵》有所交代："昭庙缘何建，神僧来自遐。因教仿西卫，并以示中华。是日当庆落，便途礼脱阇。黄衣宣法雨，碧嶂散天花。六度期群度，三车演妙车。雪山和震旦，一例普麻嘉。"其注称："既建须弥福寿之庙于热河，复建昭庙于香山之静宜园，以班禅远来祝釐之诚可嘉，且以示我中华之兴黄教也。"据《静宜园册》记载，昭庙"门东向，建琉璃坊楔。前殿三楹，内为白台，绕东南北三面，上下凡四层。西为清净法智殿，又后为红台，四周上下亦四层"。其整体建筑风格"肖卫地古式"，以藏式为主，汉式为辅。主体呈方形碉式，石基白色，墙身红色，高厚坚固。墙体设藏式梯形壁窗，上部饰以汉式遮檐。昭庙主要为仿照藏地佛寺而建，但尚另有独特处。如与西藏、承德等地藏传佛教寺庙分散的裙房不同，昭庙的裙房是围在一起的。再，清净法智殿殿顶的镏金铜瓦为鱼鳞瓦，在阳光照耀下异常壮丽。寺内所立《御制昭庙六韵》碑，为汉、藏、满、蒙四体。其他殿顶檐兽、彩绘内容等，亦充分表现了汉藏文化的融合。

毗邻静宜园的香山东侧为上方普觉寺，即广为人知的"卧佛寺"。卧佛寺始建于唐，原名兜率寺，后历有兴废，寺名亦易。据说旧有唐代檀木所雕卧佛，元代又在寺内铸造巨大的释迦牟尼涅槃铜像，遂得"卧佛寺"之俗称。明末清初以战乱衰退，"香灯久断"。直到雍正年间由怡亲王允祥舍资葺治，"遂为西山兰若之冠"。十二年（1734）雍正帝赐名"十方普觉寺"，并御制碑文及"花气合炉香馥郁，天光共湖影空明"之联。其后乾隆帝又御书"双林邃境""得大自在"等匾额。卧佛寺坐北朝南，分三路布局，整体仍沿袭唐代伽蓝七堂的法式，在北京寺庙中是非常少见的。《春明梦余录》载寺前娑罗树"来自西域，相传建寺时所植"。《帝京景物略》更渲染其树"大三围，皮鳞鳞，枝槎槎，瘿累累，根拃拃，花九房峨峨，叶七开蓬蓬，实三棱陀陀，叩之丁丁然。周遭殿墀，数百年不见日月，西域种也。初入中国，崤山、天台，与此而三"。早在明代，即有人咏叹"异种来震旦，千纪战风霜。惊电莫能照，山鬼安敢藏。孙枝分他岭，亦可称树王"。清乾隆帝有《御制秋日普觉寺》诗称"兰若百年余，胜境非尘寰"，又"金吾莫喧呼，恐妨僧坐禅。屏营礼大士，而无心可虔"，"尘心一以洒，回眸传林间。比丘漫凝睇，争如上方闲"云。

又有碧云寺，在静宜园之北。碧云寺始于元，明代大监改庵为寺。清乾隆十三年（1748），在寺后建造金刚宝座塔，左面建行宫，右面建罗汉堂，规模大增，最终形成坐西朝东、以六进院落为主体、层层殿堂依山迭起的特殊布局。其金刚宝座塔，系乾隆年间按西僧所贡奉的图样修建。乾隆帝《御制金刚宝座塔碑文》有详细记载，称金刚宝座"西域流传，中土希有。乾隆十有三年西僧奉以入贡，爰命所司，就碧云寺如式建造。尺寸引伸，高广具足。势同地涌，望拟天游。贤劫祖庭，实在于是"。并称其建塔供奉之由，为"夫塔庙之设，类以藏舍利齿发为过去崇奉地耳。此座独表法王御世之初，威德尊胜若是，其灵异显著，将人天瞻仰，恍如佛日之方中，而神力之所加持，固有历劫不倾者"。据记载，其"塔座凡三层"，"由石级螺旋而上，至顶建塔凡七，皆镂以佛像"。而中龛门额"现舍利光"，另建塔四座。中龛顶部石雕盘龙，下层雕精美图案和佛像，龛内穹顶满布梵文。乾隆帝有诗称"助景因经始，施檀亦偶然。照园辉佛日，梵网焕诸天"，又谓"我闻佛谛要令万缘忘，胡为梵志传此金刚床。高秋乘兴一拾级，目穷千里心万方"，可见其概。

静明园中的佛教寺院，以玉泉山为中心，有香岩寺、妙高寺、华藏寺、圣缘寺、清凉禅窟等。香岩寺以玉峰塔最引人注目。玉峰塔在玉泉山主峰之巅，为北京位置最高的塔，又称"大塔"。玉峰塔建于乾隆年间，为平面八角七层楼阁式砖塔，各层供铜制佛像，系仿镇江金山寺塔形制所建。传说乾隆帝下江南，在镇江金山寺见到慈寿塔，命人将塔绘图，回京后于玉泉山主峰上仿而建塔，供奉定光燃灯古佛，因此也称"定光塔"。而《日下旧闻考》载玉峰塔乃"仿金山妙高峰之制"，乾隆帝本人亦注明：玉峰塔"浮图九层，仿金山妙高峰为之，高踞重峦，影入虚牖"。登临四眺，湖光山色、平畴原野、村舍茅屋尽收眼底。乾隆十八年有《御制玉峰塔影诗》："窣堵最高处，岧岧霄汉间。天风摩鹳鹤，浩劫镇瀛寰。结揽八窗达，登临一晌闲。俯凭云海幻，曷尔忆金山。"玉峰塔杏黄明快的婉约风姿，与蜿蜒起伏的西山天际线构成一幅幽远宁静的图画，并与南北两侧的华藏塔、妙高塔势成掎角，成为诸园林借景的主要对象，生动诠释了中国悠久的传统造园艺术。其中华藏塔在玉泉山南侧华藏寺后，为八面七层密檐式石塔，塔身雕刻释迦牟尼出家故事，刻工精细。妙高塔在玉泉山北侧妙高寺后。妙高寺建于乾隆三十六年（1771），或说因仿金山妙高峰之制，故名妙高寺。寺前汉白玉石坊额题"灵鹫支峰"。正殿三楹供三世佛，后殿三楹为该妙斋。主殿后的妙高塔为金刚宝座式塔，与北京真觉寺、碧云寺和西黄寺中的金刚宝座塔齐名。金刚宝座塔体现了浓厚的曼荼罗特征，"曼荼罗"是梵文 Mandala 的音译，意为"坛场""坛城""聚集"等，被密宗引为神圣坛场，视作修持能量的中心。金刚宝座塔自北朝时期传入中国，见证了中印佛教文化的交流。而明清两朝在北京的发展，则进一步体现了汉满藏民族文化的融合。在北京四座金刚宝座塔中，以妙高塔造型最为独特。妙高塔为藏式覆钵体塔，但充分融合了印度佛塔、中国藏塔、汉塔的特点。其顶部为细长圆锥形，故被形象地称为"锥子塔"。溯其来历，妙高塔乃为一座缅甸式佛塔，是为了纪念乾隆中叶平缅之战而建的"木邦塔"。乾隆帝在《该妙斋戏题》诗中注称："兹北峰上为木邦塔，乃乾隆三十四年征缅甸时，我军曾驻彼，图其塔形以来，因建塔于此，取兆平缅甸之意。"故妙高塔又寓有中缅文化交流之意，含有流行于缅甸木邦等地的南传佛教文化因素。

玉泉山山脊以西，有圣缘寺，坐东朝西，规模较小，院落四进，正殿为能仁殿，后为慈云殿。寺中的琉璃佛塔，是一座楼阁式与密檐式相结合的琉璃砖塔。其外形与颐和园后山的多宝琉璃塔基本一致，两塔建成时间也比较相近，因而很可能使用的是同一规制、同一图样。清凉禅窟在仁育宫之北，也是静明园内一处小型寺庙园林，坐北朝南，供奉文殊菩萨。乾隆十八年《御制清凉禅窟诗》序谓"佛火香龛，俨然台怀净域，更不问是文殊非文殊"，其诗称："名山结初地，葱萃四邻通。爱此清凉窟，常饶松竹风。花如悟非色，鸟解说真空。比似白莲社，回舆笑彼翁。"白莲社始于东晋慧远于庐山与刘遗民、雷次宗等人掘池植白莲，结社念佛，誓愿往生西方净土。其事详载《莲社高贤传》，并在后世产生了很大的宗教文化影响。北宋诗僧怀悟有《庐山白莲社》诗称"才高孰为文中龙，返使伊人思谢公。烟飞露滴玉池空，雪莲醮影摇秋风"。清凉禅窟又供有观音大士像，乃乾隆帝南巡时，命匠工肖杭州天竺寺中古木观音大士像，一供于圆明园中宝相寺，一供于此，共同见证了清代南北宗教文化的密切交流。

应该说，相较于随处可见、规模宏丽的佛教寺庙，三山五园中纯粹的道观不仅数量要少，规模也远为不及。但三山五园所受传统道教文化的影响却并不逊色。首先，以香山、万寿山、玉泉山为中心的三山五园整体布局，即与中国传统造园艺术中的"三仙山"信仰不无关系。按中国远古神话传说，三仙山是远在海中的蓬莱、方丈、瀛洲三座仙山，为世间难睹真容的美好仙境。先秦时期的齐威、燕昭，以及后来的秦始皇、汉武帝，都曾专门派人前往寻访。《史记》载称："此三神山者，其傅在勃海中，去人不远；患且至，则船风引而去。盖尝有至者，诸仙人及不死之药皆在焉。其物禽兽尽白，而黄金银为宫阙。未至，望之如云；及到，三神山反居水下。临之，风辄引去，终莫能至云。"[1] 这些说法为两汉时期的原始道教文化所吸收，并通过道教文献的渲染与传播，在后世园林建设中产生极其深远的影响。汉武帝首先在上林苑太液池中建造蓬莱、方丈、瀛洲，开创"一池三山"的文化传统，从此模拟或象征"三仙山"的模式，也就成为皇家园囿的基本布局。这在清代三山五园中也有程度不等的体现。静明园玉泉湖中以中央大岛"芙蓉晴照"为中心，三岛鼎立的布局即暗合"一池三山"之态。清漪园昆明湖中，南湖岛、治镜阁岛、藻鉴堂岛，亦构成"一池三山"的传统模式。而最典型的，则是圆明园福海中"蓬岛瑶台"以及

---

[1]　司马迁：《史记》，"封禅书第六"。

"方壶胜境"两大景点的设计。蓬岛瑶台旧名蓬莱洲，乾隆初定名蓬岛瑶台。此景建于雍正三年（1725）前后，系在福海中央挖湖迭作大小三岛，岛上再筑楼阁，并分别名之曰方丈、蓬莱、瀛洲。由于蓬岛瑶台正好位于福海正中，四岸均超过人眼可见景物的距离，因而沿岸四周都只能若隐若现地观察到水中宫殿的概貌。尤其是清晨或傍晚薄雾在福海上微微泛起之时，蓬岛瑶台更宛如神话传说中的仙境一般虚无缥缈，凭空增添了一丝神秘的感觉。其造园设计，在以水面上恬淡的楼阁景致，通过距离感来充分表达其可望而不可即的仙界意境。乾隆九年《御制蓬岛瑶台诗》前有注云："福海中作大小三岛，仿李思训画意，为仙山楼阁之状，岂岂亭亭，望之若金堂五所、玉楼十二也。真妄一如，小大一如，能知此是三壶方丈，便可半升铛内煮江山。"其诗略称："名葩绰约草葳蕤，隐映仙家白玉墀。天上画图悬日月，水中楼阁浸琉璃。鹭拳净沼波翻雪，燕贺新巢栋有芝。海外方蓬原宇内，祖龙鞭石竟奚为。"明确肯定了道教文化的深刻影响。

而"方壶胜境"则将传统观念上的"一池三山"，具体化象成伸入水中的三座临池楼宇，从而达到以人间建筑的华美和崇峻来表现神仙境界的效果。方壶胜境位于福海东北岸四宜书屋之东，原为海神祭祠所在，乾隆三年按照道教文化中的"仙山楼阁"题材扩建，"上下各五楹，南建坊座二，其北楼宇为哕鸾殿，又北为琼华楼，哕鸾殿东为蕊珠宫"。其前景为呈"山"字形伸入湖中的三座重檐大亭，中后部则是供奉着2000多尊佛像、30余座佛塔的九座楼阁，成为一座佛、道文化相互交融的园林寺庙景致。方壶胜境以一个中轴线连着南北两个群组，采用严格的对称布局，层台迭起的殿宇疏密有致，钩心斗角的楼阁繁复华丽，构成圆明园乃至整个三山五园中最为宏伟壮丽的宗教建筑。乾隆帝在《御制方壶胜境诗》前感叹："海上三神山，舟到辄风引去，徒妄语耳。要知金银为宫阙，亦何异人寰？即境即仙，自在我室，何事远求？"诗中并称：

"拿匠营心非美事，齐人扼腕只虚谈。争如茅土仙人宅，十二金堂比不惭。"齐人扼腕，指的就是秦始皇遣方士徐福率童男童女入海求仙的著名典故。

三山五园中体现道家仙境文化的景点，更所在多有。如清漪园万寿山花承阁，乾隆二十一年御制诗赞称："月匣早种千年树，云构常承四季花。何必领芝将炼石，陵尘是处即仙家。"昆明湖中治镜阁下之圆城开四门，其北门额曰"蓬岛烟霞"。湖中奇异瑰伟的园林建筑，无疑体现了皇家园林对"人间仙境"的强烈追求。唐代李商隐赠人诗中谓"蓬岛烟霞阆苑钟，三官笺奏附金龙。茅君奕世仙曹贵，许掾全家道气浓"，可证"蓬岛烟霞"已成道教文化的标志性符号。今颐和园仁寿殿之北建有重檐城楼，其南、北侧城额分别名为"紫气东来""赤城霞起"，相传均为乾隆帝御题。"紫气东来"取道教始祖老子出函谷关的典故；"赤城霞起"则是化用晋孙绰《天台山赋》拟天台为蓬莱仙山的名句。又清晚期重修颐和园后，将万寿山南主体建筑改名排云殿，作为慈禧太后举行万寿庆典的地方，其前坊门曰排云门，"排云"二字取自晋郭璞《游仙诗》："神仙排云山，但见金银台。"凡此等等，皆寓明显而极其强烈的道教文化内涵。

当然，三山五园受传统道教文化影响巨大的另一方面，也表现在园中建造了数量众多的庙宇供奉道教神祇。雍正帝好道，曾在圆明园瑞应宫等处设置斗坛，还在紫碧山房、深柳读书堂、接秀山房、秀清村等僻静地方大举炼丹。其他举凡龙王、花神等，亦无所不包。据学者统计，仅圆明三园中就有祀龙王（龙神）8 处，祀关帝 5 处，祀土地、花神、风云雷雨诸神各 2 处，另祀玉皇、天后、河神、碧霞元君、文昌帝君、蚕神、刘猛将军、太岁、天神、吕祖（及仙童、柳仙）、山神、魁星、城隍及不知名三神各 1 处。[①] 如吕

---

① 贾珺：《圆明三园中的祀庙祠宇建筑探析》，《故宫博物院院刊》2012 年第 3 期，总第 161 期。

祖亭位于圆明园双鹤斋，本名"采芝径"，供奉吕祖、仙童、柳仙神台。舍卫城建城隍庙，又有多宝阁"祀关帝，额曰'至胜大勇'"。"苏堤春晓"亭附近文昌阁，上挂"三宗会极"匾额。绮春园惠济祠、河神庙，为嘉庆年间添建，乃由时任两江总督百龄遵旨赴江苏淮安清河县，摹绘天后、惠济龙神的神牌封号呈进，再于御园内"照式虔造供奉，以迓神庥"。著名者如圆明园瑞应宫，为日天琳宇之东别院，然自成独立院落，前设庙门，中轴线上依次布置仁应殿、和感殿、晏安殿三座正殿。日天琳宇规制"皆仿雍和宫后佛楼式"，但又多奉道教神祇。中前楼奉祀关帝，乾隆御书对联"千载丹心扶大义，两间正气护皇图"。西前楼奉祀玉皇大帝，雍正御书匾额"一天喜色"，乾隆御书匾额"总持元［玄］化"，对联略谓："地载无私宏橐钥，乾元资始肇纲维。"前楼西稍南西转角楼，又建有一座太岁坛。瑞应宫主祀龙神，俗称龙王庙，是圆明三园中最大的龙王庙。其后殿原非九间，乾隆五十三年（1788）修理时添建雷神殿。雷神殿亦称雷神庙，殿内立神牌四分，即"应时显佑风伯之神""顺时普荫云师之神""资生发育雷师之神"和"顺时佑畿时应雨师"，分别职掌与农作生长密切相关的风调雨顺。雍、乾时期，日天琳宇道场特盛。雍正六年令挑取道童20名在圆明园佛楼应差，乾隆十三年又补幼僧十数众到此习学经忏音乐，以备道场补用。每年正月初九玉皇大帝生日，以及道教上元、中元诸节，日天琳宇都要举行大规模奉祀、祈禳活动，甚至皇帝都亲自来上香、磕头。据《穿戴档》所载，乾隆二十一年（1756），清帝至佛楼拜佛计达12次，包括正月初八驻园首日、正月初九玉皇圣诞、上元日，以及驻园期间的朔望日等。此外，四月二十七日、五月二十七日、六月初三、七月初三和二十七日，乾隆帝也多次亲临瑞应宫斗坛磕头。圆明园内建有多处龙王庙，作为专祀龙神祠庙，瑞应宫之名见于《吴越备史》，称"黄龙见于卞山之金井洞，命立瑞应宫"，清代御园龙王庙借取其名，即系沿此江南古典之义。乾隆后期，瑞应宫雷师坐像所穿神袍，亦由江南的苏州织造定做，上以金黄缎底绣八团龙，以示其皇家雷神之尊崇。

三山五园另一处著名的龙神奉祀地，当为昆明湖中的龙王庙。其地原称"龙王堂"，据说历史之悠久，甚至比该湖成型的时间还要早。乾隆初年疏浚西山水系开拓昆明湖时，保留其庙址及周围土地，复经修葺扩建，定名广润祠，筑十七孔桥与东岸相连，遂成南湖岛上独具特色的道教建筑。乾隆十五年《御制广润祠诗》称："灵祠俯碧津，丹艧为重新。云气生帷幄，波光漾帆樯。含弘敷大泽，时济佑斯民。梦雨昨飘瓦，知时恰及春。"祠庙之东北，又仿湖北黄鹤楼之制建望蟾阁，与万寿山上的佛教殿阁遥相呼应。所有这些，为以佛教建筑占绝对主体的清漪园，增加了不同的宗教气息。乾隆帝在《御制万寿山昆明湖记》中说道，"盖湖之成以治水，山之名以临湖"，作为京城治水源头的龙王庙，昆明湖中的广润祠在北京龙王信仰中占有极其特殊的地位。乾隆帝亦常来求雨，后因其"灵验"，御笔改题祠额为"广润灵雨祠"。晚清重建后，据说慈禧太后自紫禁城乘船来颐和园时，一般都先去龙王庙进香祈祷。光绪十五年（1889），清廷又在岛上建阅兵台，慈禧太后还亲率光绪帝及其他后妃、王公大臣登台检阅水兵。北京民间则流传有"困龙卧堤"的传说，说昆明湖中的龙王因违抗玉帝命令，被锁困于知春亭附近的水井中，后为巡夜兵丁发觉。慈禧太后即令在湖心岛上修建"龙王庙"，供奉龙王金身。这一民间传说，正是昆明湖龙王庙在民众心目中位置的反映，其背后的关怀，则在于对于整个京城水源安全的担忧。

又静明园玉泉湖西岸泉眼之北，亦建有龙王庙。《宸垣识略》记载："玉泉山土纹隐起，作苍龙鳞。沙痕石砾，随地皆泉。山阳有巨穴，泉喷而上，淙淙有声，或名之'喷雪泉'，有乾隆御书'玉泉趵突'四字，为燕京八景之一。"乾隆帝"历品名泉"，认为玉泉山泉水"实为天下第一"，进而推及管治其水的龙神，谓为

"灵源浚发，为德水之枢纽，畿甸众流环汇，皆从此潆注"。遂命有司重修龙王庙，"鸠工崇饰，宜列之祀典，其品式一视黑龙潭"。乾隆十七年竣工之时，御书"永泽皇畿"匾额，又作《玉泉山天下第一泉龙神祠落成诗》以纪其事，颂称"功德无双水，名称第一泉。合教崇庙貌，用以妥神筵。方落临佳令，肇禋卜吉蠲。瓣香亲致敬，清酒命申虔。灵贶时旸雨，鸿庥利涧瀍。黄图佑千载，壬养纪今年"云。龙王庙之南的竹炉山房，是仿无锡惠山听松庵而建的，附近另有道观多所。其中吕祖洞前真武庙殿额"辰居资佑"，连同吕祖洞之额"鸾鹤悠然"、双关帝庙殿额"文经武纬"，均为乾隆帝亲自所书。据记载，乾隆二十一年四月二十三日，乾隆帝赴"静明园祈雨，亲诣拈香"，五月十二日再"至静明园龙王庙拈香"，次日关圣帝君降神，复"遣官拈香，驾诣黑龙潭求雨"。静明园龙王庙及附近道观，成为清帝祈雨的重要场所。乾隆帝《御制吕祖洞诗》注中就特意提到"年来祈祷雨雪屡应"，其诗纪称："墨胎古洞阅时年，应祷修诚致意虔。云鹤仙仪为重整，只求岁美不求仙。"

除传统农业社会随处可见的龙王庙外，圆明园夹镜鸣琴之东山丘顶上，建有一座松蟠环绕的山林祠庙，即清宫中广为人知的广育宫。广育宫坐南朝北，门殿之南为正殿凝祥殿，内悬"恩光仁照"匾额为雍正帝御笔，对联"茂育恩罩昭圣感，资生德溥配坤元"则系乾隆帝所书。广育宫主奉碧霞元君，相传是东岳大帝的女儿，有送子之能，故名"广育"。碧霞元君祖庙原在泰山绝顶，后分香天下，在北方民众间影响更深，亲切呼为"泰山老娘娘"。京城附近多有奉祀，形成香火鼎盛的"五顶二山"，清代宫内亦受此风浸染，在御园中建造供皇室内廷拜祭的碧霞元君庙。在《圆明园四十景图》上，广育宫上覆黄瓦，在圆明园所有祀宇建筑中独具一格，形象表明了这座"御园娘娘庙"的崇高规格。民间传说四月十八日为碧霞元君圣诞，每至其时，住居园内的后妃、皇太后甚至连皇帝也会亲自来此拈香。平时则常有嫔妃、公主来此祭拜求子，朔、望日则由太监充当道士诵经礼祀。史料记载，乾隆二十一年四月十八日，"接皇太后至聚远楼看会，上至广育宫拈香"。乾、嘉、道诸朝，皇帝曾多次亲临广育宫拈香，有时还在附近举办与民齐乐的"皇会"，或命南府戏班演戏庆神。这座深藏皇家御园内的"娘娘庙"，也与京城附近民间社会"五顶二山"的旺盛香火遥相呼应。

玉泉山西麓圣缘寺之北，又建有仁育宫，供奉"泰山老娘娘"之父——东岳大帝圣像。仁育宫为静明园内的著名道观，又称东岳庙，坐东朝西，院落四进，外建三面坊，主殿奉东岳大帝圣像，左右配以佑宸殿、昭圣殿、翊元殿、孚仁殿。其后玉宸宝殿，又供奉昊天至尊玉皇大天尊玄穹高上帝像，再后为泰钧楼。静明园东岳庙成于乾隆二十一年，御制《玉泉山东岳庙碑文》称："东岳之为泰岱，人皆知之，而不知山岳之灵，不崇朝而雨天下，其精神布濩固无不之。譬夫山下出泉，随地喷涌，导之即达，固不可谓水专在是，则东岳之祀于兹山也固宜。"乾隆二十三年，又在《御制仁育宫颂言》中说道："天齐之称见于《史记》，东岳岱宗则虞帝之所柴望也。今祠宇遍天下，明灵扬诩，理大物博，岂非以仁育万汇，不崇朝而雨天下"，并颂称"云行雨施崇朝遍，常愿休征佑九农。巡狩宁当岁屡行，崇祠择近致斋精"云云。西山御园中的东岳庙，其在宫中的神圣地位，或堪可与民间位于京城朝阳门外的东岳祖庙相比拟。

又清漪园西北，有"耕织图"景区，包括延赏斋、织染局、蚕神庙、耕织图石碑等，按《清漪园册》所载，"（昆明湖）治镜阁北湖岸为延赏斋，西为蚕神，庙北为织染局，其后为水村居"，体现的是中国古代男耕女织的传统经济结构。延赏斋之西的蚕神庙，是御园内专祀蚕神的皇家庙宇。蚕神古称蚕女、马头娘、马明王、马明菩萨、蚕花娘娘、蚕丝仙姑等，是祈求蚕桑丰健之神，广受民间尤其是缫丝妇女的尊重。清漪园蚕神庙"每年九月间织染局专司祈祀，又清明日于水村居设祀。织染局内前为织局，后为络丝局，北为染局，西为蚕户房，环植以桑"。乾隆二十年《御制耕织图口占诗》称："玉带桥西耕织图，织云耕雨学东吴。水天气象略如彼，衣食根源每厪吾"，可见清帝对事关社稷的蚕神等传统神祇的重视。

再圆明园濂溪乐处之南有汇万总春之庙"以祀花神"，俗称花神庙。其正殿五间，额名"蕃育群芳"，东西配殿各三间，后披襟楼九间，额称"香远益清"。史料记载乾隆三十五年（1770）奏准"新建花神庙，二月十二日花朝开光献供"，此当为其主体建筑竣工之年。圆明园花神庙系以杭州西湖花神庙为蓝本所建，后来嘉庆帝在题诗中也明确称其"庙制仿西湖"。按《穿戴档》记载，乾隆帝南巡期间，曾多次在杭州西湖花神庙内的竹素园传膳办事，因此回京后即命福隆安在御园内仿建，其规制虽略逊西湖花神庙，但地位更高。其器物用料之考究，制作之精美，均非民间花神庙所能比拟的。与其规格相似的，则有承德避暑山庄同名的汇万总春之庙，内供花神12尊，每年芒种热河总管或苑丞前来致祭。此外，晚清颐和园重建时，也在苏州街北侧小山上妙觉寺之东，建了座一间房的袖珍小庙供奉花神、土地和山神，成为北京目前唯一保存完整的花神庙。学者认为，"乾隆帝将江南民间祭祀花神的信仰建庙于御园之内，最终纳入官方祭祀序列之中，使民间信仰取得了官方的认可与最终确立，同时自觉地将皇家文化引入中华文化的脉络之中，其积极意义是应当充分肯定的"①。

总之，三山五园中的这些宗教庙宇与民间俗神建筑，虽然始建年代早晚不同，建筑规模与装饰风格各异，但其基本功能，一在于满足御园自身的信仰需要，解决皇室内廷日常生活中可能面临的种种焦虑与关心。二是着眼于江山社稷的稳固，在顺应民情、维护民

---

① 徐卉风：《圆明园汇万总春之庙与江南民间的花神信仰》，《圆明园研究》第32期。

族团结、国家统一等方面，发挥了独特的积极作用。其三，则进一步加强了国内各地区之间、各民族之间乃至中外之间的宗教文化交流，使作为皇家园林的三山五园，成为各种宗教文化荟萃融合、和谐共存的精品典范，生动展现了三山五园在宗教文化交流上的巨大作用和深远意义。

后　　记

　　《三山五园历史文化区研究》是北京市社会科学院 2015 年同名重点项目的最终研究成果。该课题的最终完成，得益于众人之力，具体分工如下：第一章"清以前西郊区域文化的发展"、第二章"清代康、雍、乾时期三山五园的建设"由王岗研究员撰写；第三章"晚清三山五园的损毁与重建"、第四章"民国时期三山五园的变迁"由王建伟研究员撰写；第五章"三山五园与帝王政务活动"、第六章第三节"祭祀典礼"由刘仲华研究员撰写；第六章第一节"奉养东朝"、第二节"筵宴娱乐"由中国人民大学清史研究所的杨剑利副教授撰写；第七章"三山五园的日常管理与运营"由赵雅丽副研究员撰写；第八章"三山五园的建设和管理对海淀区域发展的影响"由孙冬虎研究员撰写；第九章"京西水源与北京城"由吴文涛副研究员撰写；第十章"三山五园与多元宗教文化交流"由郑永华研究员撰写。书中不足之处在所难免，欢迎读者批评指正。

本书编者

2016 年 12 月 8 日